皮文化研究工程·特色文化研究 TS13.201106

信守与包容
——浙东妈祖信俗研究

XINSHOU YU BAORONG
ZHEDONG MAZU XINSU YANJIU

黄浙苏 著

ZHEJIANG UNIVERSITY PRESS
浙江大学出版社

序　言

　　妈祖文化源远流长，博大精深。国内外研究妈祖的学者与专家不少，但很少有站在地域文化的角度，对妈祖信俗进行比较全面的分析与论述。宁波属越文化圈，在长期的历史演变中，形成以越文化为祖根文化，融汇中原黄土文化和外来文化的东方原始海洋文明。两宋以降，妈祖信俗在这个临海集埠上发展传播，在与世界海洋文化的交融中，逐渐发展成为新型有特色的东方海洋地域文化。《信守与包容——浙东妈祖信俗研究》作者黄浙苏女士抓住在浙东地域文化变迁中妈祖信俗的嬗变和发展进行研究，其立足点和出发点都是值得肯定的。

　　《信守与包容——浙东妈祖信俗研究》一书，正像作者自己所说是"在12年中整理妈祖信俗和城市文化精神的资料"中所获。从整体上看，这部书稿在三个方面具有新意：一是从研究浙东地域文化入手，论证妈祖信俗的形成与古越文化的关系。二是妈祖信俗在其发展传播过程中，包容和汲取中原文化与外来文化，形成有东方特色的原始海洋文明。三是以妈祖信俗为合理内涵的东方原始海洋文明，孕育城市文化精神，使"宁波帮"商人走向世界。这似乎是一轮新的循环。作者著此书的目的，旨在说明这轮循环中世界文明的进步与发展。

　　当然，此书可能因为时间太紧，作者手头占有资料与文献不足，难免有不尽如人意之处。作者在后记中已作说明，故不再重复。

　　诚挚地祝愿作者在妈祖文化研究领域中,能更进一步刻苦钻研,写出更多更好的论著来,填补国内地域文化与妈祖信俗发展、传播研究的不足。

张克辉

2011 年 5 月于北京

张克辉:全国政协原副主席、台盟中央原主席、中华妈祖文化交流协会会长。

前言:妈祖信俗与宁波城市文化精神

　　12年前由于工作的需要,我开始着手整理和接触浙东妈祖信俗有关文献资料。一晃12年过去,我在这些有着鲜明地域文化特色的纸堆和实物中流连徜徉,还真"整理"出感情来了。理智告诉我:以往许多学者(含文人骚客)对历朝妈祖或赞颂或研究,往往局限于妈祖宗教信仰层面和她在历史上的作用,而忽略其地域文化性与信俗文化结合的意义。我说这话并不想哗众取宠,那么多的古代文献,与如今学者们洋洋洒洒研究妈祖信俗(含国外对妈祖信俗的研究),都局限在其传播与发展的历史动因与作用上做文章,却忽视其作为植根在地域文化精神的民间信俗,于社会,宗教、文化学自身存在价值的意义。这是一个非常有意义的课题。即人的神性与神的人性间的一种联系,使妈祖成为一个半神半人、半仙半民的神灵。正因为她的平民性,在宋以降,与开天辟地华夏文明的祖先黄帝,治水疏通河道开创中华民族基业的大禹,创造儒家学说、民族文化的祖师爷孔子一样屹立神坛,共谋春秋,成为中国"四大祭"、家喻户晓的神灵。

　　这12年中我一直在思考这样一些问题,即为什么在中国已完成造神体系、封建王朝鼎盛时期的北宋出现妈祖信俗,而不是在产生神话的"人类童年时期"的夏、商、周或史前时期? 为什么妈祖信俗不产生在我国道教神灵集中的中原地区,而出现在福建莆田湄洲岛这样一个闽越"蛮荒"之地? 为什么宋徽宗在宣和五年(1123)赐妈祖为"顺济夫人",妈祖信俗迅速发展传播成为"东方海神"而走向世界,与宁波城市地域文化精神有何内在的联系? 一切似乎都不好回答,一切又似乎顺理成章。还是因为她半神半人、半仙半民的平民性。因为文化学上的原因,包括宗教信俗文化、地域历史文化、商务文化和宁波(含妈祖出生地旁的泉州)特殊的地域城市文化精神,才使妈祖走上神坛,乃至在世界各地拥有近两亿信众和八千多座宫庙。我们没有理由批评这个神系所拥有宗教信仰的稚弱与不完整性,也没理由指责来自民间"多元文化混合神"妈祖存在的合理性,同样没理由谴责在其发展过程中,所弥漫出来带有民间巫术的"神秘色彩",和宋以降历代统治者对其从夫人、天妃、天后的敕封……但她事实存在,一切在于地域、城市文化精神和宗教信俗意义上的存在。存在必是合理的,她在中国上千年地域文化精神和世界宗教文化史中存在,在中国古代原始东方海洋文化史上存在,在近两亿的民间信徒的祭祀神坛中存在。

妈祖是个多元文化混合神。她的多元混合在于半神半人、半仙半民的平民性,属于市民、商人、船工和渔民群体,塑创并且信赖的神灵;在于我国复杂演变的历史条件下,复杂演变的城市地域文化精神;在于我国自宋以降产生的新兴海洋商务文化,与封建社会正统文化混合、交融的酷烈斗争;在于我国中原黄土文化与东南沿海越文化,西方外来文化相互信守与包容中的融洽。研究妈祖信俗的产生、发展、传播过程,会使我们感觉到信守民族优秀传统文化,光辉灿烂的华夏文明的一种骄傲,又会感觉到在历史发展的长河中,包容汲取多种混合文化(包括外民族优秀文化)的需要和必然。信俗在一定程度上代表着一个民族的文化精神,代表着优秀民族文化发展所必需的弘扬信守的张力和合理包容存在的内涵逻辑。综观妈祖信俗形成、发展与传播的历史过程,我发现三个对当前社会和宁波具有现实意义的课题:一是妈祖信俗文化,由地域性的古越文化与中原文化交融而产生的东方原始海洋文明孕育形成。二是妈祖信俗在发展过程中,合成中西方宗教文化成因,是一个多元文化组成的混合神。三是以宁波、泉州、广州为代表的城市海洋文化精神,传播和发展妈祖信俗,促使妈祖成为走向世界和成为东方海神。反过来说,研究妈祖信俗产生、发展和传播的文化现象,对我们了解东方海洋文化发展历史,促进城市精神文明建设与和谐社会,发展社会生产力,都具有独特的现实意义和历史意义。

宁波是我国越文化和原始东方海洋文化的发源地,世界上最早的舟楫寄泊点之一,著名的河姆渡遗址就在其境内。在历史上一直是以对外交通贸易、文化交流著称的港口城市,名闻遐迩的"海上丝绸之路"与她紧密相连。独特的地域优势,发达的海洋经济,孕育了以妈祖文化为代表的蔚为壮观的海事民俗文化。北宋宋徽宗钦赐"顺济"庙额后,使妈祖信仰得到朝廷的认可,并且借助宁波传播到全国各地。宁波地区以庆安会馆为代表百余座天后宫与妈祖庙宇(据文物普查资料统计),对妈祖文化的弘扬与传播所作出的卓著贡献,为妈祖成为中华海上保护神起了重要的作用,彪炳史册,世人可鉴。宁波庆安会馆(天后宫),位于市区三江口东岸,咸丰三年(1853)为甬埠北洋船商捐资创建。它所蕴含的鲜明地域文化特色,国内罕见的宫馆合一,前后两戏台的建筑营制,匠心独运,巧夺天工的砖雕、石雕和朱金木雕,为我们研究浙东妈祖信俗提供了实物佐证。现该馆对外开放,成为宁波"海上丝路"文化的重要组成部分,在构建宁波文化大市中展现其耀眼夺目的绰约风姿。

目　　录

第一章　东方原始海洋文明呼唤神衹崇信

妈祖信俗在我国东南沿海形成由来已久,追溯其文化渊源有三点:一是发源于今浙、闽、粤诸地的越文化中的原始海神崇拜。二是受中原文化(特别是宗教文化)的影响,归入中国神衹系统。三是在其发展过程中,由于中国航海事业的开拓与西方海洋文明共融,产生东方海神崇信的文化现象而走向世界。

第一节　原始越文化的形成与产生

百越(越族)是我国东南和南部地区古代民族的名称,包括古越族或其中的部分先民。据文献记载,大约在商代早期,越族已从"蛮苗"中分离出来,称为"沤深"、"瓯"和"越沤"。商汤时正东有"符娄、仇州、伊虑、沤深、九夷、十蛮、越沤",正南有"瓯、邓、桂园、损子、产里、百濮、九菌"(见孔晁《逸周书·王会解》)。这里的"沤深"、"瓯"、与"越沤",就是指当时居住在我国东南及南部地区的一部分古越族先民。

"百越"一词,首见于《吕氏春秋》:"扬汉之南,百越之际,敝凯诸夫风余靡之地,缚娄阳禹欢兜之国,多无君。"《汉书·地理志》中也提道:"百粤杂处,各有种姓。"[①]"其君禹后帝少康之庶子云封于会稽(注)臣瓒曰'自交趾

① 《吕氏春秋》卷二十《恃君览》。

至会稽七八千里,百粤杂处,各有种姓。不得尽云少康之后也'"①。这里用"百越"泛指扬汉之南诸族,越而称百,说明其不是单一民族。《汉书·地理志》注引臣瓒曰:"自交趾至会稽七八千里,百越杂处,各有种姓……"②表明在我国长江以南的辽阔地区,居住着许多不同支系的越人,如浙江杭嘉湖流域和宁绍地区的句吴、于越,江西西部、湖南、广东珠江水系流域和广西桂江以东地区的扬越,福建、浙南、台湾和广东韩江流域的闽越,广东西南部、海南、广西大部和越南北部的西既、骆越等。由于百越分布地域的地理、自然条件不同,从自然条件来看,虽有些地方相似,但差异性很大。不同的地理环境对越人诸族经济产生不同影响,表现的文化特点就有许多差别。句吴、于越之地,地处平原,江河纵横,气候温和,土地肥沃,适应农作物生长,农业生产发达。而闽越居住地域则崇峦叠嶂,溪流纵横,地形大部分是高山和丘陵,沿海有小部分平原,气候较炎热。有文献记载说:"处溪谷之间卜筮竹之中,习于水斗,便于用舟,地深昧而多水险。"可见其自然地理环境险恶,影响和阻闽越社会发展的进程。

西周时期,越族中出现"七闽"、"于越"、和"扬越"诸名称。到春秋战国,居住在今浙江绍兴一带的越国,已非常强盛。这时越族各支系的名称及符号也更具体、准确。例如《春秋》记载:"定公五年,于越入吴。"这里的"越人"是指整个越族,"大越"、"于越"指的是以绍兴为中心的越人。闽越最早不仅指福建,还包括今浙江南部地区。《说文》有"闽,东南越"③之解,当是对有别"于越文化"所含地区的界定。而"夷越"和"扬越",则是当时越族的泛称,包括湖南南部及岭南地区的越人。战国晚期,作为春秋一霸的越国为楚所灭,但"自交趾至会稽"的越人仍很活跃,其活动区域部分南迁至交趾(今越南)一带。他们建立了足以威慑秦、汉王朝的闽越、南越等国。其时文献中频繁出现"闽越"、"东瓯"、"南越"、"西瓯"、和"骆越"等国名与族名(见司马迁《史记·东越列传》和《史记·南越列传》)。汉武帝后,闽越王大渚反,被肃清。聚居于东南沿海的闽越、南越、西瓯与骆越等支系,逐步融合于汉族,但仍然还有不肯归化的越人,散居在今江西、安徽、江苏、浙江、福建、两广、湖南诸省山区,被称为"山越",部分漂洋过海至台湾岛屿,又被称为"山夷",在隋代被称为"琉球人"。陈寿的《三国志·吴志·黄盖

---

① 《汉书》卷二十八下《地理》。

② 《汉书》卷二十八下《地理》。

③ 《说文》卷十三《虫部》。

传》中有"盖……迁丹阳（群）都尉，抑强扶弱，山越怀附"①的记载。至后越人南迁西移，在云贵高原和今越南一带活动频繁。《华阳国志》卷四《南中志》有"南中在昔，盖夷越之地"的记载。《三国·蜀志·诸葛亮》又说："跨有荆益，保其岩阻，西和诸戎，南（和）抚夷越。"《史记·大宛列传》载："（昆明）其西可千余里，有乘象国，名曰滇越，而蜀贾奸出物者或至焉。"足见此时云贵高原地区，在汉晋时那儿的越人被称为"夷越"与"滇越"并活动其间。

汉晋以降，越族作为氏族在文献上记载渐少，却无完全消失。汪宁生先生在《古代云贵高原上的越人》一书中指出：原永昌（今云南保山）地区的越人，被称为"黑齿"、"金齿"、"银齿"、"绣脚"、"绣面"、"茫蛮"等。②元明以后，"金齿"等又被称为"金齿百夷"，或"百夷"，又称"摆夷"。他们即是今日居住在金沙江两岸傣族之先民。原牂柯群（今贵州乌江以南）地区的越人，在唐宋时一部分被称为"白衣"（可能是百夷之谐音）。这部分越人，后裔种类繁多，即是今壮族、布依族、侗族、水族之先民一部分。在语言上同属汉藏语系的壮傣语族。

有关文献证明：越族之所以称为"越"，是因为它的文化传承物"戉"有关。罗香林先生在《中夏系统中之百越》一书中说："按越族之越，甲骨文作戉，盖像斧戉之形。其后以文字辗转假借，原义寝昧，乃加走字旁为度越之越，并为越族之越。"③"越"最初是一个文化名称，为中原华夏氏族对东南沿海地区使用形态特殊有段石锛的人们共同体的称呼。"戉"为一种工具，越古作"戉"。《说文解字·戉部》中有解："戉，斧也。"至于到底为哪一种工具，考古界有三说：一为三角形石犁。此件在浙江良渚文化遗址有出土遗物。二为有段石锛，即史书记载使用的工具。三为扁平穿孔的石斧，为作战武器。此物在浙江长兴出土的几何纹铜钺尚可印证。越族是否因"戉"得名？在学术界尚有争议。但有一点可以肯定，此为他族对其称呼，而不是自称。古书上对越族的记载中，还有称之为"濮"，如上文提到"百濮、九菌"，同样是他族对其所称。它们之间渊源关系极为复杂。目前史学界普遍认为，百越民族具有共同的文化特征，如几何印纹陶文化、有肩石斧、有段石锛、干栏式建筑、文身断发、悬棺葬等，似乎成为接近定论的文化共性

---

① 《三国志·吴志》卷十。
② 汪宁生：《古代云贵高原上的越人》，《民族史论丛》1980 年第 5 期。
③ 罗香林：《中夏系统中之百越》，独立出版社 1943 年版。

的典型标志。但大量的考古资料和文献证明。百越的文化特点固然有共性一面，而个性差异更为突出。即使被公认为越人共同的文化——几何印纹陶文化，也存在很大的差别。

百越文化在历史长河中形成与发展，源头于传统的古越文化。距今5000～7000年的浙江余姚河姆渡遗址的挖掘，印证古河姆渡人有与中原文化一样源远流长的历史。陈忠来先生在《太阳神的故乡　河姆渡文化探秘》一书中说："在河姆渡文化遗址所有遗存的发现中，当以人工栽培的稻谷为最重要，占有特殊的地位。它对整个河姆渡文化起着主导作用，是河姆渡文化的主体构建。其他许多遗存，包括事实上存在于新石器时代晚期的耜耕至犁耕时代整整几千年的'骨器时代'，榫卯结构的半楼式木屋群，饮水文明，家畜驯养，制陶工艺，医药、纺织、艺术创作等，都是稻作文化的延绅。"[1]河姆渡遗址的稻作文明，比世界上公认最古老的稻谷——泰国奴奴克塔遗址早几百年，比我国传说中神农氏栽种稻谷要早2000年。因此，河姆渡文化不仅是越文化的源头，还是整个中华民族农耕文明的源头。以后在历史长河中演化进展的百越文化，正是在这片土壤中孕育出来的延伸文化。

代表百越文化另一个显著特色就是江海与舟楫。在河姆渡遗址中挖出两条古舟楫的残桨，佐证了我们脚下这片古越人曾经拥有过的土地，是世界最早的船只寄泊点之一。《周书》中就有"于越献舟"[2]的记载。林士民先生在《再现昔日的文明》一书中认为：宁波是世界上最古老的港口城市，在东汉晚期"海上丝绸之路"已经开通，大量的出土文物中的舶来品证明这一点。

百越社会经济发展的不平衡性，导致其氏族文化的差异性。百越分布在辽阔的南中国，它们的社会历史进程差异很大，春秋战国时代，吴越两国与中原先进国家关系密切，受到中原先进文化的影响，因而两国社会发展比其他百越地区快。率先进入封建社会建立起强大的国家政权，经济文化发达。然而同时期与之紧邻的既江和闽江流域的越人，仍处于氏族部落时代。岭南地区，约处于向封建社会过渡的阶段，至于海南岛、台湾、骆越、西既这些边远地区，仅处于原始社会。在经济发展上也不平衡，以农具为例，

---

①　陈忠来：《太阳神的故乡　河姆渡文化探秘》，宁波出版社2000年版，第5页。
②　转引《艺文类聚》卷七十一。

在吴越地区开始使用铁器时,岭南地区还是使用青铜器,而边远地区主要使用石器。吴越地区在进入阶级社会时水稻栽培已有相当长的历史,进入青铜时代后农业生产更加发达。而闽越的农业生产水平就较低下,渔猎经济占有相当大的比重。骆越地区的经济文化都很落后,《后汉书·循吏列传》中说:"骆越之民,无嫁娶礼法,各因淫好,无适对匹,不识父子之性,夫妇之道。"可见各地越人由于生产力、生产方式悬殊,没有共同的经济基础,不可能反映出类同的文化特色或统一的文化模式。

古越族优秀的农耕文明与舟楫文化的发展,在战争失利与历史变迁中,逐渐与中原先进文化共融,但由于文化源头不同,与氏族群体向海洋、江河发展流动性和不稳定性,共同创造出颇有东方特色的原始海洋文明。在西汉以后越人发展大约可分为两支:一支留居东南沿海融入汉文化,史称"内越"。在维系古越族传统习俗基础上,融入发展传统的中原文化,衍生出带有黄土文明特色的原始海洋文化。另一支继续流动向海外发展,史称"外越"。更多地保留传统的古越文化精神,延衍出适合自身生存的江海文化。与带有中原特色的原始海洋文化汇融,共同创造东方海洋文明,乃至世界海洋文明。

第二节　历史上人口大迁移促进南北文化交融

中原文化,在定义上讲即是华夏黄土文明,在夏、商、周前就与东南沿海的古越文化交融浸润。"越为禹后说",始见于《史记》。

《史记·夏本纪》说:"十年,帝禹东巡狩,至于会稽而崩。"篇末又载明会稽地望:"禹会诸侯江南,计功而崩。因葬焉,命曰会稽者,会计也。"乐承耀先生在《宁波古代史纲》一书中,论证古代文献舜到过浙江余姚的传说。《墨子》中说:"舜耕历山,陶河滨,渔雷泽。"[①]按:《史记》卷一《五帝本纪》记述舜时也说:"舜耕历山,渔雷泽,陶河滨。作什器于寿丘,就时于负夏。"《嘉泰会稽志》卷九中引旧经证明这一说:历山在"会稽县东南,昔舜耕所也"。一些地方文献均载此事,说历山附近有舜井。《乾隆余姚志》记载:"历山方广仅数亩,高寻丈许,磊磊皆石,循东麓而上有圆石出土,叩之

---

① 《墨子》卷二《尚贤》。

有声。山阴石壁镌'耕隐'二字,有石嵌空,横覆如床,可坐数百人,相传为帝舜耕时避雨处。折而西有石,圆如盆盎,盛水一泓,亢旱不竭,则舜井也。"

关于大禹治水,《帝王世纪》对他的功绩记述翔实:"十三年而洪水平。年七十四,舜始荐之于天。荐后十二年,舜老,始使禹代摄行天子事。五年,舜崩。禹除舜丧,明年始即真,都平阳,或都安邑。年百岁崩于会稽。"大禹治水成功后,在今绍兴会稽山封赏诸侯。所谓会稽者,即如今天的会计,在此清点统计登记造册,各路诸侯送来的礼品。此次会议地点史学界虽有分歧,一说重庆歌乐山,另一说为安徽涂山,但文献多载明绍兴会稽山。成书于晋代的《太康地志》载:涂山"西(南)又有禹会村,盖禹会诸侯之地"。战国时期的《吕氏春秋》里则称为"禹墟"。①明代宋濂在《文宪集》卷四《游涂荆二山记》中也说:"禹会村乃禹会诸侯之地。"成书于东汉时期的《越绝书》和《吴越春秋》也说涂山在绍兴。《竹书纪年》卷上载:"五年巡狩,会诸侯于涂山;八年春,会诸侯于会稽,杀防风氏。"《国语·鲁语下》载:"昔禹致群神于会稽之山,防风氏后至,禹杀而戮之。"《韩非子·饰邪》载:"禹朝诸侯之君会稽之上,防风之君后至,而禹斩之。"《越绝书·外传纪地传》载:"禹始也,忧民救水到大越,上茅山,大会稽,爵有德。"由其后世子孙少康受封于会稽也就可以看出。

当时夏文化为什么要向江南之地发展?应该说至今还是一团迷雾。但有一点可以肯定,这就是在3000年前,中原文化已经开始向东南沿海的"夷越文化"渗透交融。这枝伸出来的橄榄枝,当是开世界民族文化交流的先河。说明我中华民族历经5000年的华夏文明,是在民族文化交融中完善成熟起来的。实际上真正强大的民族,都是与其他优秀民族交流中取长补短成长发展起来的。

中原华夏文明向东南沿海"蛮荒之地"的百越文化的真正渗透,是在秦始皇统一六国之后。由于秦王朝在行政上实行"郡县制"和"中央集权制",在文化上推行"书同文"及"度量衡"的统一,迫使南方氏族的"百越文化"逐渐接受华夏文明。接下来闽越王大渚与瓯越王联首反,西汉王朝强权的军事制裁,战争的失利,致使百越部落再次向南方迁移。至后历史变迁的近2000年中,中原历代王朝兴衰交替,发生北方人口三次大迁移,逼

---

① 《汉书·地理志》九江郡当涂(注)"应劭曰:'禹所娶涂山侯国也,有禹虚。'"

使南北文化交融,使"百越之地"的夷邦,形成以中原黄土文化为主体的华夏文明。

这三次北方人口大迁移是:

第一,发生在东汉末年至魏晋时期的"北人南迁"。

(1)东汉末年中原灾荒连年,又有黄巾起义、董卓之乱,军阀混战,民不聊生。清流之辈无法立足,致使部分人口南迁。吴国之所以可以立国,一部分拥护者正是南迁的中原人士。此为我国首次人口南迁。

(2)西晋末年"永嘉丧乱"时期,由于司马家族的"八王之乱",腐朽的统治者对各族人民进行残酷的剥削和压迫,匈奴、羯、氐、羌、鲜卑等外族乘机为乱,从而使黄河流域广大人民流离失所,被迫大规模迁移到江淮流域(主要是流入江苏、安徽、湖北、四川等地)。这次南迁人口约90万,使秦汉以来人口分布显著的北多南少格局开始发生变化,南方人口得到较快增加,促进南方经济文化的迅速发展,此为中国历史上首次北方人口大规模向长江流域转移的标志性事件。

(3)北魏政权南迁中原,居住于黄河流域的汉人再次南迁。特别是在南朝的刘宋王朝时,北方人口大量南迁,引发南方北伐。刘裕、祖逖等北伐正是顺应当时的时代要求所发动战争,显示出南方人口增长后的经济与军事实力。

第二,发生在唐代"安史之乱"时期的"玄宗入川"。

中唐的"安史之乱",致使玄宗入蜀。此间安禄山史思明兵变,北方战乱不定,唐玄宗入蜀避乱。由于政治格局的变化,引起了中原人口再次大迁移。约有100万人南迁,从根本上改变了我国人口分布以黄河流域为重心的格局,南北人口分布比例第一次达到均衡。

第三,发生在两宋和金"完颜亮"时期的"苟安江南"。

(1)1125年后"靖康之乱",金灭辽开始南下攻打北宋,黄河流域成为主要战场。每次大的战争都造成黄河流域大量居民向长江流域迁移。宋室无奈南迁至临安建立南宋,一大群士大夫和忠于赵宋政权的北方遗民,"不事二主"为金政权服务,拖家携室进行迁移,主要迁移浙江、江苏、湖北、四川。这是北宋末年人口迁移规模最大的阶段。这次迁移,有史书记载的达150万人。

(2)1161年金撕毁了与南宋的合约,大举南侵,淮河流域成为主要战场,迫使淮河流域的居民南迁到长江流域,主要迁移浙江、江苏、湖南、江西等地。

(3)1273年忽必烈登上汗位后,出动大批蒙古兵南侵,发动了消灭南宋王朝的战争,主要战场在长江中下游地区。当地居民为躲避战乱,大量向珠江流域迁徙,主要迁入广东、广西、福建等地。

除此之外,在明清和民国时期,中国尚有几次大的移民高潮。如明朝建立后不久即着手组织人口迁移。"徙江南民十四万于凤阳","迁山西泽、潞民于河北"。"徙沙漠遗民"屯田北平附近,徙江西农民于云南湖广,等等。故史籍称:"太祖时徙民最多。"明初为了巩固边防,在长城一线设立了称为"九边"的9个镇,在国内其他战略要地,也设立了许多驻兵设防的卫,仅洪武朝三十一年设卫即达136处。为解决边防军的粮饷问题,明初组织了大规模的移民屯垦戍边。于时东自辽左,北抵宣大,西至甘肃,南尽滇蜀,极于交趾,中原则大河南北,在兴屯矣。前往云南屯田的移民多达四五十万人,规模浩大,在经济上收到较好的效果。

清代对台湾实行移民。台湾在元代正式列入中国版图,17世纪初被荷兰殖民者侵占后不久,郑成功即率兵一举收复。此后郑成功组织对台湾的大移民,不长时间内移民数即达20万人,在全岛总人口中占了大部分。清朝统一台湾后,对移民问题采取暧昧的态度,即不准移民携带家眷,使之难以在台湾生根,目的乃在于防止台湾人口日增,羽毛丰满后重蹈郑成功在台湾抗清的"覆辙"。直至清代中叶,因大陆人口压力增大,上述政策才有所松动,从而引起对台移民的高潮。1811年台湾汉民已逾200万人,比一个半世纪前猛增了六七倍。清代后期,朝廷鉴于国际形势之险恶,对台湾的战略意义有所认识,不仅完全解除了对移民的限制,还在厦门、汕头、香港等地设立"招垦局",以提供资助和优惠来促进对台湾的移民,为日后的发展在人口上奠定了基础。

清末和民国时期对东北的移民。在历史上中国的东北地区(含内蒙古东部)人口一直不多,清初满人倾族入关后人口更加稀少。清朝统治者视东北为"祖宗肇迹兴王之所,为保护参山珠河之利",长期对东北实行封禁政策,并在辽宁境内筑起"柳条边",严禁居民越界垦殖。同时又把东北作为流放犯人的场所,这些所谓"流人",对东北的开发起了重要作用。加上违禁前来的农民,全区总人口至清代中叶仍有明显增长。进入19世纪,黄河下游广大地区连年遭灾,成千上万的破产农民不顾禁令,源源流入东北,至 1840 年全区总人口已突破 300 万人,比 100 年前猛增了七八倍。①

黄河中下游平原是中华民族的发源地,是现存华夏文明的始发地与传播中心。如果说史前舜、禹时期中原文化在越地传播,属于民族文化交融的童年时期,那么由于历史变迁,自秦汉始我国人口由黄河中下游平原向四周扩散,重点向南方的长江流域和珠江流域迁移。经由中唐"安史之乱"、"两宋"间"动乱"而引发的人口大迁移,从根本上改变中国人口地理分布格局,而引起地域文化相互渗透,致使华夏民族人口分布和文化中心向南推进,由黄河流域迁移到长江流域,乃至珠江流域和整个西南地区。我国的民族文化不仅仅是中原文化,而是各民族间相互渗透交融的华夏文明,进入民族文化交融的成人期。

这种迁移从社会学的角度上讲,推进民族经济和社会生产力的发展,成为人类进步的阶梯。从文化学的意义上说,则在传统文化相互认知、渗透的基础上,产生一个新的民族文化体系。即以北方中原农耕文明为主体的东方原始海洋文化,在与西方经济、文化交融中走向世界的华夏文明。

第三节　原始海洋文化中的海神图腾

妈祖信俗产生发展于中国的原始海洋文明。历代信众冠以妈祖两顶桂冠:一为东方航海保护神,此意来自民间,出自福建湄洲岛的民(渔)女,林默,最早是当地的渔民因出海捕鱼、寻求佑护而树立起来的海神。她的出身与神佑作用,与当时的海洋经济近海捕捞渔业发展有关。二是宋徽宗封"顺济夫人",至历朝追谥至"天妃"、"天后"乃至清嘉庆七年授予"天上圣母无极元君"。此意来自官方(朝廷),纳入传统道教神祇系统,与我国航海事业与海上贸易发展有关。两者均与"水"相关,即与海洋江河紧密联系在一起。

任何神灵崇拜,均与原始先民物质生产与生存相关。在我国远古时代,已经产生对海洋水体的崇拜与祭祀。英国人类学家泰勒认为,神灵信仰起源于"万物有灵"的意识。尧舜时期,我们的先民就认为:自己所居之处四周都有海洋环绕,而有"四海"之说。在"万物有灵论"观照下,先民们

---

① 　张善余:《中国人口地理》,商务印书馆 1997 年版,第 358—362 页。

自然会产生对大海的崇拜,把大海看成具有灵性之物。据记载,舜在接受尧的禅让后,"禋于六宗,望于山川,遍于群神"①。这里的"六宗"是指日、月、星的"天宗"与河、海、岱的"地宗",说明最迟在尧舜时代,我们的先民们就有了对"四海"的崇拜与祭祀。当然这只是对"四海"水体笼统而模糊的崇拜,尚未形成具体的神灵形象。应该说到了夏商时期,中原开始接受农耕文明的人们,对"海神世界"还是相当模糊的。到了周朝出现"四海之神"的说法。据《山海经·大荒东经》载:"禺京处北海,禺(豸虚)处东海,是惟海神。"《山海经·大荒南经》载:"南海渚中,有神一曰'不廷胡余'。"②《山海经·大荒西经》载:"西海陼中,有神一名曰弃兹。"③《山海经·大荒北经》载:"北海之渚中,有神⋯⋯名曰禺强。"④显然,这时的《山海经》中已经出现了东、西、南、北海之神,只不过没有明确出现"四海之神"的提法。

"四海之神"一词的出现则是在《太公金匮》一书。内云:"四海之神⋯⋯南海之神曰祝融,东海之神曰句芒,北海之神曰玄冥,西海之神曰蓐收。"⑤这时虽有明确的"四海之神"的提法,而且将其与同方位神联系起来。在《山海经》中与东、西、南、北海之神同时存在的还有"祝融"、"句芒"等,但并非明确作为方位神,更不是海神。《山海经》载:"南方祝融,兽身人面,乘两龙。""西方蓐收,左耳有蛇,乘两龙"和"东方句芒,鸟身人面乘两龙"。在古人看来,河海能"润千里",既是不可缺的水源和捕鱼场所,又能吞噬生命,泛滥成灾,表现出既造福人类,又祸害人类的神力。因此必须举行"望祭"。所谓"望祭",就是远远地向山川河海所在的方向祭祀,表明作为汉族前身的中原华夏族人,其官方的祭海是采用远远"望祭"的形式。与此差不多同时,生活在东南沿海的是一个"以舟为车,以楫为马"的航海民族古越族,在他们的观念中海洋充满神灵,但同样没有具体的海神概念和海神信俗崇拜完整的程式。

我国的海洋神灵体系,是伴随古代人们走向海洋,追求海洋经济利益而出现并不断进行充实的。其间既有大批陆神"海神化",也不乏海神"陆神化"。"陆神"与"海神"互动、转化,从根本上说也是"人化"。神灵的海陆

---

① 《书传》卷二:"禋于六宗,望于山川,遍于群神。"
② 《山海经》卷十五《大荒南经》。
③ 《山海经》卷十六《大荒西经》。
④ 《山海经》卷十七《大荒北经》。
⑤ 《太平御览》卷八百八十二。

互动,归根到底是人们活动的海陆互动。海神体系就是在人们的海陆互动中充实、壮大的,从而形成海洋水体本位神与水族神,海上航行的保护神与海洋渔业、商业的行业神,镇海神与引航神三个系统的神灵结构体系。尤其是庞大的海上航行保护神、镇海神乃至渔业商业神神系的确立,使古代的海客舟子在心中构筑一个生命安全与获取海洋经济利益的保障系统,增强了追求海洋经济利益的信心与勇气,间接地促进海洋经济的发展。神灵世界是一个"虚幻世界",但也映现出真实世界的影子。海洋神灵信仰的出发点与归宿点在功利上的一致性,从"虚幻世界"折射出中国原始海洋文化,乃至中国华夏文明的实用理性之光。

在当今世界上,西方人总爱以海洋文化与内陆文化,来区别东西方文化的差异。在他们看来,西方文化是动的文化,东方文化是静的文化;西方文化是冒险的、扩张的、开放的、斗争的,而东方文化是保守的、苟安的、封闭的、忍耐的。其理由在于:东方文化是古老的、传统的内陆黄土文明,而西方文化却是具有侵略性的蓝色海洋文明。

黑格尔在其《历史哲学》一书中,将人类的文明分为三种形态:一是干燥的高地与广阔的草原与平原,此为人类生存需要而产生狩猎文明的第一种形态。即原始文明形态。二是平原流域,即巨川、大江所流过的土地肥沃处,为人类农耕文明供给物质需求产生的第二种形态。即发展中的过渡形态。三是和海相连的海岸区域商贾繁华处,为人类相互融洽、争斗和满足人们物质精神需求的第三种形态。即持续发展的高级形态。

黑格尔并没到过东方,但他却固执与保守地把中国、印度、巴比伦人划入保守的农耕文明的国家,认为,"这些区域里产生了伟大的王国,并且筑起大国的基础。因为这儿的居民生活所依靠的农业,获得四季有序的帮助,农业也就按着四季进行,土地所有权和各种法律关系便跟着发生了。换句话说,国家的根据和基础,从这些法律关系开始有了成立的可能"[①]。但是,由于他们没有超越大海的行动,"就算他们有更多壮丽的政治建筑,就算他们自己也是以海为界——像中国便是一个例子。在他们看来,海只是陆地的中断,陆地的无限,他们与海洋不发生积极的关系"[②]。黑格尔这个观点显然是站在经济学的观点,来分析人类社会生存形态的。但即使这

---

①　转引自黑格尔:《历史哲学》,王造时译,三联书店1956年版,第121页。

②　转引自黑格尔:《历史哲学》,王造时译,三联书店1956年版,第121页。

样,他也疏忽了被他划入欧洲蓝色海洋文明版图的德意志国家,同样是靠农耕文明发展起来的。而被他斥为保守的传统的中国,在挖掘出来7000年前的河姆渡文化遗址中,不仅有优秀的稻作文化的历史,而且有铸成东方原始海洋文化的雏形,纳入世界海洋文明的曙光的元素。

值得引起注意的是河姆渡人"双鸟昪日"的图腾。此件绘刻在一件蝶形象牙块上,发现距今6500年左右的河姆渡遗址第三文化层,充满画面的是两只巨鸟,拱护着中间一个烈焰熊熊的火球搏击升空。巨鸟利喙长尾,昂首奋翼,显示出无比雄健的张力。火球从中心圆点出发,向外连续辐射出五个同心圆,加之上方添上几束腾腾烈焰,使人自然地联想到万物赖以生存的太阳。河姆渡人为何以此作为氏族图腾?解释只有一点:后人在他们的劳动工具"筏"与桨和他们获取的食物海鱼(在遗址中的鱼骨)中,得出古越人是最早开发海洋,并在海洋的捕捞中获取食物的氏族。世界上靠近海岸线民族的原始图腾中,都把自己作为鸟的后人。这是因为原始渔民靠简单的捕捞工具,向大海索取食物,一旦遇上风浪便会舟倾人亡,而鸟却有翅膀逃离险境。

中国历史上中原的三次人口大迁移,在经济、文化相互渗透影响的同时,促进社会生产力的发展。史载自秦开始,浙东这块土地上就有"徐福东渡"的传说和句章港的开发。唐贞观元年(627)唐太宗分全国为十道,置鄞县隶越州。开元二十六年(738)置明州,辖鄞、慈溪、奉化、翁山四县。至大历六年,迁鄞县址至三江口,在望海镇(现今镇海区)设造船厂。《新唐书》卷一〇二载:"发江南十二州工人,造大船数百艘。"遣张友信商团驾"唐船"贸易海上,航行在日本、高丽和东南亚海域。中国历史上有名海上丝绸之路,由明州港出发,谱写出东方原始海洋文化壮丽篇章。

宋在明州设市舶司,促进了海上丝绸之路的进一步发展与繁荣。南宋通判蔡范曾撰有《市舶司记》作了记叙:"……甬东舶司创于淳化三年,历承平□中兴,以迄于今,凡二百三十余载。监莅之官,迄无定舍,范猥以庸质,来诤是帮,实□□舶政,吴门王君炎幸联事焉,乃相与谋,择地城东隅……"此时明州,已与扬州、泉州和交趾,并列为中国四大港口,与日本、高丽及东南亚,乃至中亚细亚和欧洲地中海区域商贸关系密切。宋元以降,明清"海禁",但中国与海外民间贸易交往并无停止,直至经历"鸦片战争"后"五口通商",延衍今日对外开放,与西方诸国达成正常海洋贸易和经济文化交往。

在长达 2000 余年的历史阶段中,以"海上丝绸之路"为起点,我国东南沿海城市宁波与广州、泉州,不仅延续原始东方海洋文明,并且以中原灿烂的华夏文明为主体,创立了有别于西方、包含妈祖信俗为核心的东方海洋文化体系。妈祖信俗在这种文化背景下产生与发展,历经千年走向世界。其源头有三点:

第一,百越文化(东方原始海洋文化)孕育航海保护神。

宗教信仰往往产生于人类的童年期,神明崇拜是原始先民进行生产活动中,对自然界一种不可抗力的恐惧与崇敬。例如西方古代希腊神话中的神祇系统,后来成为"天主教"系列神的范本。聚居于我国东南沿海的原始先民,是世界上最早与海洋打交道的氏族,在其氏族文化的深层意识中,掩埋着呼唤东方海神庇护的精神需求。如其原始图腾"双鸟异日"一样,深植于氏族后人的精神意识内。随着生产力的发展和海洋捕捞业和航海业的开拓,需要塑造以氏族图腾、带有氏族文化特点的海神,满足人们从事生产开拓的神灵庇护需求。就是没有"妈祖",他们也会创造出另一个航海保护神出来。

第二,中原文化与越文化共同催生以道教神祇为特色的东方海神。

人类在其地域文化交流与碰撞过程中,以自身对神明的理解和理想塑造神灵。一方土地孕育一种文化,但其孕育者的原始文化部落,并不一定能拥有氏族神灵的传承,在地域文化的交流中确立宗教的信仰。如佛教起源于印度,却发展在中国,乃至流传于日本与其他亚洲国家。中国历史上中原文化的浸润和三次人口大迁移,使北方带有农耕文明特色的道教神祇系统,在东南沿海氏族中得以流转传承,需要在与越文化的共融中产生包含中原文化特色的海洋神灵。这样使原先由民间确立的"地方神灵",经过朝廷敕封演变成整个华夏民族能够接受,有着广阔地域基础传播的"天妃"与"天后"。这在中国历史的发展中,妈祖信俗并不是一个特例。

第三,海上丝路的开拓和航海业发展,弘扬和拓展妈祖信俗的传播面。

众所周知,妈祖出生在福建湄洲岛,少好巫术,只能算是一个能测海洋风浪的巫女,开始只在闽南渔民群体中传播,经朝廷敕封才逐步演变成为整个华夏民族的海神。世界上任何原始信俗的传播,均与人类的经济活动与科技生产力的发展密切相关,并以其受众面众寡确立信仰地位。如果没有海上丝绸之路的开拓和我国航海业的兴起,妈祖信俗能经明州(宁波)港,扩展到国内与东南亚,凡有江河海洋港口处均有庙宇,确立东方海神地位吗？妈祖信俗之所以能广泛传播，与整个国家海洋贸易和对外交往联系交织在一起。中国自唐、宋以降航海业迅速发展，促使海外贸易与世界经济文化交往日趋繁荣，内陆运河与海上丝绸之路连接开通，孕育了一个新的海洋商人群体与大量的船工。残酷的海洋生存环境，使他们在走向世界的过程中，需要有民族信仰的精神支撑，帮助他们坚定意志和战胜灾难。妈祖信俗正是因为顺应这一潮流，才确立了东方航海保护神的地位。

第二章　闽、台地区妈祖信俗形成的文化动因

妈祖信俗形成的文化动因,在学者中向有争议。传统的说法是:五代闽王都巡检林愿生一女,名林默。此女自幼好道,又得观音菩萨超度,修炼成为女神,保佑在海上捕鱼与航海的人们。也有学者认为妈祖并不是一个真实的历史人物,是地处福建的越族土著人与南迁的中原士大夫对大海崇敬臆造出来的海神。古人认为天地之间以天为尊,地为大,故天为"帝",地为"帝后",海洋作为次要配偶称为"帝妃",所以海神被称为"天妃"。

从文化学的角度说这里面寓有三重意义:一是土著越民经过历史变迁,认同中原主流文化,把海神划归汉文化神祇系统。二是认同"帝妃",保留越民传统信仰,渗透古越文化精神印记。三是选择巫女林默为原始神,使之地域文化与中原文化结合,产生新的神灵信俗文化。

第一节　原始闽越地域文化孕育妈祖信俗诞生

闽台地区的原始海洋文化进入中原文化的视野,已在秦汉以后。闽台区域出土最早的古文化遗址,是漳州市郊区的莲花池山旧石器文化,其时代约在三四万年以前。专家认为:从该地简陋的石器内涵的延伸,可以看出闽南其他地区的石器文化萌芽的雏形。福建与台湾同属亚洲大陆架区域,台湾海峡的水深最深不过 80 米,许多地方在 30 米左右,在东山岛与澎湖列岛之间,有一条海底山脉相连。这一地理联系,造成福建与台湾早期

文化的共同特点。台湾发现的古人类"左镇人"与"长滨文化"的创造者,都是通过这一"陆桥"从大陆来到台湾的。在海水淹没台湾海峡之后,闽台之间的民众仍可通过独木舟往来两岸。考古学家认为:台湾新石器时代的大岔坑文化、圆山文化、凤鼻头文化与福建的壳丘头文化、坛石山文化相当接近,可以说两地同属一个区域。

新石器时代的古人类,已向蓝色的海洋进军,其代表是闽台的独木舟时代。有专家认为,这是我国原始海洋文化中最神秘的文化,有代表性的当属现今武夷山区的船棺文化。武夷山为我国著名风景区,在碧水群山间的悬崖洞中,有一具具船棺。当地人历代相传,这些船棺中躺着的是古仙人的遗脱。福建省文管会曾对此经过碳14同位素测定,船棺的年代约在商周时期,内中文物大多是木器、陶器,但十分精美。例如有苎麻、棉花与布匹残片,还有一件有四足的灵龟木托盘,龟首高昂,形象颇为生动。引人注目是那些造型独特的船棺,本体由楠木制成,独特之处两头微翘,造型为独木舟状。它的发现,说明在3000年前,那儿(闽江源头)已有一个善于航行的水上民族。

闽、台地域在商周时期活跃着水上民族,还可佐证的是华安仙字潭岩画。有现代学者岭南大学黄仲琴教授,认定汰溪摩崖石刻为古兰雷民族所刻。内中出现大量与海洋江河蛟螭水生动物,为生存在这块土地上人们的原始图腾。

秦灭六国设郡县,在闽台地区设闽中郡,但留在这块土地上的百越部落并未因此消亡。史载:始皇帝亡,陈胜、吴广举义,天下人响应。闽粤人参加汉高祖刘邦的部队灭秦抗楚。这里面有个刘邦举义祭蛇的故事,蛇应该是古越人的图腾与崇拜神。现在已缺乏资料证明刘邦是否越人,但从闽粤越人纷纷参加他的部队,并举一方区域为他生死劝劳,当说明他与百越部落关系密切。刘汉王朝建立中原政权后,在汉高祖五年封越人无诸(一说大渚)为闽粤王,封地便在闽中。其后又封闽越功臣摇(一说大摇)为东瓯王,封地在今温州一带。闽越国存92年,汉武帝时,闽越国曾出兵北伐瓯越国,南侵南越国,为汉初南方著名强国。

有林惠祥等老一辈人类学家认为:闽越人应是海洋蒙古人种。他们额头凸出,眼眶较深,身材粗矮,类似今天的马来亚人种。在福建史学界有两种说法:一是闽越族不是纯粹、单一的民族,是南方闽族与越人的合并;二是闽越族为东南沿海百越氏族的一个支系。但不管如何说,古闽越族在中原黄土文明南迁的浸润与同化中,由于其地理位置的特殊与交通的不便,比在江浙一带的于越部落,保留了更多的氏族文化因素,是越文明中东方原始海洋文化的继承者。据《越绝书》①记载:无诸是春秋战国时期于越王勾践的子孙,当时的吴越王朝"西则迫江,东则薄海,水属苍天,下不知所止,交错相过,波涛滞流,沉而复起,因复相还。浩浩之水,朝夕既有时,动作若惊骇,声音若雷霆。波涛援而起,船失不能救,不知命之维"。南迁的闽越王朝保留了祖先"水上氏族"的习俗,如其祖勾践所说:"水行而山处,以船为车,以楫为马,往若飘风,去则难从。"②其不仅在经济生产上,保留了以大海江河捕捞渔业的传统生产模式,而且在军事上组织成大规模的水师。《史记》记载了楚国灭越,"而越以此散,诸族子争立,或为王,或为君,滨于江南海上"③。

闽越国在汉武帝时期,同样拥有强大的军事力量。汉武帝下诏征讨岭南时,汉军不习水战难以取胜,闽越王曾出动8000甲士乘船南下助阵,可见其水师的强大。现福建尚留下关于闽越王开发海洋江河的传说,福州南部江海中有一名为"钓龙台"的地方,相传闽越王无诸曾在这儿钓到蛟龙。汉使南下封无诸为闽越王,即在钓龙台举行仪式。94年后汉武帝为"中央集权"灭闽越国,为对付闽越水上力量,曾在会稽郡组建一支强大的水师,操练多时才敢入闽作战,从闽江进入闽越腹地,彻底消灭了闽越国。其间汉王朝为了征服闽越人,采取了一系列的"同化"措施,包括"八姓入闽",迁移北方中原人士南下"安邦",并组织东瓯闽越人两次北上迁移。一次是在汉武帝建元三年,闽越国与瓯越国发生冲突。《汉书》记载东瓯王摇请求:"举国徙中国,乃悉与众处江淮间。"④这是越人第一次北迁,史载东瓯国之众达四万余人。其后汉武帝元封元年(前110),闽越国已为汉军所灭,汉武帝认为:"东越狭多阻,闽越悍,数反覆。诏军吏皆将其民徙处江淮间。"⑤其北迁人口众多在东瓯国之上。梁朝沈约谓:"建安太守,本闽越,秦立闽中郡。汉武帝世,闽越反,灭之。徙其民于江淮间,虚其地。后有遁逃山谷者颇

---

① （汉）袁康:《越绝书》卷四《计倪内经》。
② 《越绝书》卷八《外传记地传》。
③ 司马迁:《史记》卷四十一。
④ 班固:《汉书》卷九十五。
⑤ 司马迁:《史记·东越列传》。

出,立为治县,属会稽。"①辽阔的闽中只设一县治,可想人口之少。直至三国时孙策所建吴政权经营东南,闽、台之地的人口才继续繁衍开来。

魏晋后,活跃在闽、台地区的越人有两个系统:一为山越,二为疍家人。山越主要生活在山区,这儿忽略不表。值得提及的是继承越文化精神的疍家人。作为依靠海洋江河生存,在历史上延衍2000余年的氏族群体,不论朝代兴衰,世事变迁,始终坚守一方水域,发展属于自己的疍家文化,为我国东方原始海洋文明发展作出贡献。疍家人,古称"白水郎"或"泉郎"。他们长年驾舟海洋江河,自成系统自食其力,世代劳作水域。生活在今福建、浙江、广东沿海地区,过着捕鱼为生的日子。史载隋朝杨素南下,击败南安豪强王国庆部。"时南海先有五六百家居水,为亡命,号游艇子。智慧、国庆欲往依之。素乃密令人说国庆,令斩智慧以自效。国庆乃斩智慧于泉州(即今福州)"②。这是最早记载疍人的史料,至此我们知疍家人的祖先,是漂流在福建沿海的闽越人,以船为居,不隶属于任何政权的管辖。此后宋代的《太平寰宇记》又有记载:"泉郎,即此州(泉州)之夷户,亦曰游艇子,即卢循之余。晋末卢循寇暴为刘裕所灭,遗种逃叛,散居山海,至今种类尚繁。唐武德八年(625),都督王义童遣使招抚,得其首领周造夌、细陵等。并受骑都尉,领相统摄,不为寇盗。贞观十年,始输半课。其居此常在船上,兼结庐海畔,随时移徒不常,厥所船头尾尖高,当中平阔,冲波逆浪,都无畏惧,名曰'了鸟船'。"③从上述文献看,疍家人的生活方式与越人极为相近。史载古越人:"习于用船,便以水斗。""白水郎"的生活习俗正反映这一特点。所以当今人类学家比较统一的看法是:"白水郎"为闽越国灭亡后越族后裔,亡国后誓不北徙,乘船漂流在闽、台、浙、粤东南沿海,传承越文化的闽越部落。至于说他们是"卢循之众",是因为他们参加了卢循的队伍。对于疍家文化,我们感兴趣的有三点:

第一,疍人最早被称为"游艇子",他们生活航海生产工具为"艇"。

艇在汉字的解释是小船。船是我国越族原始海洋文化的中心标志物。1975年在福建连江县境内鳌江下游海口十公里处,出土了一艘古独木舟,舟体长7.10米,前宽1.10米,残高0.82米,舟首翘起0.22米,没有橹位与摇橹的痕迹。连江位福建临海,为疍家人主要活动区域,估计就是2000年

---

① (梁)沈约:《宋书》卷三十六《州郡制》。
② 《北史》卷四十一《杨敷传子素附》。
③ 《太平寰宇记》卷一〇二《江南东道·泉州》。

前疍人所用捕鱼船只。历史上疍民处于贱民地位,但从原始海洋文化的概念来说,他们是我国最早驾舟于海,几千年来世代生活在海上的民族。他们不像西方大多数自称海洋民族的国家,诸如腓尼基人、希腊人,其实一生主要生活在临海陆地上,偶尔参加航海和捕捞活动。世界上没有一个民族,把自己的一生和几十代子孙都交给海洋。所谓海洋民族,只是以陆地作为生活基地,而把大海当作谋生的场所猎取财富。而他们不同,一生以船为家、以海为家,几十代人历经 20 个世纪不屈不挠地与大海一起生存。因此只有他们,才是世界上真正的最伟大海洋民族。

第二,疍人两千年来以船为家的生活,孕育出崇敬海洋神灵的习俗。

疍家人长期生活在海域,必然形成生命本体存在环境的文化意识,如对海洋潮汐的预测、对强台风的躲避,乃至面对残酷环境的人生观与生死观,对海鲜和食物清蒸白煮的饮食文化,以及在船上办红白喜事的婚丧文化。他们是越文化的继承与开拓者,也是中国原始海洋文化的创造者。研究疍家人的文化,会使人们思考人生本质的问题:面对闽、台海峡暴虐的 12级台风,疍民是如何在白浪滔天的海面上生存与生活的,是什么精神信仰促使他们世代繁衍坚持到今天? 如果说两千年前由于闽越国的灭亡,致使他们无家可归在海上流浪,那么两千年中,尽管有许多上岸生存的机会,但他们却坚持世代在海上生活,这难道仅仅是一种文化现象可以解释的吗?

第三,疍人文化中的巫术占卦,创塑东方海神妈祖的神异性。

至今没有文献,载明妈祖由疍民创塑的原始神灵,但我们从妈祖信俗产生的地域——莆田湄洲岛,看到不少与妈祖生活习俗相关的现象。那是一个疍民出入的“居住区”,无数条疍船栖泊在这片海域上。从原始妈祖林默“少好巫术”的行为和占卦护佑出海渔民的故事分析,我们得出与疍家文化关联的结论。从妈祖初塑为神灵和她身上表现出来的神异性,我们可以看出她的出现和一个久已封闭的水上氏族相关,是一个寄托氏族信仰的原始神。当然这只是分析,缺乏历史文献资料的佐证。

闽越国的灭亡,还有大部继续南徙至岭南(两广)、云贵与越南,与那儿的百越部落汇聚。“粤”通“越”,至今散居在这些地区的傣、布依、白族少数民族,亦为越族后裔。

第二节　两宋闽、台经济发展催生妈祖信俗

　　妈祖凡胎林默的出生地,历史上属古闽越人生存繁衍之地。但闽、台地区在亚洲东方,并不是以古文化闻名的区域,相比中原与江浙于越地区相对落后,文化发展水平较低,其中主要原因是因为交通不便与地理形势的局限性。闽台僻在东南一隅,大陆部分三面是山,一面是水,群山阻隔了闽人通往中原的道路,也削弱了闽人与邻省的文化交流,在封闭的地形里,古闽越人的经济、文化难以较大的发展。至于台湾,只能维系独木舟与大陆联系。其次原因是平原太少,古文明的崛起主要依靠农耕文明,闽、台区域耕地太少,农耕文化就难于发展。更由于土地的割裂,难于出现较大的定居点。一直到隋代,闽中仅有一万多户可统计的人口,被视为蛮荒之地,经济与文化发展远远落后于中原与邻省。

　　当时闽越经济、文化相对发达区域为闽南与粤东,为分属福建和广东的相邻地区。二者在经济文化上有许多相似之处:均为沿海平原,农工商发达,但人口密集、土地狭迫,人们以海为田,由于历史原因大批移居海外。两地区的方言同属闽南语系,历史上在吸收中原文化的同时,形成具有地方特色的闽南文化和粤东文化,其共同特点是民间乡土文化与海洋商业文化的融汇整合。妈祖信俗正是植根这块土壤,与闽台地域以海洋捕捞业为生存的原始海洋文化糅合,以及经济文化互动产生与发展起来的。

　　在这儿我们需要提及的是:百越文化(继承者疍家文化)中的原始崇拜和巫术占卦文化动因。徐晓望先生在《妈祖的子民》一书第九章中指出:"福建、台湾都是中国宗教信仰最为兴盛的地区,由于面对海洋的地理条件,在福建历史上,福建有关水神和海神的信仰最为发达。"

一、地方神崇拜

(一)古代越族的蛇崇拜,关于祖先与母亲

　　早年的人类学家方怀我先生对东南沿海的《蛇郎君的故事》进行调查,该故事梗概如下:古代有一农夫出外遇蛇,被缠几殆。蛇要求农夫把女儿嫁他,农夫征求两个女儿的意见,大女儿坚决不肯从命,而小女儿为救父

亲,慷慨应允。于是蛇挟少女飞去,至一宫殿,恶蛇摇身变为美男子,即与少女成婚,两人过着幸福美满的生活。这故事不仅福建有,而且流传浙江、广东、广西诸地。这四省恰是古越先民的聚居地。因此人类学家得出一个很自然的结论,即《蛇郎君的故事》是远古越文化的孑遗,说明彼时的越人是崇拜蛇的。现在的考古已证明这一点。以上四省挖掘出来的新石器器物上,均发现许多几何状态的花纹。

近年陈文华先生的专著《几何印纹陶与古越族的蛇图腾崇拜》,专门论述了这一问题。《吴越春秋·阖闾内传》说:"越在已地,其位蛇也。"史料记载:"诸越中,又为闽越最为崇蛇。"《说文系传字》阐释"闽"字,直截了当地说:"闽,东南越,蛇种。"[①]现在闽、台地区尚有古越人祭蛇的庙宇遗址。干宝的《搜神记》一书内,多处提到闽中祭蛇庙宇,卷十九说:"东越闽中有庸岭,高数十里,其西北隙中有大蛇长七、八丈,大十余围,土俗常惧。东冶都尉及属城长吏,多有死者。祭以牛羊,故不得福。或与人梦,或下谕巫祝,欲得啖童女十二、三者,都尉令长并共患之。""至八月朝祭,送蛇穴口,蛇出吞噬之,累年如此,已吞九女。"这故事说明当时古越族人以女童祭蛇(图腾神)的事,在今人看来非常残酷,但于古越人来说却习以为常,因为蛇是他们的祖先。类似蛇图腾的故事,在江浙,两广、台湾也流传甚广。如越剧《白蛇传》,就歌颂了两位美丽善良,勇于向恶势力(法海——外来文化代表)抗争的女子。蛇在越人的心目中,一代表图腾神——祖先;二代表母亲——生育之神。

(二)与蛇崇拜并行的闽、台瘟神崇拜,为越族"五种精灵崇拜"之一

现在台湾还有数以百计的庙宇,1949年前,福建境内的瘟神庙也不会少于台湾,据记载仅福州城中就有20座瘟神庙。与蛇崇拜不同的是瘟神不是动物,是一个人形神。在越人看来,瘟神行瘟是奉天帝之命来惩罚人类,由于人类为物质需求,作恶太多,故有一种劝导人类弃恶从善的作用。在闽南地区有一传说,古代有360名举人在赶科举考试时渡江淹死,天帝悯其不幸横死,命血食四方,百姓称之为王爷。与福州一样,闽南地区的瘟神庙几乎无处不在。每逢祭典日(俗称出海),整个城或镇集市人满为患,热闹非凡。

---

① (南唐)徐锴:《说文系传》卷二十五《虫部》。

　　（三）流行地方海（水）神崇拜，如通远王崇拜、祥应庙神崇拜等

　　就是在妈祖出生地莆田县境内，也有诸多的海（水）神庙，如长寿灵应庙陈寅崇拜、显济庙朱默崇拜、灵感庙祀唐观察使柳冕崇拜、灵显庙陈应功崇拜，等等。

　　这些古越族人的蛇崇拜、瘟神崇拜和形形色色的地方神崇拜，都与海（水）神信仰相关，但又不是具体的海（水）神信仰，因为以上二神和诸地方神均不是直接的航海保护神。自魏晋后北方人口大量涌入闽中，先进的中原农耕文化促进了当地生产力的发展，近海渔业与海上航运业开拓，人们需要有一个具体的人格神祭祀崇拜，于是就产生了妈祖。

二、选择和传播妈祖信俗的动因

　　（一）妈祖信俗与闽南、粤东社会经济的互动

　　东汉以前相对落后与地理条件封闭的闽、台地区，这时经三国东吴政权、魏晋间北方人口的南迁和唐代"海上丝绸之路"的开通，海上商贸活动已日趋频繁。地处闽南的泉州港，与扬州、宁波（明州）与交趾并称为中国古代对外贸易四大港口。随着南方造船业的发展，中国与日本、高丽、琉球（台湾）与东南亚的商贸活动，在唐代已非常活跃。泉州作为闽南的主要港口，直接影响当地商业环境与市贸的兴隆，促进社会生产力的发展。

　　闽、台地区的农耕文明，经五代十国时期吴越王朝对闽越的整治，在宋初已赶上北方中原的水平，当时的闽南泉漳、潮汕平原，沃野良田万顷，村舍市集相连，人口迅速增加，社会经济相对稳定。随着农耕文明的发展，有个商品交流和运输的问题需要解决，例如漕粮运送、城乡交贸与邻省间物资运送，在中原地区主要依靠驿道与车马，可在交通相对不便的闽、台，主要依靠的是海（水）运与船楫。其时福建城镇都沿海依江建立码头，凡临海（水）交通便利处都市集繁华，且近海捕捞业也得以长足的发展，"白水郎"疍家人近海捕捞作业为南迁的中原人士接受，渔业生产作为补充食物的主要商贸在市集交流。

　　有关史料显示：闽粤沿海通商贸易全赖船运，海上波涛变幻与商人生意好坏、事业兴衰乃至身家性命息息相关，所以商人在敬奉妈祖的广度和深度上又比渔民更胜一筹。特别是在妈祖信仰被官方认可，妈祖女神完成

了其"正祀化"过程之后,绅商阶层在推动这一信仰的传播中逐渐扮演起主要角色。商人的财力与官绅的势力结合在一起,其作用是一般庶民无法比拟的。闽南诸商港妈祖庙的兴盛无不得益于此。如泉州天后宫,宋时乃"海舶蚁聚"之处,"香火最盛",至清代仍是士商往来,备受感应之所在。嘉庆二十年(1815)泉州知府徐如澜倡议重修,"邦之人……竞于趋事赴功焉……计糜制钱三百余万",若非绅商捐货,其功恐难成。又如"龙溪县天妃宫在华龙招善寺故址之右;海澄县天妃宫在港口,凡海上发舶者皆祷于此",亦赖舶商得以兴盛。

再如奉祀妈祖的厦门鼓浪屿三和宫,嘉庆十八年(1813)福建水师提督王得禄倡议重修,王氏"谨捐廉俸,鸿工疙材,而行户巨商,亦喜檀施,共襄盛举",功得以成。商港繁盛之处妈祖庙亦兴盛,绝非偶然现象。粤东情况亦大体如此。揭阳县南关外天后庙,乃乾隆二年(1737)"各洋商呈明知县张薰,建庙三栋,两旁从屋大厅一十三间,后靠城垣,前临南河,横直十五丈"。规模甚大。这完全是商人倡建并出资的,潮阳县坐落于"邑北后溪之港口"的天后庙,历代数次重修改建,其中光绪九年(1883)那一次系由"绅商改建"。商人亦是主持修建的主要力量。潮阳县另一处"在招都河渡"的天后庙,乃专供"商船祀之",当亦在商人所建。澄海县位于南门外火神庙旧址的天后宫,建于乾隆三十四年(1769),"费皆出自邑商",也全部由商人出资。

值得一提的是,乾隆二十二年(1757)潮州各地商民,在澄海县樟林镇兴建一座规模宏大的天后庙,具备大型庙宇完整的建筑规制,包括山门、前殿、正殿、后殿等。这座潮汕地区最大的妈祖庙,历时 14 年方建成。建于当时出海港口樟林镇的这一妈祖庙,既是潮州商帮经济实力强大的表现,也是商业经济推动妈祖信俗的重要佐证。商人不仅因其财力雄厚,而且其足迹遍天下,得以在妈祖信仰传播中扮演重要角色。清代潮州帮、福建帮商人在各地建造的会馆中多奉祀妈祖,客观上促使妈祖信仰更广泛深入地传播,逐渐兼备商业型神明的身份和功能。

(二)妈祖信俗与宋以降近海捕捞渔业生产相关

妈祖信俗首先在我国东南沿海渔民中流传,随着经济生产力的发展又传播到商业领域。在宋代商业和渔业成为海洋经济的两大支柱,商人和渔民出于经济动机对妈祖倍加崇信,推动妈祖信仰的迅速传播。这种传播对官方来说，主要是兴商，在民间莫过于渔村。有关资料证明，这时参与近海捕捞作业的不仅有疍民（白水郎），而有许多失去土地的农民加入其内。随着民间造船业的兴起，越来越多的人参与近海作业，甚至有官方行为加入。这些生活在海上的人们，把命运寄托于海上保护神，产生安全感是很自然的。漳厦泉紧邻于妈祖信俗的发祥地莆田，是最早被纳入其信仰圈的地区之一，该地区的渔民在推动妈祖崇俗的传播方面，在历史上占有特殊地位。地处莆田之南的惠安崇武，"以渔为业者，不忍忘后之德，相与建后之庙于法江矣"。日后地方官绅倡议重修，"众议捐袖俸资，共（募）摹渔人乐利。举凡舟商之过客，环海之居民，食后德而服先畴者，有求辄输，毅然乐助"。①

历代在传播妈祖信俗中，渔民始终扮演着重要角色，业渔者是妈祖信俗最初的推动力量。清道光年间厦门岛上，单独奉祀妈祖的庙宇有 9 座，与保生大帝（吴真人）合祀者有 18 座，各乡社祀妈祖之社神祠尚不计在内，这与当时厦门岛居民"耕而兼渔，统计渔倍于农"的情况有密切关系。始建于明末的厦港福海宫，为渔民出海前祈愿于妈祖之处。这些庙宇的建立，显然与当地渔业生产的发展密切相关。该庙于民国 22 年（1933）再翻建，至今庙址周围仍是渔民聚居区，且建有渔船避风坞。潮汕的情况稍有不同，但建庙宇祭祀形式大致期同。

追溯广东的历史，最早奉祀的海神并非妈祖而是南海神。但妈祖信仰一经传入，南海神便屈居其下，继而被融入其中。始建于明洪武三年（1369）的厦岭妈祖庙，是汕头沿海最早的妈祖庙，厦岭原属揭阳县，"揭有沿海而村曰厦岭者，以渔为业"②。厦岭妈祖庙的创建者最大可能是渔民。嘉靖四十二年（1563）厦岭划归澄海县，史志载"澄海县有天妃宫，在厦岭，或曰天妃南海神也"③。可见原有的南海神信仰已被融入妈祖信仰之中，明代潮阳县的天妃庙，"凡乡人有祷辄应，航海者奉之尤虔"④，创建者当亦沿海渔民。时人谈及此庙亦曰："或天妃即南海神也"，此亦可证南海神已被

①　郑振满、[美]丁荷生：《福建宗教碑铭汇编 泉州府分册》（中册），《天后庙序》康熙乙酉年端（中秋月）月，莲芳主人刘有成廷尤盥手拜题，福建人民出版社 2008 年版，第 754、第 749 页。

②　李羚：《送陈碹书》云，见刘平：《潮汕胜迹·汕头天后宫与关帝庙》，汕头大学出版社1994 年版，第 51 页。

③　《华侨华人百科全书》编辑委员会编：《华侨华人百科全书 总论卷》，中国华侨出版社2002 年版，第 873 页。

④　周硕勋等：《潮州府志》卷二十五《祀典》，转引自李天锡著：《海外与港澳台妈祖信仰研究》，华夏出版社 2008 年版，第 135 页。

妈祖所取代。

及至清代,史志所载潮汕妈祖庙,或有指出何处专供渔民祭拜者。如光绪《潮阳县志》卷七《坛庙》曰:"天后庙……一在招都下尾之溪岸,渔船祀顷……一在达壕埠,埠众渔船共祀之。"所举两处妈祖庙,当为渔民所建无疑。潮汕沿海居民接受了妈祖信仰,其原先信奉之南海神渐被取代。这种民间神祇的置换,反映出民众对神明的选择与偏好,其依据乃是唯灵是从的原则。由于妈祖灵验,对满足沿海以渔为业者的需求具有更大的吸引力,所以他们选择了妈祖。正是这种经济动机,推动了妈祖信仰在粤东的传播。

(三)中原农耕文明与越族原始海洋文化糅合互动

这节有两个问题:一是当时福建有诸多原始海(水)神崇拜,为何选择妈祖? 二是西方海神是男性波塞冬,而东方海神为何是女性妈祖? 笔者认为从文化学的角度讲,应是中原农耕文明与古越族的原始海洋文化糅合互动的结果。

北宋初期发轫于福建莆田的妈祖信俗,在我国沿海各地广为传播,其过程具有海洋经济开拓者保护神的性质。宋代是一个推广中原文化比较温和的朝廷,其时经魏晋、南北朝历三百余年的战乱动荡,朝廷与民间均希望有一个和谐的社会环境发展经济,朝廷对东南沿海余留的越族,已不像悍秦强汉一般采取武力征讨的办法,而是温和地进行文化浸润,对土著部落实行"抚安"政策。拿现在的话说:只要你不用武力扰乱社会秩序反抗,就允许你存在地方神灵崇拜与信仰。妈祖从一个具有神异功能的里中巫女转化为神女,本质乃是庶民性的神祇,也就是由平民阶层塑创的神灵。

在越族神灵崇拜信仰中,有三个基本概念:一是以天为大,天辖地,天阳地阴,天为帝,地为帝后,江河海洋,衍地而生,自然是帝妃。此概念与中原宗教信仰神祇系统"暗合"。清人王韬在论及妈祖信仰时说:"天一生水,水为天之妃,故曰天妃。"[①]暗合水与舟的关系,最密切为之民众。二是越人自古以来,就崇拜女神(即母亲为生育之神)。多变的自然环境致使古越人生存困难,崇拜生殖增添人口。她的氏族图腾中没有人格神,一为鸟(于越

---

① 王韬:《瀛壖杂志》,转引自《妈祖文献资料》,福建人民出版社 1990 年版,第 340 页。转引自徐晓望、陈衍德著:《澳门妈祖文化研究》,澳门基金会,1998 年。

族称其为鸟之后);二为蛇(闽越人素有蛇崇拜)。二者在动物图腾中相对为阴柔之物。且越人善造舟驾舟,向海洋、河流获取食物。舟与水的关系密切,以女神为船灵,可得阴柔之水域的庇护。因此越人在冥冥之中,总在祈求渴望得到女性人格神灵的庇护。就像长期生活在船上的蜑民"白水郎",保留着古老的半母系社会的习俗,母亡由长女当家主宰男人命运。因此当时福建有那么多由南徙中原人士设置的男性海(水)神庙宇,其信俗没能得到发展传播,而女神妈祖一出现,就得以迅速传播的主要原因。三是越人好占卦巫术,而妈祖林默就是一个能"观天象、知潮汐"的巫女,符合土著民众潜意识的审美情趣和对信俗内涵的需求。

更重要的是北宋政权和历代封建王朝,为促进航海业和对外商贸的需要与发展,很快认同妈祖东方海神的地位和作用,宋徽宗敕封妈祖为"顺济夫人",认同妈祖海神并把她纳入中原信俗文化圈。以后历代朝廷不断追封,对确立妈祖东方航海保护神的地位和海内外的传播,起了决定性的作用。

第三节　多元文化对妈祖信俗初塑和传播的影响

妈祖信俗在诞生地福建莆田湄洲岛,流传着三个基本故事。

故事一:《无字天书》

妈祖出生于宋建隆元年(960)夏历三月廿三晚上,由于她生下后不啼不哭,父亲林愿为她取名默娘。林愿原为五代十国时南方一个小国的"都检点",为人正直善良。宋立国后辞官不当,回老家莆田湄洲岛打鱼为生。

传说林默出世颇有来头。那日观音菩萨带龙女参加王母娘娘的蟠桃盛会,返普陀经莆田县海域上空时,见海妖作怪掀翻许多渔船,回洞府后思量该有个海神保护渔民造福。恰逢林愿偕夫人烧香求女,观音灵机一动,让身边龙女到他家投胎为百姓除妖。林默长到16岁,端庄贤淑,聪慧过人,心地善良。从小就跟父兄一起出海。稍大,父兄出海就不带她,留家帮母亲陈氏烧水煮饭,编织渔网。一天几艘渔船出海不久,就被突如其来的狂风掀翻。可怜那十几条鲜活的生命顿成亡魂,岸上的渔妇号啕大哭,埋怨龙王爷把她们变成寡妇。一连数月,林默都站在海边观察天象测试风向。她要以自己绵薄之力,拯救无辜渔民的生命。

精致所致,金石为开。她的行动惊动观音菩萨,派善财童子幻化成年迈道长点化她说:"你真想识得天象,可每日在村口井前默诵《观音经》。"林默就照办了。善财童子为试探她的决心,幻化出英俊少年与毒蛇猛兽进行干扰。可她仍一意专心不为所动。直至七七四十九天,井中浮上一龟负无字天书赠之。至后林默日夜研读,茶饭无心,终于能知天上风云变幻,得道成为神姑。

这篇故事向我们提供了三个信息:

信息一:林默之父林愿原为南方小国的"都检点",宋立国后辞官不当,回老家打鱼为生,符合当地土著越族人的"平民意识"。妈祖是一个平民阶层出身的凡人,与中国神系"官本位"和"神权至上"无涉。

信息二:故事主体叙述的是:林默是观音菩萨下派"龙女"投胎凡间,又被她"点化"送上"无字天书"而知天象。在故事中出现"王母娘娘"、"蟠桃会"和"道长"等神系词语,不仅为妈祖"神女"身份镀金,而且传递出妈祖"佛"、"道"两家多元神的信息。这里值得注意的是"无字天书",不是佛教的"佛书",是道教的"旨物"。中国道教奉行修炼,讲究"无师自通"和"机敏",用"玄虚"指点迷津。此"无字天书"虽由观音送,但这里的观音,已被道教纳入国人能够理解的神系,不再是佛教意义上的观音了。因此妈祖是由中原文化与越文化孕育的中国神灵,但她身上仍体现出多元神的因素。

信息三:林默看到狂风掀翻船只,鲜活生命顿成亡魂,岸上渔妇号啕大哭,一连数月站在海边观察天象、测试风向,说明她内心的善良。同样观音菩萨派龙女下凡投胎,拯救受难渔民也为行善,点出佛、道教两家"行善立教"的宗旨和道德观。

故事二:《伏机救亲》

讲的是有年秋天,林愿带儿子林龙、林虎出海捕鱼,林默劝阻不成,她伏在布机上"灵魂出窍",与龙王、水妖搏斗,解救落水的父兄的故事。

这个故事有些复杂,也太神化,夸大林默的神力。但在故事中我们可以看出,由佛、道两家初塑的妈祖身上,体现出儒家的"孝悌"精神来。"万事孝为先"和"忠孝节义"是中国传统儒家文化的精粹,包括后来流传的妈祖指引唐船、庇护郑和下南洋和帮助施琅收复台湾的故事中,都能看出以儒家经典作为"国教"的历代朝廷,如何"神为官用",为维护统治地位和发展经济,煞费苦心地把儒家文化溶注进妈祖形象的塑造中。由此我们可以看出,披着佛道两家"外衣"的"天后"妈祖,身上却体现和糅合进儒家文化的基本精神。

故事三:《解救商船》

北宋初年,与湄洲岛隔海的泉州府,成为我国东南沿海著名商港,市贸繁荣。林默在 27 岁那年,平时不出门的她,却意外地向父亲提出到泉州府去看看。

她到泉州常在码头察看风向,看到气候有变,就会劝阻商船下海。由于她所言亦准,很快被人称为红衣神姑。时北方有个商人三宝,满载着一船土特产准备下海北上,在开船时被林默劝阻。林默说气候立即就要变化,阻拦不让三宝起锚。时三宝与船工见天上红日高悬,执意不听,引起争执。林默见状无法,跳上商船指着天上红日说:"既然师傅们不信,我也没办法。临行借你们船上的酒,祭天祭海祭神灵,我敬各位师傅一杯。"

众人将信将疑地推迟开船,开怀畅饮,结果全被灌醉无法起锚。果然夜半时分,三宝与船工被狂风骇浪惊醒,寻找船上红衣女子,早不见人影。始知林默以举行开船仪式为由,解救众人免于舟倾船覆。后来三宝经商有成,去湄洲岛寻找林默,知她已为救人羽化升天,在岛上修"湄洲神女庙"纪念。

这里我们不说这故事真实性如何?在湄州岛的巫女林默,有无到过泉州商埠无法考证。但在这里面又传递出三个信息:

信息一:在妈祖羽化升天前,也就是林默出生后的北宋初年,福建泉州港市贸已呈繁荣。北方商人三宝驾商船出海来这儿做生意,说明"海上丝绸之路"南北商贸渠道畅通,当时的泉州府已是东南沿海的重要港口城市。

信息二:妈祖懂巫术,能知天象,测风向,这是道教文化所拥有的特殊技能。通过林默行善,为日趋繁荣的商贸活动服务。明确东方海神的职能,不仅仅为渔民群体服务,而且扩展到解救所有与海洋有关系的群体,例如商人、船工,使他们免于在风浪中舟翻人亡。因此妈祖东方海神身份明确,她征服海洋仅仅是服务,而不像西方海神波塞冬是为主宰海洋。

信息三:妈祖服务功能转化,说明东南沿海商贸业的兴起,逐步与局部地取代海洋渔业生产和原始捕捞业。三宝因感激而建"湄洲神女庙",说明妈祖信俗在商人中的传播,并在我国早期商人群体中发生很大的作用。

在这三个基本故事中,我们可以看出为何东方海神,没有像希腊神话故事一样,产生在华夏文明(含越文化)的童年期,而是在中原文化鼎盛、封建王朝更替的北宋初期?为何妈祖初塑时就是带有明显地域印记的多元神,而不属于某一神祇系统的具体神?她不属于任何一个神祇系统,却糅合了其他宗教文化的元素,借鉴和包装成其他神系的神灵登上神坛。这里面有着当时社会、经济和文化上诸多复杂的因素。

第一,南北经济文化交融,导致妈祖神灵初塑的文化动因复杂。

诚如上文所说,由于我国封建社会形态变迁和几次中原人口迁徙的原因,当时地域经济文化环境正处于南北交融中。南方由于得天独厚的自然地理条件,促使航海业发展和海洋渔业生产的开拓,需要有一个本土神灵出现。北方的统治者即北宋朝廷在获取天下后,希望安抚南方氏族求取政治与经济上的拓展与援助。妈祖出现的时间、环境与文化合成元素,恰好吻合了这个时代需求。我们可以理解在妈祖信俗文化创始体系中,原始神妈祖从一出现,身上就带有多元文化的混合成分,即越地域文化与中原主流文化和外来宗教文化交融的成分。这些迹象可从林默的出身中获得解义。史载妈祖出身有三:

(1)据《重刊兴化府志》记载:林愿为汉人,其祖"明经科,今此录皆属于礼部者。元宗天宝十一年(壬辰)林披(莆田人,生九子)是为九牧"。林愿父为林藻,曾官至殿中侍御史和江陵刺史。原始《庙记》中载她为"兴化莆田都巡君之季女"。此说专家多存疑义,认为是妈祖成为神灵后,朝廷御用文人刻意塑造,目的是想把妈祖归为中原主流文化圈。

(2)另有一说林默为当地疍民之后。据宋《太平寰宇记·泉州·风俗》记载:北宋湄洲湾一带为疍民生活繁衍之地,疍民古称"龙人","鲛人","男女皆椎髻于顶","衣衫上下两色"。至今在湄洲湾一带仍可见到。中老年妇女爱在头顶中后部梳帆船形发髻,并被称为"妈祖头"。[①]当地人们在祭祀妈祖时穿上、下两色衣服,与上述记载相符,也与丁伯桂《庙记》中所说"龙女"投胎托生相吻。清代学者全祖望追寻祖根,在《天妃庙记》中说:妈祖信俗所以流行"盖出南方好鬼之人,妄传其事。鲛人疍户,本无知识,辗

---

① 《太平寰宇记》卷一〇二《泉州·风俗》无上引之"龙人"、"鲛人","男女皆椎髻于顶","衣衫上下两色"。有"椎髻",但所指为蜀、两广地也。"衣衫"仅一见,在卷六十七"霸州永清"也。

转相思,造为灵迹以实之"。此说究竟是否成立？尚需更为翔实的史料证实。

(3)现在学术界普遍认为可信的是,妈祖出身民间,善水性,父亲林愿为当地渔民。她在家以织布为业,在闾巷中学得占卜星历之术,为一方巫女。这样的身份,应该比较符合传说中真实的她。

其实这三种说法,代表着三种文化:一是中原主流文化圈;二是地域越文化圈;三是地域平民合成文化圈。笔者站在文化学角度,比较赞成第二种说法。如果我们认定妈祖是由越地域文化初塑的神灵,那么我们可以推断:第一种说法是属于中原文化圈的后人,为神灵出身贴金的他神同化说;第三种说法是因为古疍民为贱民,为提高神灵地位和传播的本神异化说。这里面可以看出妈祖神灵在初塑过程中南北方文化相互间的交融,导致妈祖信俗从一面世就含有多元文化组合的成分。

第二,初塑为海神的妈祖信俗,含有儒、道、佛三教文化内涵。

我国自古就是一个崇拜多种神系的国家,到宋代更是儒、道、佛三教盛行。由于南北经济文化的交融同化,初塑为神的妈祖,骨架上虽仍保留越族文化中海神崇信内核和泛越文化圈的信俗形式,但在文化内涵的扩展上,糅合和增添了许多儒、道、佛三教的文化内涵,在信徒的口耳相传中,变成由多元文化组合的混合原始神。随着时代的变迁和传播过程中各阶层的需求,其信俗文化内涵更显宽泛,变成含有多种文化特质的东方海神,与西方海神波塞冬相区别。

(1)原始神妈祖身上的儒教气息,主要来自传播过程中,朝廷多次的敕封。从儒家传统"护国庇民"的宗旨出发,历代统治者不断地赖封追封,利用妈祖信俗文化,为推广以儒家为代表的中原文化服务。儒教严格意义上说不是教,是历代统治者出于政治需要,"教化万民"的文化手段和工具。在《天妃显圣录》中,体现妈祖"仁义道德,护国解难"的有:神佑路允迪出使高丽,庇护郑和七下西洋,协助官司军征剿浙江温州台州之草寇,协助朝廷剿灭强盗周六四、陈长五,在平定台湾时有"涌泉济师"等,体现出儒家所倡导的"忠孝节义"精神。在妈祖神迹中,如"化草救商"、"祷雨济民"、"恳请治病"、"解除水患"及"挂席泛槎"等,体现了儒家的"仁义"道德观。由于统治者的需要和历代文人的加工,使原本出自民间的地域海神,上升到社稷政治高度的民族神灵。

(2)妈祖神迹初塑,在本义与外形上表现了道家意志。在中华文化史上,儒家与道家思想主张虽有共同点,但其"分野"却客观存在。儒家学派崇尚"阳性",故有"天尊地卑"、"三纲五常"之说,道家则崇尚"阴性"。妈祖信俗在儒、道、佛教文化的合围塑创中,逐渐失去了地域越文化圈信众的初衷。但在初塑时期,道教却明显占有上风。宋崇道,宋徽宗就是道君皇帝。当时阴阳学说在民间颇为风行,阴阳学说则认为"天属阳,地属阴,水在地上也属阴",又认为"男属阳,女属阴,水神应为女性才合适"。在这种阴阳学说思想的影响下,人们认为水在地上属阴,故水神也隶属阴的水性,因此妈祖信俗在初塑时无论本义,还是外形,基本属于道教系统。

(3)宋初虽道教盛行,佛教在民间却也渐入佳境。佛教徒认为观音菩萨分管南海,因此佛教徒想象海神天后必是"南海观音"托生。在《妈祖传略》中,就有其母王氏,因祝于南海观音而生林默之说。《三教搜神大全》里说林默母"尝梦南海观音与以优钵花,吞之,已怀孕,十四月始娩身,得妃"。林默幼小喜主诵《观音经》,有六岁"能婆娑按节乐神"的说法。就是在林默神化之后,她的陪神是"千里眼"与"万里耳",即佛经所说佛有"六通",即所谓"神足通、天眼通、他心通、宿命通、漏尽通";那二尊陪神的依据就是"天眼通"和"天耳通"。这一推证,使海神妈祖中国神的形象被复合,与佛教教义宗旨相联系。

陈衍德先生在《中国社会经济史研究》中指出:"闽南、粤东的民间信仰是与传统宗教相互杂糅混合的。这与此二地区在接受南传的中原文化之同时,保持了原有的'巫文化',并使二者融合这一历史背景有关。另一方面,道教以其特有的包容性而囊括了大部分民间信仰,佛教为适应地域文化的特性也兼容了各地的神明。这两方面的因素造成了妈祖信仰与佛、道二教的交渗和互动。"①

第三,地域文化崇信混杂,造成妈祖信俗文化内涵定义宽泛。

妈祖信俗文化内涵定义宽泛,主要由于我国南方,在历史上长期处于各种文化交融共存的局面。史载清道光年间,厦门岛上27所主要的妈祖庙中,有三分之二共祀保生大帝。保生大帝是闽南民众信奉的医药之神,它与作为平安之神的妈祖在救苦救难的神性和广受民众尊崇的人性方面,都是一致的,因而统合在道教范畴内的民间信仰中有其必然性。闽南民间不

---

① 陈衍德:《闽南粤东妈祖信仰与经济文化的互动》,《中国社会经济史研究》1996年第2期。

仅有此二神共祀的现象，而且有保生大帝向妈祖求婚的传说，都体现出信徒们宗教感情的一致和文化观念上的混杂。二神的信徒是传说的传播者，也是集体创作者，从中反映出二神的祭祀圈、信仰圈在闽南一些地区的交涉与叠合，显示出信徒间密切的互动关系。道教诸神中与妈祖关系最密切者要数关帝。闽南、粤东妈祖庙，有不少是与关帝庙相邻或相近，其中最典型的莫过于与汕头老妈宫紧邻的关帝庙。据笔者实地观察，并列而建的二庙，从外观上看几乎完全一致，祭拜妈祖者也必定祭拜关帝，不仅显示出二神神格的一致，而且显示出潮汕海洋文化与客家内陆文化的融汇与整合。

安徽大学江磊先生在其《妈祖文化成因研究》中也说："佛教对于妈祖信仰的介入有其必然性。"他列举安徽安庆地区的佛教，主要源流归于禅宗。禅宗一脉讲求"顿悟"，反对盲从和没有目的的修行，以"见叶落而知秋"的灵感启发闻名于世。这种源于六祖慧能的修行观念带给佛教新的生机，让佛教这个原本属于统治阶层的高级工具变得日趋平民化，让古代中国普遍文化程度不高的社会拥有更广泛的宗教群众基础。提出人人皆有佛性，有善根便可修成正果的理念，让禅宗获得了广泛的赞誉。这对妈祖信仰是一种机遇，更是一种挑战。说它是机遇，因为禅宗平和的理念是它的核心观念之一，不与人争斗，对于善的追求让佛教徒更易包容异教徒，给刚传入不久的妈祖信仰赖以生存的基础。说它是挑战，正因为禅宗的平易近人和它高度宣传因果循环的报应思想，相较河运相关人员及两地往返的福建商人，佛教在安徽安庆地区的群众基础更为广泛和牢固。在压倒性的力量对比面前，妈祖信仰不得不融入更多的佛教元素。

妈祖在民间信仰中，本身是一个半神半人、半仙半民的角色，经历了由人到神的转变。南宋廖鹏飞《圣墩祖庙重建顺济庙记》(1150)是现存最早记载的了妈祖事迹的文字资料，其中写妈祖："姓林氏，湄洲屿人。初，以巫祝为事，能预知人祸福；既殁，众为立庙于本屿。"《宋史·地理志》谓福建，"其俗信鬼尚祀"。一般而言，信鬼尚祀则意味着对沟通人、鬼关系的巫的尊崇，这为女巫林默走上神坛，提供了非常有利的环境。实际上在中国俗信史中，有不少神灵原来的身份就是巫。林默作为"能预知人祸福"的女巫，已经具备引起当地下层百姓广泛信仰的可能。不过要升格为神，赢得更广地域更多人群的认可和信仰，必须有大量关于神迹信俗的传说及政治、宗教等因素的介入方能实现。林默逝后不久，"众为立庙于本屿"，开始时规模很小，影响也不大。"龙女"角色不仅仅是一种民俗的形象，更是一种佛家神的形象。在民间传说中,观世音前身为慈航大士,发宏愿为拯救世人降生为人,历经磨难终成正果,而她身边有一位侍从,就是龙王珍爱的女儿。民间信徒就巧妙地运用传说,将天后形象与佛教元素统一起来。在后世的"演义"中,佛教观音信仰的发展,往往又把观世音和天后的形象复合。以安庆迎江寺为例,在毗灵殿的一面,观世音和四海龙王的塑像立于波涛之上,周围是三山五岳的各路神仙,这种画面的寓意正是观世音普度众生。而另一面她扶危济困于江海之上的形象,又和天后林默相似,许多地方甚至不谋而合。

综上所述,妈祖初塑信俗的本质是:似佛非佛,似道非道,似儒非儒,似巫非巫。也可以说是似道似佛,似儒似巫,糅合了许多他教文化的元素。这是由妈祖本神发源古越地域文化、并受中原先进农耕文明浸润,合成为东方原始海洋文化的特性所决定的。妈祖是一个植根东方海洋文化历史土壤,相对西方世界的独立神灵,又由多种文化元素合成,由儒、佛、道宗教因素糅和的多元混合神。

第四节　妈祖成为神灵的古代文献记录

妈祖成为地域性的神灵,古代文献记录有几个版本。本书参照宁波大学研究古文献学者俞信芳教授和天津社科院罗春荣先生的说法。

妈祖,是福建话中"娘妈"的意思,俗名林默,也是后来历朝皇帝敕封的"天后娘娘"。对天后娘娘不呼其名,而称妈祖,是家乡的"娘家人"对她的尊崇和一种亲切的叫法。历史上林默只是民间一个能测海洋气象的"巫媪",之所以把她推上"东方海神"的地位,是后人根据中国原始海洋文化发展和两宋间海上交通业的拓展,历元、明、清朝统治者"宣教化万民"的需要,把她人为地神化了。中国的妈祖信俗文化史,其实就是根据统治者的需要和封建社会经济发展的造神史。关于妈祖成为神灵的文献记录,最早见于《夷坚志》碑文。据俞信芳先生考证,作者为南宋高宗绍兴末年(1161)编撰《夷坚志》的洪迈。此人好搜集地方掌故和民间轶事,他见过在福建莆田海口民间塑立的妈祖庙宇,把他搜集到的两则故事写进著作流传下来。尽管如此,他除了知道妈祖姓林和关于她的两则故事,其余还是一无所知。

"林夫人庙"建在兴化军,即福建莆田海口之祠庙,洪迈在《林夫人庙》

记中曰："兴化军境内，地名海口。旧有'林夫人庙'，莫知何年所立。室宇不甚广大，而灵异素著。凡贾客入海，必致祷祠下，求杯珓，祈阴护，乃敢行。盖尝有至大洋遇恶风，而遥望百拜乞怜，见神出现于樯竿者。里中豪民吴翁，育山林甚盛，深菱满谷。一客来指某处，欲吴许之。而需钱三千缗，客酬以三百。吴笑曰：'君来求市，而十分偿一，是玩我也，无由可谐。'客即去，是夕大风雨。至旦，吴氏启户，则三百千钱整叠于地。正疑骇次，外人来报：'昨客所拟之木，已大半倒折。'走往视其见存者，每皮上皆书林夫人三字。始悟神物所为，亟携香楮诣庙瞻谢。见群木皆有运致于庙坝者，意神欲之，遂举此山之植，悉以献。仍辇元直还主庙人，助其营建之费。远近闻者，纷然而来。一老翁家最富，独悭吝，只施三万，众以为太薄，请益之。弗听。及遣仆负钱出门，如重物压，皆不能移足。惶惧悔过，立增为百万。新庙不日而成，为屋数百间，殿堂宏伟，楼阁崇丽，今甲于闽中云。"根据文中所云：旧有"林夫人庙"。从所述二则故事考察，反映了妈祖草创时期具有巫媪之特点。如"所拟之木，已大半倒折"，"如重物压，皆不能移足"含有胁使之方式。直至"悉以献"，"立增为百万"始无恙。

　　与此同时，还有宋绍兴十二年（1146）廖鹏飞（奏名进士）写的载入莆田《白塘李氏家谱·忠部》的《圣墩祖庙重建顺济庙记》（下称《廖记》），按年代推算，此文比洪升的《林夫人庙》还早15年，应该算是一篇最早关于妈祖记文。较之《林夫人庙》，内中文笔已有美化。其中有关枯槎、托梦之描述，依然充满了玄祕。巫媪之习，犹未蜕尽。《廖记》曰："世传通天神女也，姓林氏，湄洲屿人。初，以巫祝为事，能预知人祸福。既殁，众为立庙于本屿。圣墩去屿几百里，元祐丙寅元年（1086）岁，墩上常有光气夜现，乡人莫知为何祥。有渔者就视，乃枯槎。置其家，翌日自还故处。当夕遍梦墩旁之民曰：'我湄洲神女，其枯槎实所凭，宜馆我于墩上。'父老异之，因为立庙，号曰圣墩。岁旱则祷之，疠降则祷之，海寇盘亘则祷之，其应如响。故商舶尤借以指南，得吉卜而济，虽怒涛汹涌，舟亦无恙。宁江人洪伯通尝泛舟以行，中途遇风，舟几覆没。伯通号呼祝之，言未脱口而风息。还其家，高大其像，则筑一灵于旧庙西以妥之，宣和壬寅岁四年（1122）也。越明年癸卯五年（1123），给事中路允迪出使高丽，道东海。值风浪震荡，舳舻相冲者，八而覆其七。独公所乘舟，有女神登樯竿为旋舞状，俄获安济。因诘于众，时同事者保义郎李振，素奉圣墩之神，具道其详。还奏诸朝，诏以'顺济'为庙额。"

但史学界一向认为此记不是妈祖最早的文字记载。其一,据《廖记》载圣墩祖庙是在湄屿以外所建之一座。"既殁,众为立庙于本屿"之后,才有"去屿几百里"圣墩建庙之举。则圣墩祖庙迟于莆田林夫人庙。圣墩祖庙,始建于何时呢?《廖记》作:"元祐丙寅(1086)岁",(宋)黄仲元撰《四如集》卷二《圣墩顺济祖庙新建蕃厘殿记》曰:"圣墩庙,几三百禩岁。月老正殿陋,李君清叔承先志,敬神揄龟筮,卿士庶民协从,由寝及殿,易而新之。鸠工于大德己亥(1299),祭落于癸卯(1303)腊月。五六年间始克就,难矣哉。"以癸卯(1303)上推三百年,约始建于景德初(1004)。早于《廖记》所云。

其二,洪迈《夷坚志·林夫人庙》之:"神出现于樯竿者",在《廖记》中变化成:"女神登樯竿为旋舞状。"两种版本因承关系较为明显。

其三,《廖记》之题有"重建顺济庙"五字,可见此前已有"顺济庙"了。诏赐"顺济"庙额,据《宋会要辑稿·礼》卷二十《莆田县神女祠》记载为:"徽宗宣和五年八月。"是路允迪出使回国后一个月内实施的。这年正好是洪迈诞生,当然不可能撰《林夫人庙》。洪迈所撰《夷坚志》是广泛收集资料整理而成的,可见《林夫人庙》之朴质程度。但《廖记》中亦有文艺加工之成分。两版本有相互吸收成分。俞信芳先生持洪文之原素材在先、《廖记》在后的观点,说此处可见二文之先后。

关于"路允迪出使高丽",记载最为详尽的当推与路一起"以奉议郎为国信使提辖人船礼物官"徐兢撰写《宣和奉使高丽图经》(下称《图经》)。检阅此书,没有"八(舟)而覆其七"记载。可想无论洪迈的《林夫人庙》还是《廖记》,文中都已有神化妈祖神灵功能的成分。

洪迈在《夷坚志·戊》文中提到绍熙三年(1192),福州人郑立之自番禺泛海还乡,舟次莆田境浮曦湾,未及出港。或人来告:"有贼船六只,在近洋。"盍谋脱计,于是舟师诣崇福夫人庙求救护,得三吉珓。虽喜其必无虞,然迟回不决。聚而议曰:"我众力单寡,不宜以白昼显行迎祸。且安知告者非贼候逻之党乎?勿堕其计中。不若侵晓打发,出其不意,庶或可免。况神妃许我邪。"皆曰:"善。"迨至港,果有六船翔集洪波间,其二已逼近。舟人窘迫,但遥瞻神祠致祷。相与被甲,发矢射之。矢几尽,贼轴轳已接。一寇持长叉将跳入,忽烟雾勃起,风雨欸至,惊涛驾山,对面不相睹识。全如深夜,既而开霁帖然。贼船悉向东南去,望之绝小,立之所乘者,亦漂往数十里外,了无它恐。盖神之赐也,其灵异如此。夫人今进为妃云。[1] 这个故事,正是发生在"崇福夫人"晋封为灵惠妃之前,也是一篇较早之记载。此文巫媪之举已经淡化,仅云"夫人今进为妃"也。内中浮曦,在今连江。徐晓望先生在《妈祖信仰史研究》第 39 页云:"按'浮曦湾',莆田音读若'莆禧湾',明代在湄洲对岸,设有莆禧千户所。'莆禧'二字,应为'浮曦'的雅化。"洪迈说在莆田,此说也疑有误。

如此大约又过五六十年,到宋宁宗嘉定七年(1214),莆田人李俊甫的《莆阳比事》卷七中也说到了妈祖:"湄洲神女林氏,生而神灵,能言人休咎。死,庙食焉。今湄洲圣屯、江口、白湖皆有祠庙。宣和五年路允迪使高丽,中流震风,八舟溺七,独路所乘,神降于樯,安流以济,使还奏闻,特赐庙顺济,累封夫人,今封灵惠、助顺、显卫妃。告词云:君白湖而镇鲸海之滨,服朱衣而获鸡林之使。"李俊甫这段对妈祖事迹的记述,无疑承袭上述洪升的"林夫人庙"与《廖记》所云的翻版。其实关于《廖记》中的"八(舟)而覆其七"的说法,北宋末年记载最为详尽的当推与路允迪一起,"以奉议郎为国信使提辖人船礼物官"。徐兢撰写《宣和奉使高丽图经》中,并没有提到这回事。但李文中所说妈祖"生而神灵,能言人休咎",点出妈祖生前的"巫媪"身份。并以"服朱衣"三字,首次确立了妈祖死后多次出现的神女形象,为后世妈祖信俗的传播,作出了比较合理的身份与形象定位。

这里我们要提及的是中国历代神灵塑创,都是以在当时社会环境中,由各种文化成因组成的思想身份形象定位。如关云长的"忠"(思想)和"武侯"(身份)美须、手持青龙偃月刀(形象),赵公元帅的"财利"(思想)和"元帅"(身份)福相、手捧元宝(形象)。可想世人是功利而又实际的,塑立神灵的目的是要其为现实服务,崇敬是为在现世中获利。在两宋时期,"海上丝绸之路"的开拓,需要大批商贾(无论你来自官方或民间),都要在大海的惊涛骇浪中与自然现象共融、搏斗,乃至付出生命的代价。同样沿海渔业的发展,也需要渔民以生命向海洋索取物质资源。当时的时代需要有这样一位"海神",使人们在向狂暴恣律的大海获取财富的过程中,有一份精神寄托的崇信,求得在灵魂上的安宁。至此妈祖的神灵定位似乎成立,即善良与拯救商贾渔民苦难(思想),能测海洋气象的"巫媪"(身份),身穿朱衣、手持红灯、站在波涛上(形象)。

---

[1]　洪迈:《夷坚志·戊》卷一《浮曦妃祠》。

宋代官修《咸淳临安志》卷七十三《祠祀三·外郡行词》收集有莆田地方绅士丁伯桂所作的《顺济圣妃庙记》一篇，内中说道："神莆阳湄洲林氏女，少能言人祸福，殁，庙祀之。号通贤神女，或曰龙女也。"对妈祖的身世作了高度概括。他的《庙记》写于南宋理宗初年的绍兴戊子之夏（1228），比《莆阳比事》晚十余年，当《庙记》被收入《临安志》已是四十多年以后的事了。丁伯桂写此文时，囊括了《莆阳比事》和前所列诸家对妈祖的各种著述，还论述了妈祖传说中有关宋代社会涉及军事、外交、海上救护、社会动乱、朝廷封赐及妈祖信仰的缘起与传播，可以说是产生时代较早，研究妈祖信俗的权威著作。

另外南宋宝祐五年（1257），黄岩孙的《仙溪志》卷三，说妈祖"本湄洲林氏女，为巫，能知人祸福，殁而人祠之"[①]。首次明确地提出妈祖为里巷中的一位巫女，与丁伯桂"少能言人祸福"及李俊甫"生而神灵，能言人休咎"相一致。我们值得注意的是那时的"巫"，并不等于现在所谓"装神弄鬼"的"巫婆"，而是主管奉祀买帝，为人祈福去灾、并兼事占卜、星历之术，甚至懂医术、有一定社会地位的人。这部著作还首次提到妈祖的父母："顺济行祠，一在风亭市西，里人崇奉甚谨，庙貌甚壮。神父林愿，母王氏，庙号祐德。宝祐元年，王教授里请于朝，父封积庆侯，母封显庆夫人。妃之正庙在湄洲，而父母封爵自风亭。"由于此文妈祖父母出现，后世便由此考证林氏家谱引出一家。

到元代至正九年（1349），由真定人王元恭所编《四明续志》中，有程端学《天妃庙记》一篇。其中对妈祖介绍，比宋代又有发展。说："按神姓林氏，兴化莆田都巡君之季女，生而神异，力能拯人患难。室居未三十而卒。宋元祐间邑人祠之。"这里除了告诉人们妈祖林姓，和她家乡兴化莆田外，又提出她是"都巡君之季女"，而且不到三十岁就去世了。比上文所述简单的"里中巫"更充满人性味。但对林父是都巡君之说，恐怕缺乏一定的依据。

至此时，文献中关于妈祖的神灵塑创格局基本完成。从上述文献中我们可以看出：一是妈祖原是闾中巫媪，为地域文化需要确立的民间神灵，成为东方海神是因为宋徽宗钦赐庙额。二是妈祖在神灵塑创过程中，含有历代文人加工增饰的神化成分。三是由于当时经济发展需要，妈祖信俗从民间走向社稷朝堂，成为"正宗"朝廷敕封的神灵。

---

① 罗水后、肖一平：《海神天后东渡台湾》，福建人民出版社 1987 年版，第 24 页。

第三章　"海上丝绸之路"与妈祖信俗拓展

　　妈祖信俗自北宋初塑,经过千年的融洽厚造,孕育成影响深远的文化现象,成为中华民族原始海洋文化中不可分割的重要组成部分。

　　宁波地处东海之滨,乃海道辐辏之地,妈祖信俗的民间基础十分雄厚,不仅为朝廷(官方)褒扬倡导之处,又系妈祖由民间区域性的神祇晋升为东方海神的转折点。源远流长的浙东地域文化,丰富多彩的航海民间风俗,以及妈祖信俗的重要载体——庆安会馆,都无不折射出妈祖文化鲜明的地域性与独特性。笔者分析了古明州港地理位置与文化环境因素,认为宁波是发展传播妈祖信俗走向世界的重要城市。

第一节　"海上丝绸之路"启碇港的海洋文化特质

　　关于"海上丝绸之路"的启碇港,史学界向有争议。现在宁波、广州、泉州、扬州四城市为申报世界文化遗产,各自挖掘文献与遗址,并据理力争。但在唐、宋二朝,宁波造船业与海上贸易的繁荣,却是不争的事实。

　　德国地质学家利希霍芬,在130年前曾对中国进行了7次考察。1861年,他沿着杭州湾那曲折优美的海岸线,走遍了浙东沿海。他发现这个省份虽然拥有美丽的西湖、拥有全世界只有巴西亚马逊河的潮涌可与之媲美的钱塘江大潮,却没有任何矿产资源,而地处浙东的宁波更甚。在这个号称宁绍平原的地方,连土地都少而贫瘠。然而宁波人勤奋与奋斗的企业家精神却深深地感动了他。他在《中国——亲身旅行和据此所作研究的成果》一书中,这样写道:"浙江省人,由杂种多样的人组成……沿海有特殊种族,如宁波人。宁波人在勤奋、奋斗努力、对大事业的热心和大企业家精神方面较为优秀。尤其是商业中的宁波人,完全可以与犹太人媲美。"①

自唐宋以来,宁波即是"海上丝绸之路"的主要港口。林士民先生在他《万里丝路》一书中,比较详尽地介绍宁波港口城市与"海上丝绸之路"的关系。说海上丝路的开通就中国而言,最早见于史书是《汉书·地理志》的记叙:"自日南、漳塞、徐闻、合浦船行可五月,有都元国……汉之译使自此还矣。"②说明汉武帝平南越后,曾在日南、徐闻、合浦等地派出译使远航至印度。

东汉晚期,印度佛教通过海道传入我国东南沿海。从广东到明州(宁波),再到山东沿海。现考古界有不少反映佛教的佛像等遗物与佛寺遗存发现,证明了这一说法。就浙东而言,今慈溪市境内的五磊寺即为印度僧人所创。东方"海丝之路"的开拓,最早与吴越先民东渡日本列岛,吴越两地工匠从浙东海口漂洋过海在日本定居相关。《汉书》中云:倭人"分为百余国,以岁时来献见"。《汉书》亦云:"使驿通于汉者三十许国。"③日本到汉魏之际,在九州形成一个较大的部落,即邪马台国。据《三国志·魏志》记载:女王卑弥呼曾与曹魏结盟,受封"亲魏倭王"。不属女王统率的小国,自称"泰伯"④,与东吴交往。一般认为,日本弥生时代的外来移民,来自中国长江流域与朝鲜半岛。《资治通鉴》中云:"今日本国亦云吴太伯之后,盖吴亡,其支庶人入海为倭。"⑤前333年,越为楚威王熊商所灭。《资治通鉴》又载:"诸公族争立,或为王,或为君,滨于海上,朝服于楚。"⑥从此散为百越,及秦统一中国,百越之民又纷纷流徙避乱,驾舟东迁者当不在少数。这些吴越先民,大都从宁波古句章港下海,现慈溪达蓬山,尚有徐福东渡遗址"秦渡庵"碑记传世。晋人陆云《陆士龙集》卷九《答车茂安书》载:"始皇东观苍海,遂御之军南巡,登稽岳,刻文石,身在鄞县三十余日。"⑦《越绝书》中对古于越亡国后分"内越"与"外越"。说"东海外越"到"台湾、琉球、日本

---

① 沙连香:《中国民族性(一)》,中国人民大学出版社1989年版,第299页。
② 《汉书》卷二十八下《地理志》第八下。
③ 《后汉书》卷一百十五《东夷传》。
④ 《三国志·文类》卷三十六《朱育对濮阳兴》。
⑤ (宋)金履祥编:《资治通鉴前编》卷十八。
⑥ 《资治通鉴》卷二。
⑦ 《延祐四明志》卷一,王应麟《辨证·辨鄞》。

至印度支那诸地"。这当开"海上丝路"之先河,是我国历史上为中原文明运河文化之先的航海远徙的壮举。吴越之地先民一次次浩浩荡荡地涉海东渡,为传播中原文化与越文化融合的东方原始海洋文明作出贡献。

"海上丝绸之路"的历史,是中华文化与世界各国、各民族文化相互传播、碰撞、融合和不断创新的历史。梁启超先生在 20 世纪初形象地把中国历史的演进说成是"中国之中国"、"亚洲之中国"、"世界之中国"三个相互递进的时期。"海上丝绸之路"的诞生、发展演变及至衰落,正是中国由"亚洲之中国"到"世界之中国"的缩影,包含十分丰富的文化信息和文化价值。

唐王朝立国初,政治比较开明,经济发展较快,国势强盛。朝廷鉴于发展海外贸易和对各国经济交往与文化交流的需要,将东南沿海经济、文化相对发达而且制瓷业名列全国第一的浙东鄞县句章港,由县级建制提升为州级政权机构,设明州府。在唐长庆元年(821)在今宁波三江口建州城,指定明州与东方的日本、朝鲜半岛直接通商与经济文化交流。史载唐会昌二年(842)李邻德商团从明州起航赴日本,日僧惠萼搭乘其船,会昌五年(845)返唐(见圆仁《入唐求法巡礼行记》)。[①] 当时东亚贸易(文化)圈中,明州成为"海上丝路"的始发港,唐商团无论在组织货源,租编船队、筹集资金、改进航海技术方面,均占绝对优势。明州当地著名的船舶制造家、航海家、唐商团代表人物张友信(一说张支信)分别于唐会昌二年(842)、大中元年(847)、咸通三年(862)、咸通四年(863)多次率船队,集"国内珍稀于贸","从明州望海镇(今镇海港)头上帆,得西南风三个日夜,抵达日本值嘉岛那留浦,七日进太宰府",进行两国友好贸易往来(以上见《续日本后记》和《入唐五家传》史籍)。同样,明州商人李延孝也先后在唐大中十二年(858)、咸通三年(862)、咸通六年(865)率唐商团至日本。日商神御井、春太郎、神一郎等也在明州进行商贸活动(见《智证大师传》和《三代实录》史籍)。

在进行商贸同时,两国间进行广泛的文化和宗教交流。浙东的天台宗佛教,也在这时传之日本。史载:在唐天宝十三年(754)至贞元十二年(796)天台宗高鉴真大师为弘扬教义,带弟子法进、昙静、思托、义静、法载、发成诸弟子共 24 人,六次东渡日本,在九州太宰府、东大寺卢舍那大佛前筑坛受戒,当时已是太上皇的圣武天皇、众沙弥 400 余人登坛受戒。在两国佛教交往史上揭开历史的华丽篇章。与此同时,史书有记载的日本高僧惠

---

① 转引自[日]木宫泰彦:《日中文化交流史》,商务印书馆 1980 年版,第 117 页。

萼、惠运、仁好、贤贞、忠全、圆珍、宗睿等人搭唐船赴明州进修佛学。此间日本、高丽新罗王朝频繁派遣唐使团至明州上岸,在现宁波三江口置舍考察市井憩歇后北上至京。日本遣唐使头陀亲王写下《头陀亲王入唐略记》,比较详尽地记录了他在明州考察风土人情与两国贸易、文化交流的事。此书现存日本帝国大学(帝本)和东寺观智院(东本)。在《略记》中我们可以看到作为大唐主要通商港口的明州港,在整个国家中的地位、历史发展、交通航线、风土人情,以及当时胸怀开阔的明州士民对日僧的友好态度。

两宋在明州府设立市舶司,管理"唐船"对外贸易与他国商人至明州上岸交易。其时经唐及五代吴越国的经营,现宁波三江口一带经常"帆樯林立,商船如鲫",上岸各国商贾在市集上往来穿梭,出现空前的繁荣景象。

清道光七年(1827)在市内常平仓(即宋市舶司北)右边城下出土的宋《蔡范市舶司记》的残碑一段载明市舶司的职能:"恭维国朝家法,独重亲民之官,其视管库出纳,不过委为余事,选择待遇,盖稍□□,然士自一命而上,苟管一职,未有不缘□民。酒有管,所以制淫,盐有莞,所以防犷暴,至若市有征管,冶有泉管,或以抑末,或以通货,各有义存,动以民接。其事专,其势狎。事专则易过于苛碎,势狎则易流于□扰。一念稍差,民且受殃,顾可以法自诿猥,谓于吾民疏呼?又况舶有专官,不过数郡。凡夷[亦]蛮戎貊,奇形诡状,侏离□啭,舌鸠咿喔,而通牛鸣者,连樯接舻,贡琛献赟,源源相因,观光上国,重以商贾懋迁,□物珍伟,森列环萃,纷至沓来,掌舶之吏,各得掌其权以治其政,视它管库,尤号繁伙。盖不独日接吾民,且兼方外之民与之接矣,可不谨哉。甬东舶司,创于淳化三年。历承平□中兴以迄于今,凡二百三十余载。监莅之官,迄无定舍。范猥以庸质,来倅是邦,实□□舶政,吴门王君炎幸联事焉。乃相与谋,择地城东隅,鸠(下缺)……"①笔者录取全文,是此碑文对甬东舶司的时间、地点以及职能均叙述得非常清楚,是对当时社会举行商贸活动的极好写照。又据罗浚撰《宝庆四明志》记载:南宋时的市舶司(务)有两个堂,屋宇也加高开阔,厅之东、西、前、后,建于四个市舶库,分为 28 个库区,编号为"寸地尺天皆来贡,奇祥异瑞争来送,不知何国致白环,复道诸山得银瓮"②。

明州港到宋代,几乎进入全盛期。当时所销商品,主要是越窑青瓷、茶

---

① 《四明谈助》卷二十八《东城内外(上)》,第 920 页。
② (宋)罗浚撰:《宝庆四明志》卷三《市舶务》。

叶与丝绸。所辖浙东地区,仅慈溪上林湖地区越窑遗址,就发现有234处。这些窑址自魏晋南北朝始至两宋间烧制无数,现日本、韩国,以及东南亚一直到地中海欧洲诸国,均有越窑青瓷的灯碗、四耳壶、六耳壶、支烧印痕的碗、盘、夹层碗、直口盅、敞口洗、双耳洗、花卉盘、荷叶盖罐、鬲炉、鱼耳瓶、贯耳瓶以及各种各样的祭祀品出现。这时宋商船的海上航线已拓展,不但东至日本、高丽,南至东南亚马来西亚、沙捞越诸国,而且拓展到印度、伊朗、巴基斯坦、伊拉克、埃及、斯里兰卡和地中海西欧诸国。

当时明州为何成为世界性的大港?具备以下三个因素。

第一,与当地蓬勃发展的造船业和先进的航海技术相关。

古越人在7000年前已能制造独木舟(筏),善于驾舟在海上航行。到9世纪,当地造船业和船舶的防漏性、抗风浪能力,以及续航能力均达到较高的水平。对海洋气候和水文资料的掌握,也达到了很高的程度。特别是航海者掌握了季风和信风以及海流的规律,能够横穿太平洋海域,被吴越原始先民视为畏途的南路航线,便成为唐、宋两代越人航海家攻克的主要"难关"。而且唐、宋间宁波定海镇(现镇海),有上千木工日夜劳作的"官办船厂"承制当时世界上最大最先进、抗风浪能力极强的"唐船"。上文所提到唐商团首领张友信,就是一个"唐船制造家"。

第二,与明州港地理位置相关。

宁波自古以来就是一个天然深水良港,地理位置在我国中部突出部分。自隋代为南粮北上,运输漕粮挖通运河,贯穿长江、黄河水系,古老的运河文化便成了中原黄土文明与江南古越文化联系的桥梁与纽带。唐、宋两代统治者励志求新,消除了中原人们对越地夷民的歧视。古越民族的原始海洋文化引起统治者的重视,建设对外开放的"古代东方大港",成为社会经济发展的需要。

第三,与当地经济、文化发展繁荣相关。

经魏晋北方人口大迁移,江南吴越之地是最先接受北方中原先进农耕文明的区域,由于古越民族自身的原始海洋文化中那种"海纳百川"的包容精神,致使南北文化相互糅合,发展成于经济繁荣有利并向外拓展的古代商务文化精神。况且江南之地沃野千里,气候水利资源均适合于经济发展。时已兴起的手工作坊普及里巷,掌握了海外诸国需要的先进的制瓷、制茶和制造丝绸的生产技能。而这些,正是北方中原所欠缺的经济文化软环境。

以上是妈祖信俗在明州港发展和向海外传播的基础。200多年前黑格尔曾断言,海洋文化是使西欧区别于东方诸国的文化特征:"中国、印度、巴比伦……占有耕地的人民闭关自守,并没有分享海洋所赋予的文明……","西方文明是蓝色的海洋文化,而东方文明是黄色的内陆文化"。如果他能和利希霍芬一样,来到宁波这片神奇的土地,他肯定会发现他这一结论有失公允。

第二节 明州港城市文化繁荣与妈祖信俗发展

妈祖信俗自北宋年间有序地向宁波发展推进,这是双方相互选择的一个历史断面。从文化成因分析,是我国原始海洋文明呼唤东方海神出现,也是妈祖信俗借助"海上丝路"传播文化内涵、从地域神灵转化为民族海神的最佳契机。据史料记载,北宋宣和年间,宋廷派徐兢等赴高丽,回国后根据本人途中及在高丽的经历,撰成《宣和奉使高丽图经》四十卷,其中曾有一段重要记载:"宣和五年(1123),给事中路允迪等奉使高丽,因中流震风,七舟俱溺,独路所乘,神降于樯,安流以济,使还奏闻,朝廷特赐'顺济'庙额。"根据这一史料记载,明州港与妈祖信俗这段鲜为人知的密切关系,演绎成真实的历史事件,其情节概述如下:北宋宣和五年(1123)初夏,风和日丽,碧空晴天,繁荣的明州港迎来了一次远航盛事。遵徽宗皇帝的旨意,给事中路允迪等乘定海(今镇海)打造的两艘神舟,与数艘客舟组成庞大船队乘风扬帆,出使友好邻邦高丽国。数日后远航船队浩浩荡荡抵达彼岸。高丽国王亲临欢迎,臣民万众,载歌载舞,倾国耸观,一片欢歌笑语,四处欢呼嘉叹。但在返航途中,船队突遇狂风巨浪,茫茫大海天昏地暗。一艘又一艘的客舟在恶浪肆虐中惨遭吞噬,庞大的"神舟"也被巨浪拍打得危在旦夕,众人仰天祈祷……忽见妈祖身披红衣,驾祥云显圣于船桅之上,刹那间,船队获救,幸存的人们跪磕船头,拜谢大慈大悲的神女妈祖救危解难。回国后,路允迪等将船队遭遇海难受妈祖护佑事禀奏朝廷,徽宗皇帝闻言后龙颜大悦,挥毫钦赐"顺济"庙额。从此妈祖信仰得到朝廷认可,妈祖神佑故事借助明州港传遍朝野,确立妈祖成为中华民族航海保护神的正统地位。

一、历史上明州港与妈祖信俗发展传播的渊源

历史上明州港与妈祖信俗发展传播,有着重要的渊源关系,除史实背

景及所涉因素外,具有社会和经济文化上的诸多成因,推动这个城市在以后的发展中,与妈祖信俗紧密地联系在一起。

(一)"海上丝路"的繁荣,促使妈祖信俗的发展传播

我国进入五代北宋后,由于"海上丝路"的繁荣,朝廷对日本、高丽和南洋诸国的海事活动日渐频繁,使朝野君臣和广大民众真正认识到海洋的伟大,从而产生出崇尚海洋、敬畏海洋的情愫。这种民族文化心理,促使东方航海保护神应运而生。妈祖信俗也由此从福建海隅之地,经当时最为繁华的海港城市,向全国发展传播势在必行。

(二)妈祖信俗就统治者来说,出于发展海运安抚民心的需要

此举又正好符合沿海民众寻求精神依托和向外经济拓展的愿望,从而自然地形成影响深远的民间信仰,借助城市载体得以发展传播,为信俗文化传播的内在动力所致。官府的不断崇祀、敕封,只是推波助澜地使妈祖信俗日臻完美。

(三)明州是宋代三大贸易港之一,与日本、高丽交往十分频繁

自宋始朝廷重视市舶贸易,在明州设立市舶司(用以征收商税,经营海货的专买专卖,以及管理海外诸如高丽等国的朝贡等事务)。明州知州楼异,在宋徽宗政和七年(1117),奏请朝廷准许,在明州特设高丽司(即高丽使馆),与各国商人平等交易,促使市贸繁荣,创造了妈祖信俗发展传播的环境。

(四)明州造船业发达,促使妈祖信俗向海外传播

宋神宗元丰元年(1078)曾派使臣安焘、陈睦往聘高丽,就指令明州打造四艘大船,一曰凌虚致远安济神舟,一曰灵飞顺济神舟到达高丽,国人(高丽)欢呼出迎。到宋徽宗宣和年间派徐兢出访高丽时,朝廷又在明州打造了两艘巨型海船,一曰鼎新利涉远康济神舟,一曰遁流安逸通济神舟。"巍如山岳,浮动波上;锦帆鹢首,屈服蛟螭。所以晖赫皇华,震慑海外,超冠今古。是宜丽人迎诏之日,倾国耸观而欢呼嘉叹也"①。造船业的兴起,促使海上贸易繁荣,致使妈祖信俗在当地发展并向海外传播。

---

① 徐兢:《宣和奉使高丽图经》卷三十四《神舟》。

（五）宋徽宗御赐"顺济"庙额，是妈祖信俗发展传播的转折点

在此之前宋神宗元丰元年（1078）朝廷也曾派使臣出使高丽，并指令在明州定海打造两艘神舟，其一就名为顺济神舟。据载回国时途中同样突遇风浪，使臣祈求皇恩保佑，平安抵达明州，此事使顺济神舟名声大振。到了宣和五年（1123）宋徽宗又指令明州打造两艘规格空前的神舟驶往高丽。从船名到妈祖庙额均以"顺济"命之，反映了宋朝廷向往海洋，敬畏、征服海洋的特有的文化心迹。这种文化动因表现在信俗文化中，与我国原始海洋文化发展联系在一起。宋徽宗在宣和五年御赐妈祖庙"顺济"匾额，不仅确立明州（宁波）在妈祖信俗传播中的作用和地位，而且显示出一个民族开发海洋的决心，是妈祖信俗发展和传播的重要转折点。

除上述五条外，明州港历史地域文化成因，推进和发展了以越文化为内核、与中原文化交融的原始海神信俗，即地域城市文化精神与妈祖信俗文化内涵的一脉相通。明州港有史以来，存在以越文化为源头，经中原先进农耕文明浸润交融的东方原始海洋文化的地理环境、风土人情，以及越人那种与生俱来"对外包容，信守承诺"的海洋商务文化精神，致使来自闽台地域文化的妈祖信俗，不但能迅速地在这块土壤上立足发展，而且很快向国内凡有海洋江河商渔市埠和海外华人圈中传播，成为颇具中华民间特色的宗教文化信俗。我国的原始海洋文化自奴隶社会发端，至宋代才形成以明州港、泉州港、广州港为主体的中国港埠文化，创造并传播以妈祖信俗为合理内涵的东方原始海洋文化精神，并经唐、宋两朝兴起开拓的"海上丝绸之路"演变，成为中国民族与海外诸族交往、碰撞、融合、创新，并走向世界历史的一种全新注释。梁启超先生在20世纪初形象地把中国历史的演进，说成是"中国之中国"、"亚洲之中国"、"世界之中国"三个相互递进的时期。"海上丝绸之路"的诞生、发展演变及至衰落，正是中国由"亚洲之中国"到"世界之中国"的缩影，它包含着十分丰富的文化信息、文化价值。因此把妈祖信俗放在研究"海上丝绸之路"的文化价值上，发掘其当代意义，对走向世界、走向现代化的中国大有裨益。

二、妈祖信俗发展的三个原始海洋文明特质

任何一种文化现象、文化特质的产生，如果把它放到社会学的视野中去考察，我们都不难发现，这些现象、特质都是民族生活生存经历和精神、

心理磨砺的体现。"海上丝绸之路"的缘起、发展以及由此联系人类的海洋生涯、战天斗海、移民迁徙、异邦见闻，等等，在多种文化背景和生存环境的作用和催生下，决定这个地区混合多元性的文化特质。当时的明州港接纳与发展妈祖信俗，就其城市文化精神相比其他区域，具备三个原始海洋文明的特质优势。

（一）不断向海洋进取的开拓性

文化不是与生俱来或者凭空产生的，它总是一定的经济基础的产物。文化的开放和开放的文化，必须以经济的开放和开放的经济为基础和先导。当时"商通四海，船泊五洋"繁荣的明州港，脱胎自 3000 年越氏族的句章港。越族还在原始人（至今 7000 年前），就能自制"筏"漂流于海。此文化的标志物在浙江余姚的河姆渡遗址得以确证，世界上没有一个民族能有如此悠久的海洋文化传统。我们真的很难想象在当时科学原始，制作工艺落后，在物质上衣不遮体、食不果腹的条件下，这些于越族的祖先，如何一次又一次地向海洋挑战，索取食物，并在精神上享有战胜海洋的喜悦。稍后，春秋时的于越氏族兴起，历经艰辛、十载"卧薪尝胆"的勾践，又是如何凭越人天生的勇气与智慧，率"船队北上而灭吴"。于越立国后有史记载的就是开拓海洋商务，把生意做到今属山东的琅琊郡去，其臣范蠡，被誉为我国历史上的一代商圣，与中原文化传说中的财富之神赵公元帅平起平坐，受到华商的世代纪念和瞻仰。[①]

古宁波人属越族的后人，他们长期生活在濒海的环境中，身上流淌着古越人敢于冒险、开拓海洋的血液，长期与海洋打交道，养成他们敢想敢说、无所畏惧的性格。从交流的主体看，走出去面对汪洋大海，随风浪无涯地漂泊，本身就需要积极进取的广阔的胸襟，加之他们为了海上交通活动的需要，必须面对各种各样的环境因素，经常要在异国他乡生活几个月甚至数年之久，因此在他们的身上，最具有中国原始海洋文化中的开拓精神。发源自福建莆田湄洲岛的妈祖信俗，就其文化本质来说，是古代闽越文化与中原文化的合成。其精神与外质表现方法上，则更多体现闽商和当地渔民（尤其是失去土地长年在海上流浪的疍民）的意志。历史上以泉州港与明州港一样，在我国通往东亚、东南亚、南亚、非洲的海洋航线上，与许多国

---

① 《中国大百科全书·宗教分册》，中国大百科全书出版社 2009 年版，第 70 页。

家和地区有经济文化上的交往。在闽、台地区的渔民和疍家人,世代在风浪中搏斗,需要非凡的开拓精神才能藐视与战胜海洋。这种精神文化特质,溶注进原始妈祖信俗文化中,使妈祖信俗从一开始就成为地域文化的产物。

这种植根于地域文化中的开拓精神,与一脉相承的越文化根源,使妈祖信俗流传到明州港,就立即为当地的商人、渔民群体接受和发扬光大,并为之塑创得以更大规模的传播。笔者甚至怀疑"巍如山岳,浮动波上"的"神舟号"出使高丽,途遇风浪,遇红衣女子获救之故事,是出发于明州港的官商与船工,为妈祖信俗在当地传播的润饰和夸张,目的为讨得宋徽宗的敕封,更好地传播越人的信俗文化,为拓展海洋经济树立精神标杆。

（二）能够接纳外来文化的包容性

中国原始海洋文化一开始出现,就呈现出发展过程中的多样性和对事物与异族文化的巨大包容性。这种包容精神来源于原始越人,对自然界（特别是海洋）的开拓中,需有一种像大海一样的宽大胸怀,包括"众志成城"团结一致的奋斗精神。因为面对他们的自然界（海洋）实在太强大了,在原始生产力低下的社会经济形态中,人们没有开阔的胸怀和团结一致的精神,就很难战胜它,得到氏族赖以生存的基本食物。历史上的越族,在面临强大的异族侵袭中,有过几次迁移"南下"、"东涉"的经历,包括留下在本土的"内越",在包容认可"外夷"文化（日本、高丽、南洋诸国）和先进中原文化特质的基础上,保留氏族越文化中优秀的东西。他们几乎不与他族争议本土文化与物质利益的事,只一个劲地在包容他族行为（许多是不合理）的同时,不间歇地延衍发展属于本民族中开拓的文化精神,不断创造,不断进取,为获取食物和提高生活质量,向大海进行永不停歇的开拓。可以说中国原始海洋文化史,是一部越人（含南迁的中原人）共同开拓进取的历史,也是一部包容外来民族"夷异"特质文化的历史。

宋代明州与泉州两个港口城市,在文化精神上的共融性,是妈祖信俗在宁波得到迅速传播的文化主因。当时两个城市主要人口构成——商、渔群体,属于脱离农耕社会新兴发展的群体,由于中原儒家文化的影响,他们在政治上遭到歧视,在经济上承受着朝廷官府各种不合理的税赋,而在文化上却忍受着中原文化"仕学农工商"和"学而优则仕"的影响。但他们却坚持越文化中开拓和难能可贵的包容精神,无怨无悔地向海洋经济拓展。他们把中国丰富的物产和文化推销出去,又把异邦的物产和异国的文化带进来。这种天生的商人责任性,使他们像祖先一样长期在海上奔波劳作,亲身接触形形色色的异质文化,衍生对异族文化相互融洽的动机。长年在海上航运目染耳濡的经历,又使他们辨析加工,接受相关的文化信息,并融入本民族的文化,发展属于城市的本体文化精神。大量来华贸易、传教的外国人涌入东方港口城市,把异域文化、风俗习惯、宗教信仰、语言文字、服饰礼仪带来这儿,学习佛学,开设蕃学,投建文化场所,把西方人喜怒哀乐的冒险精神投注进这两个城市。这种长期接触与磨合过程,形成宁波人与泉州人接受包容异域文化的开放襟怀和形成特有的城市文化精神。据史料显示:现宁波留下的甬东市舶司遗址、高丽使馆、清真寺等,便是这种混合文化留下的产物。当时泉州居住的外国人,最多时竟占全城总人口的二分之一,所谓"缠头赤脚半蕃商,大舶高樯多海宝"。至今泉州尚有阿拉伯金氏、马氏、铁氏、丁氏、郭氏及斯里兰卡世氏等后裔十多万人。外国侨民在弘扬本民族的"蛮夷"文化同时,对两个城市包容开放性特点和文化精神的形成,作出相当大的贡献。

一个城市如果能有接纳外来文化的包容性,就会使地域文化呈现发展的多样性。这种包容性不仅是对自身文化特质毫无改变的保留,而是经过相互间不断的冲撞与融合形成新的地域文化,也即呈现出文化的多样性和对本土文化的冲突上。文化冲突即指不同性质的文化间的矛盾性。不同类型、不同模式、不同特点的文化,其价值观念往往非常悬殊,即使在同一文化类型的内部,也有不同的群体文化意识。随着"海上丝路"的延伸,当有特质的本土文化(越文化)、中原文化(汉文化)、原始海洋文化(商业文化)遭际纠集到一处时,冲突不可避免。优秀民族文化在冲突中,如能有大智慧的力量进行存异求同的包容,就是优秀民族文化精神的体现。

发端于莆田湄洲岛的妈祖信俗,是越文化与中原汉文化的糅合,不但在宗教精神上汲取了儒、佛、道三家的传统核心部分,而且合理地体现西方原始海洋文化中"海神"神祇系统。可以说,妈祖是以包容精神为主体的综合神,其核心理念与宁波地域城市文化精神一脉相承。这样就为妈祖信俗在宁波的传播,提供了文化内涵和外在的发展环境。

(三)信守地域"祖根文化"的坚韧性

这里我们提出城市"祖根文化"精神,与妈祖信俗传播发展的关系。我国是个多民族的国家,目前我们弘扬的汉文化,是由中原文化为主体的华夏文明,包括由多个民族(氏族)在历史变迁中相互包容和组合,含越文化在内的文化综合体。两个相异的文化体经过抗争与冲突之后,逐渐进入相对稳定的时空内,通过各种文化的相互渗透、互补和共生,产生新的文化综合体。有时甚至会改变原来的性质,为新文化的产生创造必备的条件。这种文化的兼容,实质上是异质文化重新组合的过程,整合成新的特质文化。其保留祖根文化成分的多少,取决于文化本体的势能优劣。原来渊源不同、性质不同以及目标取向不同的文化(关键是价值取向不同),经过接近与冲撞,彼此协调接纳,必然在内容与形式、性质与功能以及价值取向等方面,为适应现实的需要进行修正,逐渐变化融合,最终形成一个新的文化体系。这种整合兼容是一个有机的动态过程。

唐、宋两朝是我国封建社会经济的鼎盛时期,是一部"海上丝路"与外族的文化交流史。实际上是以明州、泉州(或闽南)与广州为主体传统地域文化,与各种外来文化兼容、整合、融会贯通,而形成新的混合型文化的过程。在这个过程中,文化抗拒与冲突虽然必不可免,但它只是间断性的过程,而不是目的或终极的价值取向。所谓终极目标是符合时代要求、具有先进性与时代性的新文化特质的形成。宁波作为越文化与东方原始海洋文明的发源地之一,在吸收共融外来文化的过程中,有个如何信守"祖根文化"和吸收优秀外来文化的过程。也就是在包容、兼容外来文化的基础上,发展有自身特质的民族本体文化,即经过与中原文化交融发展后的东方原始海洋文化精神。

宋时的明州港由于对外经济交往和商贸日趋成熟,在民族文化与外来文化共融中,达到信守祖根文化和吸收外来优秀文化的统一,成为当时妈祖信俗植根和发展的最佳土壤。他们出发的船只,一律被称之为"唐船",商人船工信奉妈祖。输出的物品,都带有东方文化明显印记的陶瓷、茶叶、和丝绸。在经济上与洋商平等贸易、平等发展的同时,弘扬和发展地域文化精神。在尊重和包容外来优秀文化的基础上,与洋商做到在利益上的"和平共处",达到商贸中的合理交往。妈祖信俗特质是弘扬海洋商务文化精神,通过明州港发扬光大,主因除宁波与泉州具有共同的开拓与包容城市精神外,还因为其地域祖根文化与妈祖信俗内涵的贯通。古明州与越州曾是越族祖先生存繁衍之地。春秋于越立国,曾产生与中原抗衡的优秀祖根文化,导致地域文化精神的博渊宏大,好似河流入海融汇其中。源于越文化妈祖信俗,为发展需要汲取中原文化(儒家中的"忠孝节义"和信守责任、道教中的"替天行道"和"玄机"、善变)诸因素,并借鉴佛教的"轮回说"
与"善恶观",形成自己的宗教文化体系。但信俗文化的合理内涵,仍继承
源头为越文化的东方原始海洋文明,折射出越先民所积淀下来的,并影响
至今的社会文化心态和民众文化性格。

历史证明,古老的明州港于两宋以后的近 1000 年间,在弘扬以妈祖信
俗为合理内核的东方原始海洋文化,拓展我国"海上丝绸之路"的过程中,
形成独特的城市文化精神,并衍生出行走天下的近代"宁波帮"商人,创造
与延衍了华夏商务文明,在世界上亮出一个崭新的海洋文化品牌。

第三节 权威与职能:东西方海神比较(上)

人类的原始信仰(包括图腾),是人们在从事社会活动中对自然界恐惧
和渴求保护的产物。海洋是占地球面积约十分之七的自然物,相对于陆
地,无论古人与今人,都有许多未知的东西值得探索,尤其在古代,大海对
人类在自然进化中具有非常渴求与获取发现的神秘。与诸多民族宗教与
神祇崇拜一样,必然产生"海神"崇拜,这是人们对未知自然现象的解释和
渴求开拓的精神支柱,是世界海洋文化中的核心信俗崇拜。妈祖信俗与西
方海神波塞冬,就其地域文化精神分析,完全是两个不同的境界与概念。

希腊神话中的海神名叫波塞冬,在罗马神话中被称为尼普顿。波塞冬
是海域的最高统治者,他和妻子安菲特里武住在海底宫殿里,身边围绕着
一群侍从,他们是海中神女、英雄和海怪。波塞冬常手执三尖叉,乘坐金鬃
铜蹄的马驾车在海上巡行。传说中,当他把三尖叉戳向大海去的时候,大
海巨浪翻滚,船被浪打翻沉没,船上的人被淹死。但海神有时也伸出救援
之手,使大海平静下来,佑护航海者安全抵达彼岸。欧洲人民非常尊敬这
位海神。在罗马的贝尼尼广场,耸立着著名雕塑家贝尼尼创作的雕塑喷泉
《海神尼普顿》。这是一个既有神话色彩、又充满生活气息的令人感到亲切
的形象。在这个雕塑中,海神很像一个老渔夫,他分开两腿跪在船头,吹着
海螺,好像在召唤伙伴们出海捕鱼。看到海神雕塑,会唤起人们对海上生
活的向往。在意大利诺翁娜广场和英国的维多利亚和伯特博物馆等地,都
能看到海神喷泉。

海神的形象塑造表达了两个重要内容:一是体现他征服大海至高无上

的权威。二是他代表神灵,体现出他管辖大海的职能。西方民族为何赋权威和职能予海神,成为信俗文化的核心内容?这里面体现了地理环境与文化的因素。我们还是引用黑格尔的观点来确定海洋文化的含义:人类文明分为三种形态,即从陆地高原,人类的游牧民族(土地与财富)的不确定性,到平原大河流域(国家的土地、财富所有权)确定性,到海洋(资源与财富)的开拓性的进化过程。他认为世界人类的文明是从东方开始的,就像太阳从东方升起,逐步地照耀到中部印度、波斯、巴比伦、拜占庭,直至西方希腊、意大利、西欧,乃至今日开发的美洲。在黑格尔看来,海是联系各民族经济文化交往最重要的因素,只有山脉才是把人类文明隔绝开来的物体。海给了人类浩浩天际与渺渺无限的观念;人类在大海的无限里感到自己存在无限的时候,才会激起超越无限与创造的念头。因此,对海洋的征服是人类文明的一种境界。

黑格尔的这种观点确定人类海洋文化的定义,自然有其缺陷与局限;但却从文化学发展的角度,提出各民族的文化都带有地理环境的明显印痕却是正确的。相对于欧洲诸岛域文明来说,我国的文明史显然带有黄土农耕文明的印记,与西方(特别是欧洲)的地域文化有着明显差别,直至涉及居住区域人们神祇崇拜定义的变化。欧洲是一个崇拜海的民族,与中国地理环境不同,其发展的源头一开始就打上明确的海洋文化的烙印,一本《圣经》几乎可以涵盖整个欧洲发展的文明史。由于地理环境的局限,欧洲的文明从非洲古埃及开始发展。现欧洲民族地中海沿岸的意大利、法兰西、希腊、英国,除德国与俄罗斯海岸线略短外,其余几乎都是靠海或是岛国。这样的地理环境促使人们主要向大海索取经济来源。从《圣经》内记载的诺亚方舟开始,至亚伯拉罕迁移,至约瑟继续西行,来到埃及,创造罗马、希腊文明,以及后来的十字军东征,哥伦布发展新大陆,这些民族几乎是一直都在迁徙。为什么迁徙?那是因为地理环境致使食物不足。

整个欧洲民族直至中世纪后才彻底安下家来,所以有人说欧洲的文明史就是一部迁移史。之所以产生黑格尔所说的原始海洋文化,是与欧洲民族那种与生俱来的"动荡、开拓、侵略、掠夺"等不安分有关,这是一种渗透在骨子眼里的文化现象。具有这种民族的性格的优点是敢于创新、勇于开拓、善于发展,缺陷是明显的不安分与侵占他人财富为目的的野心。如果说现代海洋文明表现在海上贸易,那么西方人的海洋文化特质则是不可挽救地浸透在他们"开拓"(掠夺)的基础上。而中国人恰恰处于相对平和(保守)的前提下。这种原始本能,直接反映在世界史上西方所谓的"海上贸易"上,特别是中国鸦片战争至辛亥革命的近代史,使每个中国人深感屈辱。这种地域精神印记反映在民族海神崇拜的文化表象上。如果拿海神波塞冬(西方)与妈祖(东方)相比,我们可以得出一种结论:波塞冬身上具有明显的西方人开拓、侵略性的文化现象,而妈祖由于浸润我国中原黄土文明特质的东方原始海洋文化精神,她身上渗透着民族自身的温和(保守)的东西。因此我们可以说,西方的海神波塞冬是战争神,即开拓神;而妈祖是和平神,东方民族的海洋保护神。

我国是一个多民族的国家,祖先的文化渊源发源于黄土文明——炎黄文化。从炎帝部落与黄帝部落发生战争(这场战争的实质是我们的祖先从游牧民族向农耕文化转变),发展了地域广袤的黄河流域文明与长江流域文明。周封疆列国,使民族有了国家的概念。从有文字记载开始,记载了我们华夏文化(即农耕文明)发展的过程。相对于海洋文化,黄土文化具有自己独特的底蕴深厚、稳妥与遵循渐进却相对保守的特点。这并不是说华夏民族没有海洋文化的底蕴,我国沿海原始海洋文化在距今7000至8000年前已经存在,发展几乎与中原黄土文化同步,这可以在浙江萧山跨湖桥遗址发掘出土的独木舟以及河姆渡遗址挖掘出来的木浆与鱼骨中印证,是我国华夏文明的重要组成部分。对古人来说,我国原始海洋文化的根基是涉及海洋的直接行为,主要内容有:滩涂采集、近海渔业与海上商贸、制盐、海滩养殖,以及相关的海洋开拓文明活动。我国东南沿海早在旧石器时代,已出现近海渔业的标志独木舟与小船。周代《礼记》中就有越人驾舟的记载,在原始生产力低下的状况下,捕鱼作为补充人们稻米食物营养不足的来源。从秦代制盐业上升到内地食物构成的重要内容,成为官府专营的行业,中国的历朝历代都设立类似制盐局的机构,对沿海制盐加以控制。中国的制船业在唐代以前就有较大的发展,历史记载:三国东吴孙权曾派人驾船于台湾。至唐代海上贸易大盛,接连开拓东至日本、韩国、南至越南(占城)泰国诸地航线,宋代形成通往世界各地的海上丝路,产品远销波斯及今欧洲各地,开拓对西方诸国的贸易。由此奠定东方海洋文化的特质与基础,但我国的主流文化仍是黄土文明。她是一个地大物博、历史悠久、由多民族组成的国家,民族文化的形成与发展较之西方呈现出复杂、混合、多元的特性。

因而由东方原始海洋文化孕育出来的妈祖信俗,由于所处地理环境的不同,两神地域文化印记非常明显。在妈祖身上所表现更多的是东方民族农耕文明的人性。她不想以掠夺他民族的财富去征服海洋,也不需要天赐神权管理海洋。在东方人的眼中,海洋只是人类在食物营养不足时,提供人们基本需求的来源。同时也是人类寄托美好理想与外来民族交往的桥梁。这种东西方文化观念上的根本区别,直接反映到两地人们的海神信俗中。东西方海洋文化孕育不同的海神,使他们与其他原始神,如佛教释迦牟尼、天主教耶稣和中国玉皇大帝相区别。主要特征是原始神虽通天达地、威力无比,他们的这种权威是用来超度人们精神亡灵,追求死后幸福生活的象征。而波塞冬与妈祖,却为活人办事,是东西方人们在航海或海上贸易时的救护神,在他们身上可以看到人们对大海的开拓与祈求,更接近人类实际的经济活动。因此东西方的海神形象塑造,比宗教含义上的原始神,更有民族地域文化的成分,也更人格化。

波塞冬崇拜来源于希腊神话故事,与西方诸神一样,受诸神之神宙斯的管理。在希腊神话故事中,希腊神祇有一个完整的神系。在宙斯下面,这些神管理人间所有的一切,山有山神,海有海神,作战有战神,司爱有爱神,分工明确,俨然如当今的一个国家管理机构。凡人类所有的一切他们都有,唯有不同的是这些神威力无穷,主宰着天上人间的一切。波塞冬是这个庞大神系中管理大海、江河、湖泊的神,他管理的范围、权力已足够大。在古希腊人的观念中,凡世界上所有的大海、江河、湖泊都由波塞冬管理。这种管理职能在中国神祇系列中是龙王。但龙王的职能却没有波塞冬大。龙王有许多个,东海有敖广,南海有敖仁,各条江河、湖泊都有具体的龙王。中国神系没有扩张到世界各地去,他们仿佛都喜欢闭关锁国,自耕自足,没有扩张世界各地包括霸占海洋的欲望。中国的宗教也与民族文化一样,混合、宽容、多元,洋溢着诸子杂家的气氛。

西方希腊神系最后归于宗教。耶和华创世纪后,诺亚方舟逐渐西移至埃及、希腊、罗马,产生了一个几乎普及世界的基督教(天主教)。按教义所示:上帝创造一切,人类的一切都是上帝赐予,因此他享受至高无上的权力。在这里不得不提西方的上帝仍然是仁义的,在上帝面前,人类是平等的。但上帝有一个著名的格言:人类可以凭借智慧,获得自己应该享有的财富。在基督教的教义里没有侵略、掠夺与殖民地的字义。但在西方人的观念中,有智慧的人可以替上帝管理人间的财富。这就产生了歧义,那些自认为是上帝创造的优秀民族,可以凭借智慧掠夺其他民族的财富。因此上帝属下的臣民们，仍不能享受平等的待遇。在这种意义上说，西方的宗教文化仍然是尊优掠劣、挟强欺弱的文化，与古希腊民族文化崇尚强者、鄙视软弱一脉相承。由此可说，西方对波塞冬的海神崇拜，就其宗教的性质来说仍是单元的。

相比于西方，中国的神系发展是多元的。在妈祖身上就混合多种宗教文化特质的因素，她是一个由民间信仰（古越文化）、正统儒教（中原文化）、传统道教和印度佛教理念糅合的多元神。中国神话的产生，最早可追溯到三千年前，体现在《封神榜》的神话故事中，完整地记载了玉皇大帝到海上龙王、地上城隍和阴间阎王的完整神系。与西方古希腊神话故事一样，这些神灵也都替玉皇大帝管理着天上人间、大海陆地的诸多事务。但中国神系由于地域环境与原始民族文化的不同，相比希腊神系有三个特点：一是比较满足现状，安分守己，不具备侵略性与征服欲。二是泛管理化，由众多的神管理众多的地域与事物。三是中国神具有浪漫的文化特质，而没有像西方神贪婪务实，出现管理目标不确定性。这一点在夸父逐日、嫦娥奔月的神话故事中可以看出来。

自夏、商、周后，中国在春秋战国时代有个百家争鸣时期，产生了以儒、法、道为道的诸子百家，自此中国宗教文化开始一个多元发展的时代。就神系来说，只有道教不完整地继承了古代神话中的神灵系统，却多了一股仙气（即神怪之气与传统巫术）。至于儒教，根本不信鬼神，提倡教化仁义。接下来印度佛教、中亚伊斯兰教、西方基督教相继传入中国，使国人没有自己确定的宗教神系，随着统治者喜好改换宗教的涵义。如唐崇佛，有唐僧取经西去。宋崇道，有宋徽宗诸帝追谥妈祖分别为夫人、神妃、天后。而西方政教是分离的，皇帝没有权力分封神仙与管理宗教。在中国民间比较有势力的是道教，但道教中的神仙，也似乎可以由民间确定，要发财就信奉一个赵公元帅，想唱戏就立唐明皇，行善事树关帝菩萨，到追谥妈祖为天后时，中国民间已经进入一个多元化的神系时代。因此中国的海神妈祖，只是这种多元化神系时代中民间确立的神。与希腊神话中单元神波塞冬不同，妈祖不属任何一个宗教神系，她只是始自我国东南沿海，后延伸发展到中原地区和东南亚华语地区的一种民间信俗文化。妈祖是神，却无宗教教义，不具体属于某个宗教，她是一个由多元宗教组合的民族女神。

第四节 野蛮与宽容:东西方海神比较(下)

按照黑格尔的观点:海洋文化的发生与发展,与海上贸易直接相关,但不一定相互覆盖,例如对海神的崇拜、海外文化的传播。从狭义文化学的观点来说,它可以与海洋经济融合,同时又有自己独特的空间。它是人类在征服、依赖海洋,开展经济活动的一种形成系统的方式,以特定的文化消费形式出现并存在。

由于中国地理环境与西方(特别是欧洲)的差异,两者民族文化必然具有独特性。这种独特性的明显标志是,中国人往往把黄土文明作为民族的代表文化,也就是在主流文化中,我国的航海与海上贸易活动虽然早于西方民族,但由于其黄土文明主流文化的覆盖,其原始海洋文化中浸润了黄土文明的烙印,使其与西方(欧洲)的原始海洋文化存在差异。在世界诸海洋文化区域中,都有属于自己民族崇拜的海神。而波塞冬与妈祖,则是最著名的两个。波塞冬的创造者是希腊人。希腊是一个面临地中海的国家,那儿同样是世界航海文化的发源地之一。地中海海域较小,风浪不大,且岛屿遍布。遇到风暴,就可迅速找到港口避风。自从约瑟率众西迁之后,地中海周围皆成文明古国。因此,航海事业开拓较早。最早显示出航海才华造船的是古希腊人与腓尼基人。大约是 2000 年前,在人类尚不知舵、锚和对大海缺乏了解的蒙昧时期,他们已经在地中海广阔的海域上开始航行。

波塞冬不是一个出自《圣经》的原始神,有关他的传说起源于公元 2000 年前的古希腊。他开始不属于《圣经》中耶和华的神祇系统。在希腊神话故事中,他是统治天、地、海的三大主神之一,地位仅次于宙斯。在古代希腊人的眼中,不论是大海、江河、湖泊,凡有水域的地方,都属于他管辖(这点妈祖不同,她仿佛只"管理"海。有些内地,湖泊、江河上也有她的影子。[①] 在我国腹地广阔的高原与平原地区,很少有她的传说。)因此希腊凡有港口的地方,不管是河、湖,都有波塞冬的庙宇与塑像。他的庙叫海神庙,在庙中,波塞冬都千篇一律地被塑造成手持三叉戟的中年汉子。他经常骑着战

---

① 《元史》卷二十七《英宗本纪》一。

马在大海上巡视,凡不听他的话的海怪、人类和动物,都会遭到残酷镇压与报复(这一点妈祖与他不同,她并不会镇压反对她的人)。希腊人把波塞冬作为大海、江河、湖泊的化身,在人类生产力发展低下,无法了解与探索大海时,盲目认为大海是由神在主宰。人类要向大海索取食物,利用海洋航行达到自己财富的需求时,就只好求助于神灵。这种人类海洋文化中出现的原始崇拜,在东西方海神与其他神祇的崇拜中,都存在着相同之处。

在波塞冬身上,我们可以看到古代希腊人为了向大海索取物质需求的民族文化性格,但同时也可看到人类向强者屈服的奴性。与妈祖不同的是,波塞冬同时又是一个可以利用自己权威,为人类制造障碍的恶神。他在他的海洋、江河、湖泊王国里,左拥右抱、美女如云、美酒佳肴,与中国古代的亡国之君一样,过着荒淫无耻的生活,经常制造海难来报复不尊重他的人们。这种恶劣的个性来源于西方的强权统治与人们对强权的屈服和威惧。面对他的种种刁难与恶作剧,西方(希腊)人仍然顶礼膜拜在他的脚下。他们把强权看成是一种力量的对比。既然人类的力量不如大海,那就只能屈服于大海。西方(希腊)人在与对方力量对比时,往往具有欺弱畏强的民族劣根性。这种劣根性来源于人类对不可预知的自然物的恐惧,表现在他们对神灵的崇拜上。

希腊文化的本质是一种崇拜强者的文化。法国学者孟德斯鸠说过"最初的希腊人全部都是海贼。米诺斯称霸海上,也许是在抢劫上比别人获得较大的成功而已"。从历史上看,希腊人最初创建的希腊海洋文化实质就是"海盗"文化,由于地理环境的局限,古希腊人亟须向外开拓,向外掠取领土来获得更多的财富。他们民族的英雄史观,是一种对外扩张的"海盗"式的英雄。他们对外贸易不仅仅是通商,而是通过经商(多半从事海盗活动),掠取其他民族的财富。古希腊文化建立在海上霸权的鼎盛时期,其后欧洲罗马文明的兴起,继承希腊原始海洋文明的"精华"部分,包括其后代的子孙继承的经商与海洋文化,也同样是建立在地中海霸权的基础上。因此,西方人的海洋文化史,其实就是一部海上霸权史、征服与掠夺史。一直到中英鸦片战争,西方诸国通过航海贸易的根本目的,就是对东方民族进行掠夺,其杰作就是建立东方民族与美洲的殖民地与黑奴买卖。马克思说:"美洲金银产地的发现,土著居民的被剿灭,被奴隶化,被埋葬于矿坑,正在开始的东印度征服与劫掠,非洲被转化为商业性黑人猎夺场所,都表示了资本主义生产时代的曙光。这些牧歌式的过程,是原始积累的主要元素。"①

在西方人眼里,波塞冬不仅是海上保护神,而且是具有勃勃雄心、野蛮的战神,一个进行推行海上霸权,对其他民族进行掠夺、扩张,充满血腥的海洋战争之神。与他相反,妈祖是一位女神。一位以积德行善,拯救商贾、渔民、船工于海难的善良女性。在她身上集中了黄土文明与东方原始海洋文化综合的美德。毫无疑问,东方海神妈祖个性是宽容的。她的宽容,是因为东方原始海洋文明中的包容外来文化与信守"祖根文化"精神的体现。从现有资料照片与塑像上看,她的形象综合了传统中国女性高雅、善良、聪慧、柔顺的特点。在民间传说里,妈祖则以一位年轻的母亲形象出现,身披中国人象征吉祥的红披风,在茫茫大海上飘行。哪里发生海难,她就会在哪里出现、营救。她与波塞冬不一样,没有侵占别国领土、以占据其他民族财富的勃勃野心,更不会在海上利用自己的神通呼风唤雨、兴风作浪地残害人类。她始终以一位保护神的面目出现,指引人们安全地到达希望之地。与妈祖信俗传播的同时,中国沿海也信仰观音菩萨,更有民间传说认为妈祖是观音的化身。观音是印度佛教中的神,在佛教传说中,他是一位男性。为什么到了中国,她变成女性?这与中国传统文化中行善的道德观有关。在我华夏民族的传统观念中,女性,特别是母亲,是一种善良的化身,安全的象征。

中国自炎黄部落到夏、商、周三代,经历一个漫长的从奴隶制社会进入封建社会的过程。在这过程中,女性一直是崇高的。这有两个原因:一是中国的母系社会延衍一个很长的时期,在将近几万年的进化中,母性一直是崇高无邪的。当时氏族首领是部落中德高望重的女性,而且女性可以拥有多名男性繁衍后代。二是民族主流文化黄土文明的特点是善良、保守,没有西方人那么强悍。中国的原始海洋文化在发展过程中,糅合了中原黄土文明的印记。传统男人在儒家文化的熏陶下,规矩老实得如婴儿一般,只有居家埋入母亲怀抱才能感到安全。原始神话中产生过如"精卫填海"、"嫦娥奔月"等崇拜女性的故事。这种对女性的尊重,把女性看成美、智慧的象征的潜意识,随着民族文化发展延衍下来。即使在孔孟之道、儒家"程朱"理学成为国学后,在民间文化中对女性的赞美与歌颂也是不绝于世。这是中国民族文化与西方文化的根本区别,明显反映在海神妈祖与波塞冬的身上。

---

① 《资本论》第 1 卷,人民出版社 1956 年版,第 948—949 页。

在希腊神话故事中,女性是没有地位的,是由男人摆布的玩偶,把女性与软弱联系在一起。希腊诸神中,女神不是被男神玩弄奴役,就是俯首帖耳服从男性,处于一种被支配的地位。唯一使人感到美好的是女神雅典娜,她一尘不沾,没有风流韵事,但在雅典娜身上,却失去女神的温柔与善良,不过是一个披着战袍的男神的女性表象。希腊人真正崇拜的是男神,而不是女神。

妈祖的敕封与朝廷相关。有关妈祖的最早文献,是南宋廖鹏飞写的《圣墩庙重建顺济庙记》,内中说到"世纪通天神女也,姓林氏,湄洲屿人"。官方对妈祖的赐封,最先是宋徽宗下诏的"湄洲神女"及"顺济"庙额,至南宋绍兴二十六年,又被宋高宗封为灵惠夫人,三十年增封昭应二字;南宋光宗绍熙元年,妈祖被封为"灵惠妃",至清康熙二十三年,又被封为天后。在当时封建制度赐封的状况下,授封女子为夫人、妃、后,是一种特殊的待遇。随着中国海上贸易逐渐发展,妈祖信俗也被越来越广泛地予以传播。

因此西方海神波塞冬,可归以希腊神话中的原创传说神。而妈祖则是在中国海上贸易鼎盛时期,由民间信仰开始,继而朝廷敕封承认的民间塑造神祇。妈祖的产生与中国原始海洋文化糅合在一起,是东南沿海区域民间神灵信俗的延续。她身上的各种宗教文化因素,是后人根据需要加在她头上的,目的为提升她的信俗地位,达到广泛传播的目的。中国原始海洋文化起源于五千年前的越人图腾崇拜。古于越人崇拜的图腾物是鸟,闽越先民又发展为蛇图腾与瘟神崇拜。古越部落由于多次战败南迁,在强大的中原文化浸润下,在信守"祖根文化"的同时,接受与兼容先进的中原黄土文明及多种宗教文化的因素,以氏族图腾文化为背景,塑创出有原始氏族特色的民间人格神。

妈祖出生的年代,是我国"海上丝绸之路"发展的鼎盛时期,也是东西方文化观念碰撞、冲突、相互包容与兼容的动荡时期。在妈祖身上体现出来忠孝、善良和机敏应变的性格特征,对中外文化包容与信守的信俗特质和外形体现东方传统女性的气质,都说明她是由多元化宗教因素组合的民间神灵,与西方海神波塞冬截然相左的宗教涵义。东方海神妈祖与波塞冬各负使命。两人不同的是:在妈祖被确定为海神的那天起,就担负着拓展东西方进行海上贸易交流的重任。这是中华民族几千年对大海寄托美好理想的向往,是人类渴望相互交流的天性使然。中国人在一条东方海上丝绸之路的开拓,在传播妈祖信俗的同时,传播了优秀的民族文化,使世界了解中国,使中国走向世界。古老的明州港在通过联结内陆运河文化,走向海洋的启碇港传递中华民族原始文明的同时,光荣和艰巨地与妈祖信俗一起,与世界进行历史的对话。

　　妈祖与波塞冬同为海神,是世界海洋文明中人类的精神信仰。但由于地理环境、民族习惯、宗教信仰的差异,二神异同十分明显。通过分析与研究这种异同,对研究世界海洋文明史,向世界输出优秀的中华民族传统文化,是一桩具有现实教益的事。

第四章 朝廷敕封与妈祖文化内涵嬗变

论述妈祖信俗的发展与传播,涉及信俗文化内涵张力的课题。据不完全统计,妈祖信俗在全世界拥有约两亿信众,达 5000 多座庙宇。受众面之广和祭祀殿堂之多,令其他神灵难以比及。其中一个重要的因素,因为妈祖是由多元文化混合而成的东方海神,在近 1000 年的历史发展过程中,由于宋、元、明、清四朝 19 位皇帝,对她进行 39 次的敕封(这点颇具中国特色),使其信俗文化内涵发生嬗变且产生张力。她的传播与发展有三个特点:一与历朝统治者弘教崇法的政令相关;二与发生的有关海洋的重大事件相关;三是民间传说与习俗相关。妈祖文化在传播中,历史上出现过几次高潮,都由统治者认可与民间确立,才促进妈祖信俗向海内外广泛传播。

第一节 两宋崇道,推动妈祖信俗进入中原文化圈

妈祖信俗发展的早期,与朝廷敕封联系在一起。这是符合中国国情的一种传播手段。也就是说源于我国越文化的妈祖信俗和拥有这种信俗的东南沿海文化圈的信众,要在封建社会主流文化圈中取得正统的地位,必须取得朝廷的扶持。而当时的两宋王朝,为了海外通航交贸的需要和发展我国东南沿海的经济,为朝廷上交更多的岁赋,笼络和取悦这个文化圈的人们,也不断连连抛出敕封的"橄榄枝",扶助妈祖信俗走进正统的宗教文化圈。这种相互间的"利用",致使妈祖信俗从一开始就带有多元化发展的

倾向。

宋代崇道,致使宋徽宗钦赐妈祖庙额为"顺济(夫人)"。这是官方(朝廷)首次对源于福建莆田湄洲岛的神(巫)女正式承认,也是形成妈祖信俗,使妈祖由地方神灵上升到东方海神向外发展的首次机遇。天津的妈祖信俗文化研究专家罗春荣在《妈祖文化研究》中说:历史上妈祖信俗向外传播与发展的高潮,都与朝廷的敕封和重大事件相关。北宋崇敬道学,起源当与太祖赵匡胤"杯酒释兵权"削弱重臣权力始。当时太祖担忧"臣权重而君令废"。宰相赵普就为他推荐当时道教的首领,一个叫陈抟老祖的人。宋人魏泰的《东轩笔录》中记录了这事儿,说陈抟"一日,方乘驴游华阴,市人相语曰:'赵点检作官家',抟惊喜大笑。人问其故,又笑曰:'天下这回定叠也。'太祖事周为殿前都点检,抟尝见天日之表,知太平自此始耳"。可见当时太祖行事,身边已有华山道士陈抟的影子。

宋朝后面几位皇帝,为巩固自己的统治,都把君权与神权结合在一起,崇道之风到了近乎荒唐的地步。宋太宗继位,怕天下不服,编造了其母"梦神人捧日以授,已而有娠,遂生帝于浚仪官舍。是夜,赤光上腾如火,间巷闻有异香"[1]的故事。继而他又邀请陈抟入朝。《宋史·陈抟传》记载:"太宗待之甚厚","上益加礼重","与之语,甚可听",下诏赐号为"希夷先生"。宋真宗甚至把梦话都当作神话说。《宋史·礼志》有记载说:大中祥符元年正月乙丑,帝谓辅臣曰:"朕去年十一月二十七日夜将半,方就寝,忽室中光曜,见神人星冠、绛衣,告曰:'来月三日……将降天书大中祥符三篇……适皇城司奏,左承天门屋南角有黄帛曳鸱尾上,帛长二丈许,缄物如书卷,缠以青缕三道,封处有字隐隐,盖神人所谓天降之书也。'"宋徽宗崇道之风更不亚于祖先,干脆与当时许多道士交与朋友,留于宫中"坐而论道"。为明确自己被尊为天下道主的身份,他干脆在加封的"太上开天执符御历含真体道昊天玉皇上帝徽号"前,借此册立为"教主道君皇帝"。[2]

妈祖出生于北宋初年,正值宋太祖和宋太宗差不多要尊道教为"国教"的时代。南宋《咸淳临安志》中有这样一段记载:妈祖16岁时,与众女友玩耍,正对一口古井,以水为镜梳妆打扮,忽见井中一神道,手捧一双铜符从水中升出,后跟神仙数众。众女孩惧遁,而林默却从神道手中接过铜符。

---

① 《宋史》卷四《太宗本纪》。
② 《宋史》卷二十一《本纪第二十一·徽宗三》。

从此仙游四方,法力广大。这是一个典型的"由巫得道"的道教神话故事。中国传统的道教就是有这样的本事,地方名人稍一加工,就能授予"天赋神权"的职能。明代周瑛看过南宋绍熙初年的地方志,比《咸淳临安志》要早七八十年。他说:"余少时读宋群志,得绍熙初本,亦称妃(指妈祖)为里中巫。"①就是说在宋徽宗赐庙额为"顺济夫人"后,在很长一段时间内,妈祖尚无提升到道教神灵的地位。妈祖最早提为神女的记录,可见宋李俊甫《莆阳比事》卷七:"湄洲神女林氏……"但这只是地方文献的记载。

妈祖被真正确立为神灵,可见之南宋官方志书《咸淳临安志·丁伯桂庙记》,已是南宋度宗咸淳四年(1268),内中所录丁伯桂《庙记》就有:"宣和五年(1123),赐庙额曰顺济。"此时离民间视妈祖为神女在莆田湄洲岛立祠祭祀,已隔了将近200年。除此之外,南宋高宗赵构在绍兴丙子年(1156),"以郊典封灵惠夫人"。绍兴三十年十二月(1160),"加封昭应"。乾道三年(1167正月),"加封崇福"、"加封善利"。绍熙庚戌年(1190),"易爵以妃号惠灵"。庆元四年(1198),"加助顺之号"。嘉定元年(1208),"加显卫之号"。嘉定十年(1217),"加英烈之号"。嘉熙三年(1239),"灵惠助顺嘉应英烈妃"。宝祐二年(1254),"灵惠助顺嘉应英烈协正妃"。宝祐三年(1255),"灵惠助顺嘉应慈济妃"。宝祐四年(1256),"灵惠显济嘉应协正善庆妃"。赐庙额一次不计共有13次之多。

两宋皇帝为何在不到60年的时间内,连连敕封妈祖,并赐之妃号?历代史家均以两宋"崇道,好神怪"予以解释,其实并不完整。北宋自宋徽宗、宋钦宗两帝丢掉中原江山,南宋高宗赵构偏安江南,把"龙廷"迁到浙江临安(今杭州)。据《建炎以来系年要录》记载:向南逃跑的赵构在明州港下船逃窜,在海中漂流数十日,才得归回临时下榻之地绍兴。由于政治、经济、文化中心的南移,南宋的统治者一为发展东南沿海商贸,与"夷国"往来增加税赋;二为取悦当地士绅安抚民心,急切需要取得"越民"在经济与文化上的支持。南宋13次敕封妈祖,说明以赵宋王朝统治者对地域神灵的承认和褒扬,致使妈祖信俗从民间走向"官方",成为朝廷弘扬的主流宗教文化道教神系。其原因不仅仅为崇道,而是为"江山永固",即政治上的需要。

宋代崇道造成妈祖信俗从开始传播,就带有道教文化的浓厚色彩。明代《正统道藏》一书中的《太上老君说天妃救苦灵验经》,把妈祖说成"北斗

---

① 转引自蒋维锬:《妈祖研究文集·扑朔迷离的家世》,海风出版社2006年版,第195页。

降身,三界显迹,巨海通灵,神通变化"的海神。该书还设有"天妃救苦灵符",讲述妈祖通灵神迹。稍后的《三教搜神大全·天妃娘娘》把妈祖列入道教诸神系列,说在妈祖"俨然端坐而逝"后,"见其舆从侍女,拟西王母云"。[1] 把她的舆从车仗,直教与道教尊神西王母相提并论。为进一步拉近妈祖与道教的关系,《集说诠真》(引《琅琊代醉编》)甚至伪造妈祖(林默)出身,说:"天妃宫,江淮海神多有之。其神为女子三人,俗称为林灵素三女。"[2]林灵素何许人也?《宋史》卷四六二《方伎传·林灵素》有载:"温州人,少从浮屠学,苦其师笞骂,去为道士。"他是个学不成材的小和尚,被师傅看不上,又去当了道士。此人"善妖术,往来淮泗间,丐食僧寺,僧寺苦之",后被宋徽宗看中,在政和七年宣诏入京讲道经。北宋亡,回归南方死于温州。

其实宋代对道教诸神的封爵,是有严格规定的。《宋史》卷一百五《礼志八》中说:"今诸神祠无爵号者赐额,已赐额者加封爵……神祠加封爵等,未有定制。乃并给告,赐额、降敕……妇人之神封夫人,再封妃,其封号者,初二字,再加四字。"妈祖受封,在南宋开国初至后共13次,从宋光宗易爵以妃,其后6次,都在封号上有变化,妃的封爵一直没变。如此处心积虑的拉拢源出于古越原始海洋文化塑造的民间神灵,目的只有一个,南宋朝廷急于取悦越地百姓,进而维护自己的统治。妈祖信俗所以带有浓厚的道教色彩,固然与宋代统治者崇道敕封相关,但不能回避道教自身与民间神系关系密切相关。她的神灵系统有不少出自民间信俗,如关羽成为关圣帝君、李耳被奉为太上老君等。民间妈祖信众在妈祖信俗的发展过程中,有意无意地借助了当时两宋朝廷,确立道教为正统的"国教",在传播过程中汲取了她的精华部分,兼收并蓄,为妈祖争取到正统"国教"的"一神之地"。正如道家经典《老子想尔注》中所说"上古道用时,以人为各皆行仁义"。"道用时,家家孝慈"。"道用时,臣忠子孝,国则易治"。[3]

妈祖信俗汲取道教这些精华,是信众们缺乏生活安定与平安。当时越地之民,饱尝战乱之苦,长期处于封建制度压榨和科学落后的蒙昧状态下。他们借助道教中对神灵的崇拜,寄托朴素的"求生"愿望,况且历史上越地

---

① 新疆天山天池管理委员会编:《西王母文化研究集成论文卷(上)》,广西师范大学出版社2008年版,第371页。

② 《宋史》卷四六二。

③ 《中国大百科全书·宗教分册》,中国大百科全书出版社2009年版,第231页。

重商,商人之妇多祈求财源广进,"游子"平安,而非为成仙修行重道。这种简单的宗教意识,使妈祖信俗披上了崇道外衣并很快流行开来。南宋时中原虽已成虏域,但民众意识习俗未改,仍处于华夏汉文化圈。南北商贾往来,道家互徙,迅速地把妈祖信俗传播到原宋王朝主流文化圈的中原地区。

第二节 行善与弘法,元代妈祖向观音嬗变

妈祖信俗在其发展过程中,自身形象多次嬗变。原因之一为妈祖系东方航海保护神,她的信俗内涵嬗变与航海事业联系在一起。我国历史上轰轰烈烈的"海上丝绸之路",自唐始盛,经五代十国,历两宋后开始消退。元代朝廷虽许航海与洋夷贸易,但热情已不如盛唐旺宋两朝高涨。成吉思汗的后人们,把注意力放在马蹄所到之处,秋风扫落叶般荡涤大半个欧亚大陆,用军事的手段张扬东方华夏文明。这就像海潮一般,有涨潮时,必有退潮时。两宋崇道,致使妈祖信俗向道家文化靠拢。元代虽重佛道两教,但佛教似乎更受朝廷重视。史载元世祖忽必烈统一中国后,以藏传佛教喇嘛教为国教。此举一为安藏定边,朝廷不想与视作兄弟的藏胞开战。二为以喇嘛教控制不甘臣服的汉民族的一种手段。你汉民族不是五千年文明古国吗?我不用国教道教而改用佛教,你能奈何我?但尽管如此,蒙古贵族在实际执政中,对在汉民族中流行的佛、道两教同样重视。

翻开《元史》卷二十七《英宗本纪》,作"佛事"的记录比比皆是:"至治元年春正月丁丑,修佛事于文德殿……己亥……以寿安山造佛寺,置库掌财帛,秩从七品……三月乙酉,宝集寺金书西番《波若经》成,置大内香殿。益寿安山造寺役军……冬十月辛丑朔,修佛事于大内……十一月己亥,幸大护国仁王寺。庚辰,益寿安山寺役卒三千人……十二月乙丑,置中端司,治铜五十万斤作寿安山寺佛像。"元英宗硕德八刺皇帝继位仅两三年,有多少国家大事需要处理,而登基第一年营造大型佛事就达六七次之多,平均两个月一次,还被作为国家大事载入史册。上面提到寿安山佛寺,就是今天北京著名的卧佛寺。可想对佛教崇奉至极,重视备至。元代诸帝出于统治需要,用军事手段横扫欧亚大陆。对东南沿海的海运虽然并没有像军事一般重视,却也需要继续经营,就引起对东方海神妈祖信俗的重视。《元史·河渠志》载:"文宗天历元年十一月,都水庸田司言:'八月十日至十九

日,正当大汛,潮势不高,风平水稳。十四日,祈请天妃入庙,自本州岳庙东北护岸鳞鳞相接。'"

　　元代统治者对汉民族文化上的统治,比历朝历代都显得随意和大度。秦始皇统一六国,还出现一次"焚书坑儒",把他认为是"异教邪说"的书烧掉。元代统治者灭宋后,基本上维持两宋的文化传统,允许汉民族保留主流文化圈的传承与发展。这种兼容并重的文化宗教政策,为妈祖信俗传入北方中原地区与佛教文化的结合,创造了良好的发展机缘。妈祖信俗在传播中常遇见这种机缘,即统治者朝廷的需要与自身发展的吻合。明代的《三教搜神大全》中《天妃娘娘》一节,就在把妈祖信俗归入道教神系中,增加了不少佛典故事,其中就有:"母陈氏,尝梦南海观音与以优钵花,吞之。已而孕,十四月克(娩)身,得妃……异香闻里许,经旬不散。幼而颖异,甫周岁在褓襁中见诸神像,又手作欲拜状。五岁能诵《观音经》。"

　　康熙《静海县志》(同治十二年重辑本)更说道:"《法华经·普门品》云:'或漂流巨海,龙鱼诸鬼难,念彼观音力,波浪不能没。'自来寻声救苦唯普门大士,有呼必应,故称广大灵感观世音。天妃殆观世音三十二应之身欤?不然何灵异若此?"民间还有不少类似把妈祖与观世音联系在一起的传说,都发源于元代。浙东舟山普陀,是南海观音的祖庭。每逢观音寿诞祭日,福建、广东乃至东南亚祭客为最,蜂拥而至,携家带小络绎不绝。笔者曾为此考证调查普陀寺的僧人,答曰是因为此三地游客中,多系妈祖信徒,认观世音遣龙女下凡投胎,而有海神妈祖而感恩。妈祖出生,民间传说多为其母在梦中吞吃南海观音的"优钵花"而怀孕。此物为何?"钵"为佛教中"钵多罗"之省称,即佛僧吃饭用的碗。妈祖由观音的"优钵花"而转世,就与佛教结下不解之缘。致使许多蕴含佛教文化的妈祖传说故事,把妈祖推崇到与佛教观音同等地位的菩萨。对妈祖信俗多元文化形成和发展,具有特别重要的意义。

　　在此不可忽视的是元代五朝皇帝对妈祖的赖封。世祖忽必烈在至元十五年(1278)、至元十八年(1281)、大德三年(1299),先后三次敕封妈祖为"护国明著灵惠协正喜庆显济天妃"[①]、"护国庇民明著天妃"[②]。成宗铁穆尔、仁宗爱育黎拔力八达、文宗图贴睦尔、顺帝妥欢贴睦尔,又四次敕封妈

---

① 《元史》卷十《本纪第十·世祖七》。
② 《元史》卷二十《本纪第二十·成宗三》。

祖为"护国庇民明著天妃"①、"护国庇民广济明著天妃"②、"国辅护圣庇民显广济灵感助顺福惠徽烈明著天妃"③和"辅国庇民广济福惠明著天妃"④。元代对妈祖祭祀礼仪高于宋代,其他山川、忠臣义士,由所在有司实行,而妈祖自皇庆以来,朝廷每年遣使祭祀。值得说明的是,元代统治者对妈祖信俗的重视与关切,如此频繁的赖封,不仅是为海外贸易和唐宋间开拓的"海上丝绸之路"的发展,主要是为"海运北转"和南方"漕粮"运输的需要。祖先成吉思汗开拓了那么一大片的疆土,需要大量的兵丁和粮食的维持。此时南方由于"海上丝路"拓展以及商贸繁荣和自然气候环境的优越(特别是稻谷一年两熟至三熟),变得相对中原地区富庶。元代统治者为把这片"富庶之地"的成果收为己有,理所当然地在尊崇妈祖和南方信仰文化习俗的基础上,收获南方"殖民地"的经济成果。这就为妈祖信俗进入中原乃至京津地区敞开大门。

至此带有浓厚佛教色彩的妈祖信俗,跟着浩浩荡荡运输漕粮的船队北上,首先在直沽(今天津、河北)地区,建立置于佛僧管理下的"天妃宫"。元危素撰《河东大直沽天妃宫旧碑》告诉我们:"庆国利民广济福惠明著天妃祠,吴僧庆福主之。"后在重修殿宇过程中又说:"漕民吴中郁庆国、徐珍等,各施财,即庙前创观音堂,庆国又塑观音阿罗四十余像,过者竦然为之敬畏……钟梵渔鼓之声盖朝夕相闻云。"⑤此文至少提供三个信息:一是此时的妈祖信俗已与佛教文化融合,文中不但提到有观音塑像,而且由佛僧管理,与东南沿海的妈祖庙截然不同。二是由吴僧持寺,后又提到漕民参与管理,说明直沽一带的天妃宫是由北上运输漕粮的漕民所建的。三是在文中有体现却无明示,所谓"钟梵渔鼓",梵为佛语,渔鼓何物?《汉语大辞典》解释为旧时道士唱道情用的敲击乐器。坐落在北运河畔的天津丁字沽,也有一座佛道结合的"娘娘庙",建于元末明初,当是也为运输漕粮之便的南方漕民修建。

妈祖庙宇,于元代后在南北方均有供奉观音菩萨的现象。除元代崇奉

---

① 《积斋集》卷四《灵济庙事迹记》。
② 《元史》卷二十《成宗本纪》。
③ 《元史》卷三十三《文宗本纪》。
④ 《元史》卷四十三《顺帝本纪》。
⑤ 《新校天津卫志》卷四页八,《天津县志》卷二十,第6、7页。又见李健新编:《笔歌墨颂大直沽》,天津古籍出版社2006年版,第25页。

佛教的因素外,还因为民间素有把佛教中的观音当作"送子娘娘"的习俗。因妈祖与观音都是女神,在当时封建社会生产力相对低下的状况下,人们的头脑中有"多子多福"和"传宗接代"的习俗,把送子观音移到妈祖身边,实现人们神权的完美结合。特别在广大女信众的心中,妈祖代替观音送子娘娘的职能,成为她们心中女神结合的综合体。

第三节　郑和七下西洋,强化妈祖儒家教化功能

中国的"海上丝绸之路",学术界比较普遍的看法是,由于"明、清"两朝实行的"海禁",而被画上休止符。其实两朝期间,民间与海外的交往并未结束,明初朝廷还有郑和下西洋,开拓"海上丝路"的壮举,晚清朝廷无奈被诸国列强胁迫,开禁"五口通商"。两朝朝廷对妈祖推崇敕封和民间的妈祖信俗传播并无停滞,只是强化充实儒家教化功能,转化为统治者所用的民间信俗教义。现今已成为孤本的《天后圣母圣迹图志》中,24幅关于妈祖信俗传播的版画显示,每次朝廷出台与海洋江河相关的重大举措时,均有妈祖形象的出现。

明代郑和七下西洋,是东方原始海洋文化中发生的大事件。也就是从这时开始,妈祖信俗成为统治者所宣传的中华正统文化,即自从南宋朱熹"理学"后成熟的儒家经典。把妈祖信俗纳入糅合进国教儒家文化中。这种做法,一是为统治者提倡的主流文化服务,强化民间信俗的教化功能;二是向海外输出"正统"的华夏文明;三是从本质上改变妈祖信俗的多元文化内涵。明代进入永乐、宣德年间,妈祖信俗已趋"在江河沿海区域"得以普及。永乐七年(1409),朱棣继其父太祖朱元璋于洪武五年(1372)对妈祖的褒封为"昭孝纯正孚济感应圣妃"[①],春正月己酉(初六),享太庙,封天妃为"护国庇民妙灵昭应弘仁普济天妃。庙额曰:'弘仁普济天妃之宫'岁以正月十五日及三月二十三日遣官致祭,著为令"(见《明实录·成祖实录》),其间离郑和第一次下西洋(永乐三年)已过去四年。

明初洪武年间,由于倭寇对我国东南沿海地区的骚扰,朱元璋登基不久就下了"禁海令":"禁濒海民不得私出海","禁濒海民私通海外诸国"。

---

① 蒋维锬、周金琰:《妈祖文献史料汇编》,中国档案出版社2007年版,第8页。

甚至对前来朝贡的友好邻邦也严加限制,至此我国东南沿海港埠对外贸易陷于停顿。直到他逝世前,仍"禁民入海捕鱼,以防倭故也"①。朱棣以"靖难之役"迁都北京,改元永乐,致使国势逐渐强盛起来。于永乐三年(1405)六月,遣郑和在福建长乐县的太平港到闽江出海口五虎门候风扬帆出海,经占城(今越南)、爪哇(今爪哇中部比岸)、旧港(今马来半岛巨港)、满刺加(马来西亚马六甲州)、苏门答腊(今印尼)、南渤里、锡兰山(今别罗里)、小葛兰、柯枝(今印度西海岸柯钦)、古里(今印度南部西海岸)。返程自古里经苏门答腊、满刺加、旧港、爪哇经昆仑山到太仓刘家港。回京已是永乐五年(1407)九月,历经两年零三个月。

郑和这次下西洋归来,正值由他奏请的南京龙江天妃宫落成。当他向朱棣奏报途中遇险得天妃妈祖神助后,朱棣即遣使前往龙江天妃宫祭祀妈祖。此事在明朱国桢《皇明大政记》和《明会典》中均有记载:"永乐五年九月戊午,建龙江天妃庙成。命太常寺少卿朱焯祭告。太监郑和使古里、满刺加诸番国还,言神多感应,故有灵命。"②郑和第二次出使西洋,是在回京师不久的永乐五年,至永乐七年(1409)归来。这次出使于史书有记载的是途中(永乐六年八月),有渤泥(今加里曼丹岛)国王麻那若加那乃率其王妃及弟妹等亲属配臣来中国回访,明成祖朱棣给予隆重的规格接待。麻那若加那作为明代首位来访的外国国王被载入史册。这次航行途中"又遇风浪,得妈祖显应方得脱险"。(见林清标《天后圣母圣迹图志全集》)朱棣为感恩妈祖护佑之功,于正月"己酉,享太庙。封天她为护国庇民妙灵昭应弘仁普济天妃,赐庙额曰'弘仁普济天妃之宫'。岁以正月十五及三月二十三日遣官致祭,著为令"③。明成祖这次对妈祖的封号,影响明清两代达五百年之久,所赐庙额为"宫",结束民间和历朝敕封的"庙",从根本上提高了妈祖信俗的地位。

此后郑和还有五下西洋。在第三次遇到小麻烦,即史书上记载的永乐九年六月"锡兰山之战"。郑和胜出,"献俘于朝,帝赦不诛,释归国"。其迹见《明史·郑和传》卷二一六。郑和第四次出使西洋的时间在永乐十一年

---

① 赵树廷:《明朝开国六十年》,齐鲁书社 2009 年版,第 183 页;刘志伟:《梁方仲文集》,中山大学出版社 2004 年版,第 81 页。

② 《明实录·成祖实录》卷五十二,郑鹤声、郑一钧:《郑和下西洋资料汇编》增编本(中册),海洋出版社 2005 年版。

③ 《明实录·太宗实录》卷八七。

(1413)。之前,他和他的船队在屡次待风的长乐太平港兴建一座天妃行宫,作为祈报谢神处所。在他后来撰立的《天妃灵应之记碑》中写道:"然神之灵,无往不在。若长乐南山之行宫,余由舟师累驻于斯,伺风开洋,乃于永乐十年奏建,以为官军祈报之所,既严且整。"此事在《八闽通志·祠庙》中也有记载:"天妃宫在(长乐)县西南太平巷,(永乐)七年郑和奉命下西洋,泊于此,因创是庙。"这次船队所走路线自古里始,前往忽鲁谟斯、到阿拉伯半岛再转向西南至阿丹国(今也门亚丁),然后分宗船队向西北过红海,到达天方国。大宗船队则经亚丁湾、索马里到埃及,再往东北至非洲东海岸诸国。然后由东非索马里、肯尼亚南行到达慢八撒。由此向北返航,大宗船队和分宗船队经多条航线,于永乐十三年(1415)夏返航。这次经历,后由随同郑和出使并任翻译的马欢,归来写成的《瀛涯胜览·苏门答腊国》。其中一个重大事件即是擒献"伪王"苏干刺事件,此事在郑和自撰的《天妃灵应之记碑》中也有记载:"永乐十一年,统领舟师,往忽鲁谟斯等国,其苏门答腊国,有伪王苏斡寇侵本国,其王宰奴里阿比丁遣使处阙陈诉,就率官军剿捕,赖神默助,遂生擒伪王,至十三年归献。是年,满剌加国王,亲率妻子朝贡。"[①]

　　郑和第四次率船队回归,明成祖朱棣清醒地认识到:标志明王朝国力强盛和东方航海事业发达已进入一个崭新的阶段。这个不敢破父亲朱元璋祖训明令开"禁海令"且有作为的雄主,亲自撰写了《御制弘仁普济天妃宫之碑》碑文。[②] 由于此碑经600年的风雨剥蚀,字迹模糊不清,但内中意思还是清晰的,表达了一代君主开拓海洋的四重意义:一是派遣郑和下西洋的真实目的,是为"勉绍先志","宣教化于海外诸番国,导以礼义,变其夷习"。二是表现抒发自己抱负与征服海洋的意志,"神人飘飘云际,隐显挥霍,上下左右,乍有忽无",顺应天地自然变化。三是放开眼界,了解诸夷风土人情,开拓海洋经济。"凡使者及诸番国朝贡重译而来者,海舶往还,驾长风,驭飞帆,蓦数万里,若履平地。略无波涛忧险之虞,歌吟恬嬉,咸获安济。"四是这位浪漫的皇帝赋诗一首:"湄洲神人濯厥灵,朝游玄圃暮篷瀛。扶危济弱俾屯亨,呼之即应祷即聆……"要与妈祖神人感应,共享太平盛世,抒发了自己的抱负与情感。

---

① 陆静波:《郑和七下西洋》,古吴轩出版社2005年版,第249页。
② 政协南京市下关区文史资料研究委员会编:《下关文史》第一辑,1992年,第79页。

　　郑和分别在永乐十四年（1416）十二月和永乐十九年（1421）正月第五次与第六次下西洋，"诚王化之使然也"。代表大明国与诸夷经商。但就在他第六次归来前一年，大明王朝迁都北京，接着永乐二十二年（1424）支持他下西洋的明成祖朱棣去世了，继承皇位的明仁宗下令他的船队停止出海，直至宣德五年（1430），明宣宗才又准他出航七下西洋。这次他肩负和平友好的使命，最后一次"复奉命历忽鲁谟斯十七国而还"。船队于宣德八年（1433）七日回南京，而郑和却客死异乡古里（今印度南部科泽科德）。《明史》卷三〇四《宦官·郑和传》记载了他的事迹："郑和，云南人，世所谓三宝太监者也。初事燕王于藩邸，从起兵有功，累擢太监。""和经事三朝，先后七奉使……凡三十余国……自和后，凡将海表者，莫不盛称和以夸外番，故俗传三保太监下西洋，为明初盛事云。"

　　《明史》记载郑和七下西洋中，在国内建有许多妈祖宫庙，大都已废。现存他唯一撰文的福建长乐南山天妃行宫碑刻。全文共 31 行，1177 字，内容为："皇明混一海宇，超三代而轶汉唐，极天极地，罔不臣妾。其西域之西，迤北之北，固远矣，而程途可计。若海外诸番，实为遐壤，皆捧琼执赘，重译来朝。皇上嘉其忠诚，命和等率官校旗军数万人，乘巨舶百余艘，赍币往赍之，所以宣德化而柔远人也……"[①]透过这段文字的现象，我们不难发现郑和下西洋的真实意图，与明成祖朱棣亲自撰写的《御制弘仁普济天妃宫之碑》碑文中："勉绍先志"，继承先君"宣教化于海外诸番国，导以礼义，变其夷习"一样，重点是"宣德化而柔远人也……"在这儿我们可以看出：郑和信奉妈祖与朱棣敕封妈祖，不是为了弘扬妈祖信俗，而是为其"宣教化"服务，出海弘扬中华传统主流文化精神。由此我们知道明代统治者把民间妈祖信俗，悄悄地转化为朝廷弘扬正统文化和东方文明精神教化的工具。郑和几次修妈祖庙宇中均有撰文，可惜由于年代久远，资料散失，但仅从以上这篇碑文中，便可知端倪。

　　明朝统治者从朱元璋到朱棣，可算有作为的皇帝。他们的"江山"是从元代统治者蒙古人手里夺回来的。元代重佛，是为联合安抚藏族同胞的需要，其统治中原时期推行多元混合文化。朱元璋从他统一天下后，立即就改变这个局面，推出以传统儒家为主流的中原汉文化，为其王朝长治久安服务。明太祖为何在建国初期在东南沿海命汤和建卫所实行联防，不准渔

---

①　郑鹤声、郑一钧：《郑和下西洋资料汇编》增编本（中册），海洋出版社 2005 年版，第 1044 页。

民下海,不准与夷族通商而实行"海禁",表面上看是不让渔民生产和商人做生意,其真实目的还是怕"夷族"有伤风化的洋风,坏了我大汉民族的民心习俗,影响大明王朝的长治久安。同样明成祖朱棣遣郑和出海,其目的也不是与洋夷通商,而是"勉绍先志","宣教化于海外诸番国,导以礼义,变其夷习"。

因此明王朝与两宋崇道和元代尊佛不同,他尊崇弘扬的是以儒家文化为主体的中原文化。其实从西汉董仲舒提出"罢黜百家、独尊儒术"始,中国历朝以汉文化为主流文化的统治者,都以儒教立国。包括宋王朝有作为的开国君主宋太祖与宋太宗,哪一个不是尊崇儒术,以孔孟"仁义道德"作为立国基础的? 两宋崇道,因为国家经济繁荣富庶,几代君主重文轻武,声色犬马,玩物丧志,宋徽宗就是一个典型的例子。明王朝建国后废元制,基本因袭宋制。但在推行主流文化上,他们因袭的是历朝历代汉统治者的"独尊儒术"的政策。这种政策同样反映在妈祖信俗上,明成祖在对妈祖的敕封中,只悄悄地改了一个字,即把元代僧道合二为一的妈祖庙,统一改成"宫",赐庙额曰"弘仁普济天妃之宫"。郑和所建妈祖庙宇也称为宫或行宫。不要小看这一字之动,就把元代妈祖信俗尊佛的核心理念改掉。宫为何称? 在中国佛居寺庙,道守观庵,而活着的皇家、达官贵人和中国天上的神仙却住行宫。朱棣的一字之改,不但提高了妈祖在诸神中的地位,而且把她还复到原始的中国神灵。

妈祖信俗浸濡和糅合儒教内容,其实在北宋初年民间初塑为神时已经开始,她是由闽中大地原始越文化,与中原汉文化糅合而塑创的神灵,身上难免不带儒家文化的影子,但当时是为传播和融合中原文化圈的需要,只是部分和现象上的。经明代两百多年由官方继续加工,到清代妈祖信俗已是以越地域文化为灵魂,儒家精神为骨骼,佛、道两家精神为血肉,集多种宗教文化大成,与西方海神波塞冬有着本质区别的东方海神。

第四节　清朝廷推进妈祖文化形成民间习俗

清有六帝,敕封妈祖共15次。在历史上褒封次数为历朝之最,而且规格最高(把妈祖由妃升格为后,达到了极限),字数最多(咸丰七年时已达64字,同治十一年又加2字,实为66字,超过清代自定最多为40字),密度最大(仅咸丰一朝 11 年间,就封了 5 次,其中一年连封 2 次,创历史上妈祖褒封之最),也最有规则(封号虽多,按顺序叠加,承续性、有序性、规律性为一大特点)。

清朝对于汉文化圈的神灵,仿佛采取"实用主义"的态度。自入关灭南明后,清朝廷基本继承汉文化的传统,只诏令汉人蓄辫子改用满人衣服,在衣饰着装上致使"海内一统"。任用汉人官吏"以汉治汉",在宗教文化信仰采取了相对宽宏的政策,允许汉人只要不危害朝廷,宗教信仰自由。这种宽宏,重点反映在清开国初对降将吴三桂诸人的使用和处理台湾南明残余势力的态度上,同治初年修典籍,郑成功的郑氏家族被列入祀典,后来光绪皇帝还为他收复台湾之功,赐以"与天同功"的匾额"以昭日月"。妈祖信俗在清代引起朝廷重视,从圣祖康熙开始。在清历朝的《大清会典则例》中,都记载着朝廷对妈祖的第一次重要褒封:圣祖玄烨于"康熙十九年敕封护国庇民妙灵昭应弘仁普济天妃。庙祀福建莆田县"。事仅隔四年,康熙二十三年(1684),再次敕封妈祖为"护国庇民昭灵显应仁慈天后"。

首封妈祖为妃,是因"国朝康熙十九年,金厦克复,妃转风助战,大获全胜。提督万正色上闻,加封号,遣官致祭"①。这里是指康熙十九年,时任福建水师提督的万正色指挥清军:"以水师攻海坛,而令兴祚赴同安,与姚启圣督陆路兵窥取厦门……兴祚同喇哈达等由同安追剿至浔尾,遂克厦门、金门,余寇遁,还台湾"的一次战斗,②是清廷计划攻台湾前的一次重要战斗郑成功的水军强大,朝廷进剿多次失利。这次打赢了,康熙非常高兴,为三年后施琅攻台打下了基础。因奏表中有"二月十九日,舟师征剿,驻崇武。夜梦天妃告之曰:'吾佐一航北汛,上风取捷,随使其远遁。'次日果得北风骤起,敌遂披靡,大败而退"③。康熙议准褒封,遣官献香帛读文致祭。时隔四年,施琅攻克台湾。清朝廷再次进行褒封,赐妈祖为"天后"。蒋筑英《台湾府志》卷六《庙宇》中说:"康熙二十三年,台湾底定,将军侯施同诸镇以神有效顺功,各捐俸鼎建,庙址即宁靖王故宅也。内庭有御敕龙匾'辉煌海澨'。"这是施琅进驻台湾后不久,继南明郑成功之后于台湾本岛兴建的第三座重要的天妃宫(即今日台南市"大天后宫")。④ 这是朝廷把妈祖奉为神

---

① 《大清会典则例》、《世宗宪皇帝硃批谕旨》卷二百十四之五。
② (清)蒋良骐:《二十五别史》,《东华录》卷十二,齐鲁书社 2000 年版,第 175 页。
③ 蔡相辉:《台湾的王爷与妈祖》,台原出版社 1989 年版,第 155 页。
④ 蒋维锬:《妈祖研究文集》,海风出版社 2006 年版,第 239 页。

灵后,第一次敕封为"天后"。打开光绪《钦定大清会典则例》卷八四五赫然写明:"康熙十九年,封护国庇民妙灵昭应弘仁普济天妃。二十三年加封天妃为天后。"但这次却有争议,原因是康熙二十九年敕撰《大清会典则例·礼部·群祀》中,并无二十三年加封天后的记载。《大清会典则例》中,最早有此记录的是嘉庆《钦定大清会典则例》。以后历朝《会典》便据此照抄无误。传统的说法康熙第二次敕封,是因为施琅于康熙二十二年六月在"时国轩拥兵二万余据守澎湖甚坚"的不利情况下,"军发铜山,入八章岇,乘南潮攻澎湖,斩伪将军沈诚等七十余。复以大乌船五十六,分八队奋击,沉其船二百,斩伪官三百余,兵万余。国轩乘小舟由吼门窜去,余众降。七月……海逆郑克爽遣伪官郑平英等赍降表至施琅军前请降,琅请颁敕招抚。"①八月十三日,施琅入鹿耳门至台湾,完成了康熙统一台湾的大业。为此施琅写了《请加封天妃疏》,请求朝廷加封。在《重修天妃宫显圣录》中,收录了康熙二十三年八月二十四日褒扬妈祖功绩的祭文,其中有"虑穷岛之未平,命大师之致讨……舰阵风行,竟趋巨险,灵旗下颤飙,助成破竹之势,阴甲排空,遂壮横戈之功"。

妈祖封后,另一说为高宗弘历于乾隆二年(1737)。此事载乾隆《钦定大清会典则例》卷八十四《礼部·群祀》三条下:"康熙十九年,封护国庇民妙灵昭应弘仁普济天妃。遣官诣福建莆田县致祭。祭文由翰林院撰拟……"又"乾隆二年,加封天妃为护国庇民妙灵昭应弘普济福佑群生天后"。再"二十二年覆准,加封天后为护国庇民妙灵昭应弘仁普济福佑群生诚感咸孚天后。于祈报祭文内,将封号书明,以上皆所在有司,岁以春秋所祭"。乾隆帝另在五十三年(1788),又敕封妈祖"显神赞顺灵惠碧霞元君"。②此外还有两次重要敕封,分别为:清仁宗于嘉庆五年(1800)敕封"护国庇民妙灵昭应弘仁普济福佑群生诚感咸孚显神赞顺垂慈笃佑天后"。嘉庆七年(1802),"天上圣母无极元君"(见《清会典·群礼》③)和杨浚《湄洲屿志略》。清宣宗旻宁于道光六年(1826)敕封妈祖为"护国庇民妙灵昭应弘仁普济福佑群生诚感咸孚显神赞顺垂慈笃佑安澜利运天后"。

① (清)蒋良骐:《二十五别史·东华录》卷十二,齐鲁书社2000年版,第186页。
② 《钦定大清会典则例》卷三十五《军机大臣奏为遵旨查明天后神号历次加增情形事》,蒋维锬等:《清代妈祖档案史料汇编》,中国档案出版社2003年版。
③ 蒋维锬、刘福铸:《妈祖文献史料汇编》第一辑,中国档案出版社2007年版,诗词卷第157页。

清代朝廷为何对民间妈祖信俗特别重视？原因有三：一是清在立国初,急于"扫清海宇",对南明残余势力予以清除,鉴以清代实行的"以汉治汉"的政策,以宗教信仰笼络在南方的士民为朝廷效力。二是清统治者在文化上推行正统的中原汉文化治国,明以后妈祖信俗的有关"仁政"和"忠、孝、节、义、信"的儒教文化内涵为其所用。三是清道光年后(即清中叶)外国列强逐渐对东方民族进行侵略与掠夺,朝廷需要有一种符合其统治理念民间信俗文化精神,即民族自立的精神,支撑其"摇摇欲坠"的"江山"。朝廷对妈祖信俗的敕封与重视,直接推动民间妈祖信仰活动。清中叶,民间对妈祖信仰与祭典活动渐趋高潮。因为有乾隆帝"岁以春秋所祭"的圣旨,民间热情非常高涨。尤其在清中叶的道光年后,这种对妈祖的民间祭典活动,超过对中国任何神灵系统的虔诚普及和规模宏大。当时春秋致祭,是朝廷举行的一种非常庄重的祭祀礼仪活动。此仪式在福建《建阳县志》卷七《祭天后礼》中,记载了道光年间春秋二祭的具体情况：

> 雍正十二年,奉文各府、州、县一体建庙奉祀。乾隆三年,又奉文通行春秋二祭。祭期前一日,委官省牲,监视宰牲委员著补服至庙。封帛毕,礼生引至省牲所省牲;礼生接毛血供香案上。省牲官行一跪三叩礼。礼毕,退。正祭日,陈设帛一,白瓷爵三,羊一,豕一,酒尊一,铏一、簠、簋各一,笾、豆各四。五鼓,各官至庙,著采服。主祭官签祝文毕,启鼓。引赞引主祭官诣盥洗所。盥毕,引至行礼处立。通赞唱："执事者各司其事。"主祭官就位。陪祭官就位,瘗毛血,迎神。引赞赞："上香。"引主祭官于神位前立。引赞赞："跪,叩首。"捧香生跪进。主祭官受香,供举,授接香生,上柱香于炉,又上瓣香,毕。引赞赞："叩首。兴。复位。"行二跪六叩礼,各官俱随行礼。兴,奠帛。行初献礼。引赞赞："诣天后神位前立。"引赞赞："跪。叩首。奠帛。"捧帛生跪进,主祭官受帛。拱举,授接帛生献。引赞赞："献爵。"执爵生跪进,主祭官受爵,拱举,授接爵生献,毕。引赞赞："叩首。兴。"引赞赞："诣读祝位。"主祭官诣读祝位立。读祝生至祝案前,捧祝版立于案右。引赞赞："主祭官、陪祭官俱跪,读祝生读祝。"祝曰:维道光某年,岁次某干支,某月,某干支,朔,越祭日,某干支,某官某致祭于敕封护国庇民妙灵昭应宏仁普济福佑群生天后尊神曰："维神菩萨现身,至圣至诚,主宰四渎,统御百灵。海不扬波,浪静风平,舟航稳载,悉仗慈仁。奉旨崇祀,永享赏蒸。兹属仲春(秋),敬荐豆馨,希神庇佑,海晏河清。尚

缟。"读祝生读祝毕,捧祝版仍供案上。引赞赞:"行三叩礼。"各官俱随
行礼,兴,复位。通赞唱:"行亚献礼。"(如初仪,不读祝、献帛。)复位。
通赞唱:"行终献礼。"(与亚献礼同。)通赞唱:"撤馔。送神。"主祭官、
陪祭官俱行二跪六叩礼,礼毕。通赞唱:"读祝者捧祝,执帛者捧帛,各
诣燎位。"祝文在前,帛次之。主祭官傍立,候祝帛过仍复位。通赞唱:
"望燎。"引赞引主祭官诣望燎所立。祝帛焚半,通赞唱:"礼毕。
退班。"①

这种妈祖信俗的祭典活动,作为华夏汉文化圈的一个信俗特色,在我
国许多地方(特别是东南沿海地区)和海外华人圈中形成习俗,在我国北方
中原地区,被称作为"皇会",即由朝廷推广的集会活动,至今还盛行不衰,
如浙江象山县每年一度的开渔节,就有妈祖祭典的内容。福建沿海及台
湾,以妈祖庙宇为中心的祭典活动也方兴未艾。清代集妈祖信俗大成,朝
廷除支持民间祭典活动外,另一个鲜明特色是朝廷与民间共同推进各种理
论和文艺书籍的繁荣。清末于北京发现,把儒家正统文化结合进妈祖信俗
文化的《天后圣母幽明普度真经》(上海翼化堂善书坊版,天津图书馆藏),
绘图本《天后圣母圣迹图志》(有乾隆四十三年(1778),《天后圣母圣迹图
志》本,道光乙巳二十五年(1845)翻刻本,咸丰庚申十年(1860)重刻本,道
光十二年(1832)寿恩堂的增补本,同治四年(1865)翻刻本以及同治九年
(1870)的重刊本等多种版本),就是那个时代的产物,为妈祖信俗的发展与
传播起了很大作用。

《天后圣母幽明普度真经》原书未署作者名号,重刻版"经后跋"中写
道:"岁在壬辰,学礼需次都门,偶于琉璃厂故书肆购得是经真本……天后
者而独未见次经,爰照原本售写成帙,付诸于民,以广其传,于世道人心不
无小补云尔。"下款为:"光绪丙申小阳下澣知永定县事曹学礼。"②可见该书
于光绪十八年(1892)发现于北京琉璃厂,"经后跋"写于光绪二十二年
(1896),重刻于光绪二十三年。由此推断,一百多年前这本书就在广为流
传,尤其是京津与上海、浙江一带。此书在清代被确认为流行的劝善书。
明、清两代,作为反映道教信条而劝人从善的各类劝善书,如《太上感应
篇》、《劝善要言序》、《关帝觉世真经》、《吕祖功过格》、《文帝考经》、《文昌帝

---

① 罗春荣:《妈祖文化研究》,天津古籍出版社 2006 年版,第 261、262 页。
② 罗春荣:《妈祖文化研究》,天津古籍出版社 2006 年版,第 209 页。

君阴骘文》等很多,但以天后妈祖名义撰写的劝善书在我国北方极为少见。此书不乏一般的劝善格套,除宣扬道佛两家的戒律信条外,主要以宣传儒家的道德标准劝善世人,以达淳化民风的目的。但不同的是,《天后圣母幽明普度真经》在宣传儒家规范的同时,也反映了妈祖文化与儒文化结合方面的一些基本思想,具有一定的积极意义(此书推进妈祖信俗文化与儒家文化的结合,下文另说)。

与此同时,各种文艺作品和被称为"图说妈祖"之始的绘画作品,在清代十分流行。自妈祖被纳入"九牧林家"谱系后(此作者怀疑是清代朝廷与文人为提高妈祖"身份",共同编织的"天方夜谭"故事。妈祖从她民俗传说中"闾中巫女"与织布打鱼行为来看,不可能是官宦人家的"小姐"),在明末由林氏族人林清标"爱仿古人左图右书之法……编次绘图……以成一部信书……颇易披阅"。(出于林清标《显圣录》卷一原序)写(画)成《天后圣母圣迹图志》一册,原本为48幅图。此书每图为一个故事,算得上是一部妈祖题材具有代表性的作品。出版以后,颇受读者欢迎。《天后圣母圣迹图志》先后版本,有乾隆四十三年(1778)本,道光乙巳二十五年(1845)翻刻本,咸丰庚申十年(1860)重刻本以及道光十二年(1832)寿恩堂增补本,同治四年(1865)翻刻本和同治九年(1870)重刊本等多种版本。①

《天后圣母圣迹图志》演示的虽不是小说,是妈祖民间神话传说,但仍具有很强的故事性。画面精美,色彩鲜艳,不仅人物造型比例适中,而且以墨线描出人物与景物轮廓,工笔彩绘,并加以皴擦晕染,富有艺术感染力,人景交融,浑然一体。尤其画面多以仰视、平视、俯视角度,章法布局、疏密聚散颇见功力。此画(书)自乾隆年间问世后,深受人们喜爱,尤其在东南沿海地区,一直长盛不衰。此外,明代由罗懋登所著《三宝太监西洋记通俗演义》和吴还初所作孤本通俗章回小说《妈祖娘妈传》,在清代一版再版,深受读者与信众们欢迎。这些信俗理论研究与文艺作品,推动清代妈祖文化在民间的发展与传播。

---

① 罗春荣:《妈祖传说研究:一个海洋大国的神话》,天津古籍出版社2009年版,第221页。

第五节 明、清崇儒与妈祖信俗海外传播

妈祖信俗在明清两代,开始与朝廷推崇的儒家文化紧密结合。无论是郑和七下西洋,戚继光在东南沿海抗倭,郑成功收复台湾,施琅灭南明收回台湾,道光年后为加强东南沿海防御,频繁对妈祖的敕封,等等,凡朝廷与海洋江河相关重大历史事件,几乎都与妈祖信俗传播和提高妈祖的神祇地位相关。究其原因,无非有四:一是我国近代海洋航务的开拓(明后期与清代是由于西方海洋航务兴起被迫性的"开拓"),需要有我中华民族自己的航海保护神。二是在妈祖文化塑创和传播中,摈弃佛、道两家外衣,注入合理的儒家文化内涵,成为明、清两朝统治者"教化万民"和"弘扬民族文化"的工具。三是妈祖东方海神的合理身份,融合进正统儒家文化,渗透在我国东南沿海、中原凡有江河商埠处的民众之中,形成合理的妈祖信仰文化圈,成为近代商业与航运(特别是"南粮北调"的漕运)发展的精神支柱。四是作为中华信俗文化的代表,向海外传播发展的需要。

我们有必要通过清末《天后圣母幽明普度真经》,对明、清两朝民间妈祖信俗继承和发展传统儒学,作为近代妈祖思想文化内涵,在海内外传播作简单的论述。首先,《真经》继承儒家文化的精华,并非一味的迎奉,这就使这种继承充满活力。孔子所提倡的"仁",与孟子发展的"仁政"说,是儒家学说合理的思想内涵。儒家为实现这一最高道德标准,列出了忠、孝、节、义、信诸多信条,成为指导世人的具体道德规范。《真经》没有笼统地宣扬忠君报国的思想,却针对清末外国列强入侵、中国面临瓜分现状,响亮地提出"救国保民"和"报国捐躯"的口号,宣扬了儒家"民为贵"和"人最为天下贵"的思想,总结明、清两朝推行民间妈祖信俗,是为"教化万民",弘扬中华文化精神,为捍卫民族优秀文化起了积极的作用。儒家经典的核心内容:忠、孝、节、义、信,以忠为首。但此《真经》中的忠,不是简单地忠君,而是对士、农、商、工等均提出不同的要求。"士人之忠不欠赋税,农人之忠遇关必报,商贾之忠不作淫巧,工人之忠不负恩德"。如此四者并列,就是对儒家文化早期"重农抑商"观念的一大突破。所谓商贾"不作淫巧",即不投机取巧,不囤积居奇,不欺行霸市,不弄虚作假。买卖公平,童叟无欺,守信誉,重德行。书中"工人"一词的出现,反映了我国封建社会末期资本主义

萌芽的积极思想,极为难能可贵。"孝"是儒家伦理的集中体现,所谓"人之行,莫大于孝"。大孝,是人德之本。通常儒家都把"孝,德之本也"。把忠孝直接联系,推崇"移孝作忠"和"以孝事君则忠","资于事父以事君而敬同"的"愚忠观"。《真经》中提出:"子臣弟友,忠孝节义",从儒家伦理角度提出"堂堂六尺,生我者谁? 高天厚地俯仰无亏亲恩……为子尽孝,为弟尽弟:行动天地,德通神明,善之至也。"把孝敬双亲,尊重长辈,爱老扶幼,矜孤恤寡,谦良恭让,作为人的基本道德标准去"行动天地",无疑是中华文化中传统的美德。书中在妈祖传说中"海上救父兄"的故事,正说明妈祖孝悌的一面。

其次,《真经》在把传统妈祖信俗在与儒文化的结合中,对封建纲常糟粕予以摈弃。历代儒家都推崇"三纲五常"、"三从四德"和"五伦",特别是对女子的"夫为妻纲",到后来又衍义为女子"未嫁从父,即嫁从夫,夫死从子"的"三从"和"妇德、妇言、妇容、妇功"的"四德"。《真经》抛开了这些传统说法,大胆提出夫妻关系的首要责任在于男子——"正家在夫,夫道宜健;成家在妇,妇道宜柔"的新说。所谓"夫道宜健",强调做丈夫的首先要成为妻子的榜样,提高自身修养,没有夫道,也就谈不上妇道。只有"正家",才能"成家",所以应该"夫和而义,妻柔而正",才能"父义、母慈、兄友、弟共、子孝,内平外存"。这种"夫道"思想,与传统儒教中"夫为妻纲"的思想相区别,具有进步意义。

最后,《真经》中对男女夫妻关系,也提出另一主张,说:"凡为男子,志在四方。阃门内持,端赖贤淑。"这儿提出两个问题,一是夫妇间关系的互补,不主张女性走上社会,仍有传统儒教轻视妇女的糟粕成分;二是提倡女子贤淑,不唯容貌,摈弃历代封建社会"女为悦己者容"的传统观念。传统儒家对义的解释认为:人能"超然万物之上",并"最为天下贵"者,主要在于理性精神。"既知天道,行躬以仁义,饬身以礼乐"。这是人类特有的社会道德性,即为"义"的本质。《真经》把"义"直接解释成"道同志合"和"济困扶危"。这是当时社会发展、人的理性与社会道德观念的新体现,不能不说对传统儒学提高的一种进步,体现出妈祖信俗人文精神和时代意义。

据史书记载,妈祖信俗在其形成的初期,已由两宋随着"海上丝绸之路"的拓展传播到海外。但大规模的传播,重点却在明、清两朝的朝廷与民间的重要海事活动中。史载明成祖朱棣遣郑和"七下西洋","宣教化于海外诸番国",弘扬民族汉文化的同时,带去东方海神的信俗文化。这在他数次在起航地建造"天后宫",在海外异邦诸夷处屡遇"海难"托妈祖神佑相关。妈祖信俗向海外传播有文字记载的历史,当从明洪武年太祖:"悦其诚,待亦甚厚……遣闽人三十六姓为彼之役。"①从明洪武至清末同治,两朝多次遣派使者去琉球国册封,在明万历四年肖崇业《使琉球录》中不完全记录的便有7次。清周煌《琉球国志略》卷七《祠庙》中记载了该地三处妈祖庙宇:"天妃宫有三:一在那霸天使馆东,曰下天妃宫。明夏子阳、王士祯立'灵应普济神祠'额"……"一在久米村,曰上天妃宫。夏录云嘉靖中册使郭汝霖所建"……"一在姑米山,系新建。兹役触礁,神灯示见。且姑米为为全琉门户,封贡海道,往来标准……"清张学礼的《使琉球记·中山纪略》中说:"(下)天妃庙'中外慈母'王公亦有赠匾……国中案牍多储于此。"也就是说"中外慈母"匾为琉球王公所赠,明清两朝交流的诸多"宝案",存放在此庙宇中。

　　台湾的妈祖信俗最先传播,与两宋间泉州港海峡两岸通商相关。明代万历中期,荷兰与葡萄牙殖民者共同侵占马来西亚,西班牙侵占菲律宾群岛,不到半个世纪,荷兰又占印度尼西亚,成立掠夺性机构东印度公司,由中国海商李锦向荷兰人献计占台湾而谋商。在万历三十二年(1604)对"为泉之外府,后屡以倭患墟其地"②的澎湖首次入侵。荷兰第二次入侵澎湖遭到明官军的顽强抵抗,此时澎湖县城马公镇的天后宫,见证了这场中国人民抵抗外侮的战斗。此天后宫一说为元至元十七年(1280)所建,另说为明初期嘉靖四十二年(1563)由抗倭名将俞大猷所建。也有说为明末郑芝龙修建,比荷兰殖民者入侵澎湖还迟几十年。

　　台湾的妈祖信俗推进,以郑芝龙、郑成功父子为首的郑氏家族经营台湾起了很大作用。郑芝龙,③福建南安人,逝于清顺治十八年(1661),初在海上起兵,游走海峡、穿梭日本、我国台湾和泉闽沿海间走私贸易,与荷兰殖民者曾有过密切的交往。但他"慷慨男子,幡然悔悟"。《明清史料》乙编第七本中,说他在崇祯六年(1633)荷兰舰队"又犯广东南澳"时,在金门"料罗之役,芝龙果建奇功,焚其巨舰,俘其丑类,为海上数十年而未有……"后清兵入关,郑芝龙降被贝勒"掳其北去……斩于菜市"。子郑成功举旗抗

---

① 谢杰:《使琉球录》下卷。

② 四库全书存目丛书编纂委员会:《四库全书存目丛书 史部》第254册,齐鲁书社1996年版,第180页。

③ 陈支平:《民间文书与明清东南族商研究》,中华书局2009年版,第333页。

清,中国历史上出现他从荷兰殖民者手中夺回台湾的盛举。郑成功收复台湾后,着手屯田开垦,恢复生产,开展贸易,兴办学校,将华夏文明传入台湾。他与他的部属大都是闽南人,当年大都是妈祖信众。郑军在出征时,船上均供奉妈祖像,称作"船头妈"或"船仔妈",从福建湄洲岛妈祖庙"分灵"而来。在平定台湾的荷兰入侵者后,郑氏家族在台湾建造了许多妈祖庙宇,以发扬产生于华夏文明妈祖信俗的"祖根"文化精神。传说在鹿耳门天后宫内,保存下来一尊郑成功收复台湾作战时供奉的木雕妈祖像。至今台湾鹿耳门溪流南岸的"显宫里天后宫"与北岸的"正统鹿耳门土城圣母庙"还争论不休,都说自己是"正统妈祖庙"和藏有台湾"开山妈祖"圣像。现在安平天后宫供奉的妈祖圣像,传说为郑成功收复台湾前在湄洲岛"分灵"而来,必须在一年或三年护送回湄洲祖庙"进香",谒祖完毕护驾"回銮"。信众在此期间,要举行"迎驾"和"绕境""妈祖出巡"庄严而又热烈的活动。

　　香港、澳门在明清时期的妈祖信俗活动也非常频繁。香港地濒南海,历代均属中国之领土。战国时期为楚国属地,秦汉属南海郡番禺县。历朝县治虽有变化,但香港的隶属关系没有什么变化。在明万历元年(1573)由宝安县改称东莞县,又新分出新安县,香港在新安县境内。由于"藩篱三地,扼外洋要害之衢,护卫虎门澳门,以作保障。汇南北诸海以为归宿,外而占城、爪哇、真腊、三佛齐,番(船)舶来贡,莫不经由此。(载嘉庆《新安县志》卷十二)",于明郑和下西洋时:"永乐八年钦差中贵张源使暹罗,始立庙。"即赤湾天妃庙。由于香港岛地处要冲,在两宋以来不仅福建渔民多来此打鱼,而且东南沿海地区大批商船也在此停泊或贸易。明黄谏在《新建赤湾天妃庙后殿记》中写道:"赤湾南山下,凡使外国者,具太牢祭于海岸沙上,故谓辞沙。太牢,去肉留皮,以草实之,祭毕,沉于海。"这大概就是新安人(含香港地区)最早祭祀妈祖习俗的记录。赤湾天妃庙分别于明英宗天顺七年(1463)和万历八年(1580)和万历十四年(1586)、崇祯八年(1635)和清顺治十三年(1656)、乾隆初年、继而160年后在嘉庆二十二年(1814),在四百余年中7次重修,殿宇规模之大,地位之重要,为新安县之最。虽然19世纪40年代,香港为英国殖民者所占,但赤湾天妃庙作为香港地区及海外的信众中心地位未变。

　　与赤湾妈祖庙同时或稍后所建的还有香港本岛妈祖庙,据统计共有24座,信众达25万人。规模最大的算是佛堂门天后庙(分南佛堂与北佛堂)。此两座佛堂门在鲤鱼门外的将军澳东南,自古是入粤商船必经航道,宋时即在距此不远的佛头洲设税卡,清时在这儿设粤海关。另有铜锣湾天后庙,建于乾隆年间。此庙是香港历史较久,规模较大的一座。明清以来香港的妈祖信俗长久不衰,且有浓郁的地方特色,夹杂着美丽的神话故事,尤其是香港别名"红香炉"的由来,与妈祖信俗密不可分,具有古老凝重的神秘色彩。

　　与香港一样,地处南海之滨的澳门,同样有着妈祖信俗的传统。澳门在历史上属广东香山县管辖,历属中国领土。在明代澳门已开发为渔村,渔民多来自粤闽之地,素有信仰妈祖之传统。澳门有一"洋船石":"相传明万历时,闽贾巨舶被飓殆甚,俄见神女立于山侧,一舟遂安。立庙祀天妃,名其地曰娘妈角。娘妈者闽语天妃也。于庙前石上镌舟型及'利涉大川'四字,以昭神异。"①这就是明代在此创建妈祖阁庙的来历。关于此庙所建年代,有三种说法:一据澳门学者谭世宝先生在1996年考察此庙建筑时发现神山第一亭正面石梁上刻有"明万历乙已德字街众商建,崇祯己巳年怀德二街重建"的题记,认准为明万历三十三年(1605)。二据《利玛窦中国札记》为明万历十年(1582)。此公在文中写道:"他们把邻近岛屿的一块地方划给来访的(佛郎机)商人作为贸易点,那儿有一座叫做'阿妈'的偶像,今天还可以看到她,而这个地方就叫做澳门,在阿妈湾内。"②三据清汪兆镛在他的《澳门杂诗》中说道:"葡萄牙人初到澳门,寄碇澳,是处有大庙宇,名曰妈阁。葡人误会此庙为地名,故以初到所见者以名其地,各国历史称中国澳门为'马交',其名当起于此。"这里"葡人初到澳门",应是明嘉靖三十二年(1533)。澳门为英文"Macao",《澳门纪略》译为"马交",意为中国的阿妈神名村,为世界上唯一以妈祖命名的国际城市。

　　历史上澳门岛上居民多信妈祖,在船上或家中供奉妈祖神像。重要节日、妈祖诞辰或大年正月初四,都要举行妈祖巡游活动和开航仪式,表现具有地方特色的神功戏,成为有特色的地方妈祖信俗活动。澳门除了城市以妈祖命名外,世界上最早拍摄到的妈祖照片也属澳门(19世纪中叶,由S. C. Yen所拍《广州与香港和澳门景观》中有"妈祖阁庙山门"和"妈祖阁庙前广场")。明清时期妈祖信俗的海外传播,除朝廷弘扬(如郑和下西洋)外,民间主要由上述琉球、台湾、香港、澳门城市和浙东、闽东、粤东航海商人和渔民传播出去的,在世界(特别是东南亚地区)华人圈中产生很大的影响。

---

　　①　见清印光任、张汝霖《澳门纪略》,第9页。

　　②　[意]利玛窦、[比]金尼阁著:《利玛窦中国札记》,何高济、王遵仲、李申译,广西师范大学出版社2001年版,第98页。

第五章　妈祖信俗在浙东的发展与传播

妈祖信俗自两宋间传入宁波,主要由于同源于越文化的城市地域文化精神相通和闽浙地理位置的近邻优势。原始妈祖信俗最初由闽越海捕捞渔民在浙东渔场中传播,自宋徽宗赐妈祖为"顺济夫人"匾额后,开始在沿海商人群体中传播。南宋绍熙二年(1191)在宁波城内出现由福建舶商所建的"天妃宫"。以后妈祖信俗在宁波的发展主要形式有:一是纳入以"海上丝绸之路"航运业的早期船帮("宁波帮"商人前身)文化,成为海洋运输和内河漕运的保护神;二是以"天妃宫"(清为天后宫)为主体的民间祭祀活动;三是浙东沿海渔民中的妈祖信俗传播与习俗形成。

第一节　妈祖信俗在宁波的文献记录与渊源

笔者在这一章的写作中,请教了地方文献考证专家俞信芳先生。俞先生认为:现在宁波古代文献中,记载妈祖信俗传播与发展的资料不少,有些与妈祖文化研究学者的说法有一定的出入。归纳起来主要有四大块。

一、关于宋徽宗赖封妈祖"顺济"庙额的文献记录

现在妈祖信俗的研究者,多提出"路允迪驾神舟出使高丽"航运中,舟船"八而覆其七",有湄洲神女妈祖神佑脱离海难,宋徽宗准奏赐"顺济夫人"匾。此事主要根据廖鹏飞《圣墩祖庙重建顺济庙记》记载,实为有误。

在古明州港启碇宋神州号"路允迪出使高丽",记载最为详尽的当推与路允迪一起"以奉议郎为国信使提辖人船礼物官"徐兢撰写的《宣和奉使高丽图经》(以下简称《图经》)中,但并没有提到这回事。

《图经》卷三十四《黄水洋》中曰:"黄水洋,即沙尾也。其水浑浊且浅。舟人云:其沙自西南而来,横于洋中千余里。即黄河入海之处,舟行至此则以鸡黍祀沙。盖前后行舟过沙,多有被害者。故祭其溺水之魂云。自中国适句骊,唯明州道则经此。若自登州版桥以济,则可以避之。比使者回程至此,第一舟几遇浅。第二舟,午后三舵并折。赖宗社威灵,得以生还。故舟入海以过沙尾为难,当数用铅硾时其深浅,不可不谨也。"《图经》卷三十九《礼成港》有两处记"析舵"事故,曰:"至黄水洋中,三舵并折,而臣适在其中。与同舟之人断发哀恳,祥光示现,然福州演屿神亦前期显异。故是日舟虽危,犹能易他舵。既易复倾摇如故,又五昼夜方达明州定海。二十一日辛丑过沙尾,午间第二舟三副舵折,夜漏下四刻正舵亦折。而使舟与他舟皆遇险不一。二十三日壬寅望见中华秀州山。"其间没有提到"八而覆其七"之海难事故。而是说:"自祖宗以来,累遣使命,未尝有飘溺不还者,惟恃国威灵,伏忠信,可以必其无虞耳。今叙此以为后来者之劝。"所谓"八船",《图经》卷三十四《神舟》、《客舟》有过叙述,宣和之神舟较之元丰年间安焘出使之神舟:"大其制而增其名:一曰:鼎新利涉怀远康济神舟。二曰:循流安逸通济神舟。"即形制加大,称谓增加。另外六艘船,《客舟》曰:"旧例,每因朝廷遣使,先期委福建、两浙监司顾募客舟。复令明州装饰,略如神舟具体而微,其长十余丈,深三丈,阔二丈五尺,可载二千斛粟。""每舟篙师水手可六十人",属于大船类型。又曰:"神舟之长阔、高大,什物器用人数,皆三倍于客舟也。"

《图经》卷三十四《招宝山》一节中又说:"五月二十四日丙子(1123年6月19日)八舟鸣金鼓,张旗帜,以次解发。"当第二艘船三副舵被析,徐兢曰:"臣适在其中。"则徐兢所乘坐的是在第二艘船上,即"循流安逸通济神舟"。此船虽然析过三副舵,一主舵。经过换舵以后,船、人员还是"赖宗社威灵,得以生还"。第一舟当为路允迪等所乘,则所谓"八而覆其七"之说,就失去了依据。而且,这一重大事故,既不见于《图经》,也不见于《宋史》记载。朝鲜人郑麟趾的《高丽史》卷十五《世家·仁宗》等文有记载路允迪、傅墨卿出使高丽之事,但也没有记叙、追叙"八而覆其七"之海难事故。所以《廖记》所云,后又被广泛引用。"八而覆其七"之真实性,有待于新材料之证实。

关于祈求神物护佑,《图经》也有记载,但祈求对象不是妈祖。《招宝山》曰:"十六日戊辰(6月11日)神舟发明州,十九日辛未(6月14日)达定海(今镇海,下同)县。先期遣中使(宦官)武功大夫容彭年建道场于总持院七昼夜。仍降御香宣祝于显仁助顺渊圣广德王祠。神物出现,状如蜥蜴,实东海龙君也。"总持院,《宝庆四明志》卷十九《定海县志·甲乙律院》十三曰:"总持院,县东北一里。唐乾宁三年置,名'护境'。皇朝大中祥符元年改今额。"广德王祠,同卷曰:"东海助顺孚圣广德威济王庙,在县东北五里。皇朝元丰元年左谏议大夫安焘,起居舍人陈睦,奉使高丽还,十一月请建庙。勅封渊圣广德王。崇宁二年赐额崇圣宫,大观四年加封'助顺'二字,仍建风雨二神殿于左右。宣和五年又加'显灵'二字。封风神曰:'宁顺侯'。雨神曰:'宁济侯'。"当三副舵被折时,徐兢记载曰:"与同舟之人断发哀恳,祥光示现,然福州演屿神亦前期显异。"则徐兢感知的是福州演屿神显灵。福州演屿神,宋代人梁克家撰《淳熙三山志》卷八有记载,曰:"昭利庙,东渎越王山之麓。故唐福建观察使陈岩之长子,乾符中(约876)黄巢陷闽,公睹唐衰微,愤己力弱,莫能兴复,慨然谓人曰:'吾生不鼎食以济朝廷之急;死当庙食以慰生人之望。'既没,果获祀连江演屿。本朝宣和二年始降于州,民遂置祠今所。五年,路允迪使三韩,涉海遇风,祷而获济,归以闻。诏赐庙额昭利。"昭利庙,四明也有,《宝庆四明志》卷十九《定海县志·神庙》曰:"昭利庙,县东北五里。宣和五年侍郎路允迪、给事傅墨卿出使高丽,涉海有祷,由是建庙。毁于兵,绍兴五年重建。"

当然,"妈祖显圣"于路允迪船队。非空穴来风,否则宋徽宗又何以在路允迪回国一个月内赐庙额"顺济"呢?可能是如《廖记》所载:路允迪"因诘于众,时同事者保义郎李振,素奉圣墩之神,具道其详。还奏诸朝,诏以'顺济'为庙额"。当时同在第一条船上之李振,"素奉圣墩之神",感知、告诉的是"妈祖显圣",因奏于朝。《四如集·圣墩顺济祖庙新建蕃厘殿记》也有记载,曰:"赐'顺济'始于何时,妃护夕郎路公允迪使高丽舟,国使李公振请于朝也。"是"李振请于朝"的,当然朝廷闻奏、赐额也包括演屿神"显异",否则"赐庙额昭利"和定海县之建庙就失去依据。

再则由于楼钥的《兴化军莆田县顺济庙灵惠昭应崇福善利夫人封灵惠妃制诰》中也讲道:"护鸡林之使。"鸡林,古新罗国名,又往往用作高丽的同义词。从祈求、感知的对象不一来看,此时之妈祖犹未获得独步海上之地位。从《廖记》借钦赐庙额之机添上"八而覆其七",并"有女神登樯竿为旋舞状,俄获安济"渲染之后,"圣墩之神"就名扬四海。《廖记》之功,可谓大也。莆田黄公度《知稼翁集》卷上《题顺济庙》诗曰"枯木肇灵沧东海,参差宫殿崒晴空。平生不厌混巫媪,已死犹能效国功。万户牲醪无水旱,四时歌舞走儿童。传闻利泽至今在,千里桅樯一信风",也记叙了这一史实。

二、关于楼钥在南宋绍熙三年(1192),代皇帝起草的《兴化军莆田县顺济庙灵惠昭应崇福善利夫人封灵惠妃》的文献记载

据俞先生考证,宁波另一次与妈祖结缘,是因为庆元府(今宁波)有一支代皇帝、政府起草制诰的如椽大笔,号称南宋三支大笔之一——楼钥。这次结缘较之前一次尤为重要,彻底改变和决定了妈祖之身份、地位。

妈祖自从徽宗宣和五年(1123)八月,传称因路允迪出使高丽遇海难显圣,致使坐船得以幸免。宋徽宗给莆田县神女祠赐额"顺济"(据《宋会要辑稿·莆田县神女祠》)。以后因妈祖"救灾"、"辑匪"中显灵,朝廷就不断给以封赐。高宗绍兴二十六年(1156)十月,因为郊祭大典,封为灵惠夫人。绍兴三十年(1160)十二月,又因海寇骚扰,妈祖显灵,刮大风卷走海寇。州府向朝廷奏明此事,加封"昭应"。按照宋代的礼制,《宋史·礼志》曰:"妇人之神,封夫人,再封妃。其封号者,初二字。再加,四字。如此则锡命驭神,恩礼有序。"也就是说:第一次封赐用两个字,即"灵惠夫人"以后加封,在两个字的基础上再加两个字,就是"灵惠昭应夫人"。以后再封,每次递加两个字,这样才"恩礼有序"。孝宗乾道二年,福建时疫流行,在白湖的妈祖祠旁,掘开土坎,就有甘泉涌出。用涌出的甘泉治时疫,就"朝饮夕愈"。因此奏闻朝廷,乾道三年(1167年)正月加封为"灵惠昭应崇福夫人"。淳熙十一年(1184),福兴都巡检使姜特立追捕温州、台州海寇,祈求妈祖保佑,全部擒获,于是就晋封为"灵惠昭应崇福善利夫人"。

这些封赐依然在"夫人"范围内,而且封赐为"夫人"的文件,没有一份传承下来。至楼钥起草的一份制诰,妈祖的身份才得到根本性的改变,即从"夫人"蜕化为"妃"的阶段。十分有幸的是楼钥起草的制诰文件,因《攻媿集》的传世而保存了下来。史载:"淳熙甲辰(1184),民灾,葛侯郛祷之;丁未(1187)旱,朱侯端学祷之;庚戌(1190)夏旱,赵侯彦励祷之。随祷随应,累其状闻于两朝,易爵以妃,号灵惠(丁伯桂《咸淳临安志》卷七十三《顺济圣妃庙》)。"在"绍熙三年(1192)改封灵惠妃"。"灵惠"是第一次封夫人时的封号。这份制诰,就是楼钥起草的《兴化军莆田县顺济庙灵惠昭应崇福善利夫人封灵惠妃》，制诰曰："敕。明神之祠，率加以爵；妇人之爵，莫及于妃。倘非灵响之著闻；岂得恩荣之特异？具某神，壸彝素饬；庙食愈彰。居白湖而镇鲸海之滨；服朱衣而护鸡林之使。舟车所至；香火日严。告赐便蕃，既极小君之宠；祷祈昭答，遂超侯国之封。仍灵惠之旧称；示褒崇之新渥。其祗朕命，益利吾民。"

意思是说："神女之封爵，没有达到'妃'的品位。这次夫人之晋妃，是特例。并说'妃'之封赐，超过了'侯国之封'，即大于诸侯之地位。"制诰文对妈祖的形象，又添上一笔重彩，曰："服朱衣。"据下文"而护鸡林之使"，则在当时反映到朝廷的是：出使高丽遇风灾，看到妈祖显圣，服的是"朱衣"，出入于碧海蓝天之间，形象显明，色彩艳丽。

三、关于在宁波首建妈祖庙宇和信俗传播的记载

妈祖文化自其诞生之日起，就有显明的专职特色，与水运、航海事业发生紧密的联系。因此，凡是水运、航海事业发达的城市、港口，妈祖文化就显得繁荣、丰富。庆元府（即明州，今宁波）自古就是中国的重要港口城市，很快成为妈祖文化传播地之一。庆元府最早与妈祖结缘的是：在绍熙二年（1191），船长沈法询驾船南海遭遇风灾，妈祖显灵消灾，沈法询就去兴化分灵，迎回鄞县，舍居宅建造了一座妈祖庙。元程端学《积斋集·灵济庙事迹记》曰："神之庙，始莆，遍闽。浙鄞之有庙，自宋绍熙二年，来远亭北。舶舟长沈法询往海南遇风，神降于舟，以济。遂诣兴化，分炉香以归。见红光、异香满室，乃舍宅为庙址，益以官地，捐资募众，创殿庭像设。有司因俾沈氏世掌之。"

《元史》卷十《世祖本纪》曰：元世祖至元十五年八月"辛未（1278年9月9日）制封泉州神女号护国明著灵惠协正善庆显济天妃"。这就是妈祖庙后来被称之为天妃宫之原因。30余年之后，鄞县天妃宫有所扩建，《灵济庙事迹记》曰："皇庆元年（1312）海运千户范忠暨、漕户倪天泽等，复建后殿廊庑、斋宿所，造祭器。"次年，即皇庆二年（1313），鄞县天妃宫进行重建。第二年，又获得元仁宗钦赐制书。袁桷《延祐四明志·在城神庙》曰：天妃庙在县甬东隅，皇庆二年（1313）重建。延祐元年（1314）十月内钦奉制书："爱人利物，仁克著于重溟；崇德报功，礼宜增于异政。肆颁纶命；用举彝仪。护国庇民广济明著天妃林氏，圣性明通，道心善利。当宏往纳来之际，有转祸为福之方。祥飙送帆，曾闻瞬息，危樯出火，屡阐神光，有感必通，无远弗

届。顾东南之漕引，实左右其凭依，不有褒恩，曷彰灵迹。于戏，爵以驭贵，惟新懿号之加。海不扬波，尚冀太平之助。可加封护国庇民广济明著天妃，主者施行。"在泰定元年，天妃宫又进行过一次修缮，袁桷《清容居士集·金事范君墓志铭》曰：有范子诚者，逝世于泰定二年闰（正）月。他活着时声讨"邪教"，捣毁了湖州的淫祠360座，而对明州妈祖祠庙，则爱护有加，曰："泰定元年（1324）擢佥江南浙西道肃政廉访司事，其簿兰溪，尝摄尉事。湖州，多淫祠，毁三百六十以治官舍。分漕四明，首拓厅事，严竦治具。新天妃宫，以肃祠使。"

天历二年九月壬申（1329年10月11日）曾进行过一次中央派员实施的祭祀天妃活动，《鄞县志》卷十二《庙坛》附《祭庆元天妃庙文》曰："浙水东郡，襟江带海。漕运远涉，万里波涛。神妃降鉴，丕著宏功。息偃狂飚，迅扫妖氛。转运咸利，国储充盈。永颂明德，百世扬休。"

至元五年（1339）夏六月，鄞县妈祖庙又次进行重修。程端礼《畏斋集·重修灵慈庙记》曰："至正元年冬十月庚申（1341年10月25日），重修灵慈庙成……故岁时天子遣使致祭，礼秩与岳镇海渎等。屡加封号，宠赐庙额。庙宇损坏，官为修茸。凡神之所以护国与国之所以报神，可谓至矣。惟是庙在鄞之东角者，岁久弗茸。门堂室寝木朽瓦摧，像设漫漶，甚非所以揭虔妥灵也。庆元、绍兴海运千户所朱侯，奉直莅事。谒庙顾瞻咨嗟，念官无储钱，首捐俸为倡。同僚暨市舶官吏欣助，漕户协力，鸠工市材，剔蠹易坚，瓦石丹艧，内外一新。侯日程督，无敢苟且。虽修实建。"这次重修，对原庙殿进行扩大改建。其中"虽修实建"道出了这次修缮之规模。至正十八年"五月二十二日（1358年6月28日），朝廷出诏书布告天下，以江南三省之久劳于兵也，遣使者（朵郎中使等）六人，往谕德意"。"诣四明奉御香于天妃祠"（程端礼撰《畏斋集》卷四《送朵郎中使还序》）。所谓"奉御香"，则是代表皇帝进香的，足见庆元天妃宫在元代之见重。

以上举鄞县妈祖庙为例，可以看到宋元以来庆元府（时宁波改称庆元府）供奉之大概。据《鄞县通志·舆地志·庙社》记载曰："天后宫，深仁镇东渡路。祀护国庇民广济明著天妃。宋绍熙二年建，元皇庆二年重建。程端学有记。至正末毁，明洪武三年（1370）中山侯汤和重建，指挥张理继成之。天顺五年（1461）知府陆阜命主奉沈祐重修，并建寝殿。此庙后改天妃宫，自清乾隆二年（1737），朝廷加封妈祖为：护国庇民妙灵昭应弘仁普济福祐群生天后（据《钦定大清会典则例》卷八十四），又改称为天后宫。咸丰元年(1851)正殿毁,七年(1857)又次重建。清康熙五十九年(1720)奉旨:春秋致祭,编入《祀典》。"鄞县深仁镇东渡路之天妃宫,于1949年被炸弹炸毁。

另外,历史上的妈祖庙在甬东又有三处分祠,董沛《正谊堂文集·甬东天后宫碑铭》曰:"一为闽人所建,一为南洋商舶所建,基址俱狭。惟此宫为北洋商舶所建,规模宏敞,视东门旧庙有其过之。经始道光三十年(1850)之春,落成于咸丰三年(1853)之冬,费钱十万有奇。户捐者什一,船捐者什九,众力朋举,焕焉作新,牲牢楮帛,崩角恐后,盖非独吾郡然也。"此宫就是今天的庆安会馆,是我国现存"七大会馆"之一,浙江省规模最大的一座。其左安澜会馆,原为南号商会所建。迁移今址,结构略有改易。

四、对妈祖信俗持否定的宁波学者黄宗羲和全祖望

关于妈祖信俗,也有宁波学者执否定态度,尤以甬上证院黄宗羲、全祖望为最。但从《黄宗羲全集》第十二册《黄宗羲全集原著人名索引》看,并没有提到。是不是其实施"子不语怪力乱神"之传统,而不在正著中汇入? 从黄宗羲所编《明文海》入选文章考察,涉及妈祖的文章有三篇,卷一一六朱浙《天妃辩》、卷二五六唐肃《上虞孝女朱娥诗序》及卷三六八的王慎中《修天妃宫记》。前一篇并不见于朱浙文集《天马山房遗稿》卷六之佚文。此文章为彻底否定妈祖之灵异功能,认为世间凡人不具备特异功能。所谓灵异鬼怪,系人为需要任意杜撰。第二篇涉及妈祖,也是否定的,否定内容如上。第三篇中,文章内容是中性的。但从选文内容看,是否定的多,肯定的少。甬上另一大儒全祖望,撰有一篇《天妃庙说》,对妈祖持否定态度,认为是闽南疍民,传统多神怪之说,在海难自然灾害面前凭空想象。这两位学者对灵异之说的看法,也可从《黄宗羲全集·阿育王寺舍利记》和《鲒埼亭集外编·志阿育王寺舍利始末》对阿育王舍利子之灵异持否定态度,而认定对妈祖灵异之说的否定。他们代表妈祖信俗发展史中,研究学者的另一种声音和思想。

第二节　元代漕运船帮文化促使妈祖信俗北上

史载妈祖生而神异,能预言人间祸福,尤其熟悉水性,拯救海难,还能预测天气,指导航海,为海边百姓所崇拜。史料记载"邑人祠之,水旱疠疾,

舟行危急,有祷则应"。天妃神庙由莆田逐渐扩及福建地区,随着闽地商人的足迹和船只传到了其他地方乃至世界各地,以至于妈祖信仰和妈祖庙宇成为沿海地区的重要标志性建筑景观。宁波东临大海,自古有鱼盐之利,唐宋以来,以其天然的地理优势和经济优势成为我国"海上丝绸之路"的重要港口。各地商人依托宁波港的优越地理环境,开设商号,打造船只,经营货物,繁荣了海上贸易,促进了妈祖文化的发展和传播。据《宝庆四明志》记载:是郡昔有古"鄞县,乃取贸易之义……南通闽广,东接倭人,北距高丽,商舶往来,物货丰溢,出定海有蛟门虎蹲天设之险,实一要会也"。于是闽甬商人贸易,渔民作业交往,致使妈祖信俗迅速在宁波兴起。

北宋妈祖信俗传入宁波,与当地发达的造船业相关。诚如上文所提:北宋宣和五年(1123),给事中路允迪等从明州港(今宁波镇海)奉使高丽,途遇"海难"求祷于妈祖,得以济使顺归。所率船队便由宁波官方船厂制造。据地方志史料记载:"顺济"即为元丰元年(1078),宁波招宝山船场建造的一艘万斛大船的船名。两宋间随着明州港与东南亚、西亚各国与地区的通商贸易和文化交流,地方造船业与航海业迅速发展起来。宋时朝廷两次出使高丽,均诏明州府打造的"万斛"神舟,技术工艺为当时世界领先。1979年4月在城东海运码头清理中发现宋海船一艘,引起了考古、造船、航海等专家学者的特别关注。该船有许多优点,特别其创制的减缓船舶左右摇摆的龙骨,为世界上最早的先进装置,比国外领先7个世纪,已载入我国造船史册。出土的宋海船尖头、尖底、方尾,是中国传统名船——浙船的代表。《宋史·高丽传》中关于宋神宗元丰元年(1078)遣安焘等出使高丽国事,"造两舰于明州,一曰凌虚安济致远;次曰灵飞顺济,皆名为神舟。自定海绝洋而东。既至,国人欢呼出迎"。后宋徽宗宣和四年(1122),朝廷遣路允迪及傅墨卿出使高丽时又诏明州造两艘神舟六艘客舟,皆造于明州招宝山下的官办船厂。《四明谈助》中记载了此事。宋代舟船制作形式多样,装修设施丰富多彩。史载南宋高宗赵构,为金兵追杀逃至明州,"集得千舟,得以出海",说明当时明州港已舟船云集,千帆逐波。所制帝皇、官员乘坐的楼船、客舟都相当考究。在南宋时期,明州港在北宋官方造船业发展的基础上,民间的造船业也获得进一步的发展。仅以明州府下昌国县,年生产舟船为3328艘。

宁波造船业的发展与兴起,有其历史上"甬人以海谋食"的因素,但主要是秦汉(特别自京杭运河开掘)以来漕粮运输,和对外商贸"海上丝路"发展的需要。在唐代往来日本、高丽及东南亚的张友信商团,就驾宁波制造的"唐船"称霸在海上。历两宋后,"海丝之路"转入后期,对外商贸的官船需要量见减,随即而兴起的是:历时元、明、清三朝的宁波"船帮漕运文化",为妈祖信俗在浙东发展传播发挥了很大作用。中国古代的漕粮海运以元朝为最盛,制度也最完备。漕粮海运虽非始于元代,如明礼部右侍郎丘浚所言:"秦以欲攻匈奴之故,致负之粟,输北河之仓,盖由海道致入河也。"[①]但当时效果并不明显。中国历史上向有"南粮北上"朝廷征税赋之制,自隋朝开通南北运河,多为"河运"。唐代也只在战争年代,河道阻塞,才转"渡海军粮皆贮此"。[②]

元统一全国后,每年需从江南运送大批粮食至大都,最先也是河运。但运河因战乱年久失修,中滦到淇门一段需转旱路,劳民伤财致使漕运不畅。至元十三年(1276)伯颜攻下临安(今杭州),取南宋库藏图籍,因两淮地区尚有宋军把守,特招海盗头目朱清、张瑄等人,从崇明(今上海)由海路运抵京师。考虑到河运漕粮"劳费不赀,卒无成效"(见《元史》卷九三《食货志一·海运》)至元十九年,伯颜造平底海船60艘,从海道运粮46000石到直沽(今天津)。以后元代海运数量逐年增长,最多一次为文宗天历二年(1329),自江南数省运送京都漕粮达352万余石。拉开至清末长达700余年的海运漕粮的序幕。元代朝廷海运科分处南北两大系统承办,南方为"承运"系统,在"鱼米之乡"的浙江分设温州路、台州路、庆元路(今宁波)、绍兴路、杭州路和嘉兴路。六处转运以庆元港口集江南邻省数路储运为最。元代海运开辟是中国海运史上的大事,促使"南粮北调"的国内商埠繁荣的海上运输业的发展。

元代宁波属庆元府,庆元港的地位变得更为重要。此时"海上丝绸之路"尚趋余韵,元代对海外商贸基本继承两宋的传统,开拓了东南亚与非洲乃至欧洲的航线。当时欧洲已开始强盛起来,来中国做生意的西洋商人很多。马可·波罗两次到宁波,赞叹宁波是个"具有魔鬼般美丽的东方鹿特丹港口"。由于元代对外采取宽容的贸易政策,大宗海上贸易逐渐由官方转向民间。元代在对外贸易港中,以泉州、广州、庆元三处最为重要。而浙东的庆元港又是我国对东洋(日本和高丽)贸易的主要港口,同时又是开展

---

① 丘浚:《大学衍义补》卷三《制国用·漕挽之宜上》。
② 《册府元龟》卷四九八《漕运》。

西洋贸易集散之地,大宗西洋贸易的船舶由此进出,元人曾有诗叹道:"是邦控岛夷,走集聚商舸,珠香杂犀象,税入何其多。"①此时的庆元港除海外贸易之外,也是北洋漕运的重要港口,是物资北上的出发港。大大小小的海运船队,自发性地组织南北两地船帮,发展为中国历史上特有的"船帮文化"。特别是从至元十九年(1282)元世祖忽必烈命上海总管罗壁、朱清、张瑄诸人设崇明粮道,由海道运至京师,逐渐取代河漕并且"终元世海运不废"。京师内外官府、大小吏士、黎民百姓都仰赖于北洋漕运用粮。据《元史·食货志》载"当舟行风信有时,自浙西至京师,不过旬日而已"。可见当时庆元港在海上航运与漕运中的便利条件和突出的地位。

正是由于庆元港在海外贸易和国内漕运中重要的交通位置,使妈祖信俗在元代特别受到重视,天妃的地位也发生一个标志性的飞跃。元代宁波各种有关天妃庙的文献都表明这一点。《元天历二年九月壬申祭庆元天妃庙文》云:"浙水东郡,襟江带海。漕道远涉,万里波涛。神妃降鉴丕著宏功。息偃狂飔,迅扫妖氛。永颂明德,百世扬休。"这里专门点明漕道,说明元代宁波的妈祖信俗由漕工传播,建妈祖庙宇与祭典妈祖与漕运船帮文化结合在一起。至正十八年"五月二十二日(1358年6月28日),朝廷出诏书布告天下,以江南三省之久劳于兵也,遣使者(朵郎中使等)六人,往谕德意"。"诣四明奉御香于天妃祠"(程端礼撰《畏斋集》卷四《送朵郎中使还序》)。所谓"奉御香",则是代表皇帝进香的。足见庆元天妃宫在元代之见重。此其渊源于中央政府对漕运之依赖,及庆元港口之重要。盖庆元输京之漕粮"岁石不下十万"(《至正四明续志》卷九中引况达《丰惠庙记》曰:"皇元混一,首通漕运。衣食京师,连樯飞挽。风帆旬月而达四明,岁石不下十万,湖田居四之一。"以全国输京漕粮三百万石计,则庆元弹丸之也,年输送漕粮占全国总量的三十分之一。可见海运之重要,港口之重要。所以元代政府为确保海运之平安有求于妈祖,对漕运官员、船工有增进自信心之作用。

《灵慈庙事迹记》(见程端礼《积斋集》卷四)中云:"若海之有护国庇民广济福惠明著天妃是已。我朝疆域极天所覆,地大人众,仰东南之粟以给京师,视汉唐宋为尤重,神谋睿算,肇创海运,较循贡赋古道,功相万也。然以数百斛委之惊涛骇浪,冥雾飓风,驭樯失利,舟人蹂守,危在瞬息。"程端礼在《畏斋集·重修灵慈庙记》也提道:"至正元年冬十月庚申(1341年10

---

①　《元音》卷九张翥:《送黄中玉之庆元市舶》。

月25日），重修灵慈庙成。庙史述鄞人之意，以事状来曰：'国朝岁漕米三百万石给京畿，千艘龙骧鲸波万里，飓风或作，视天若亩，号神求援。应捷枹鼓，灵光一烛，易危为安，舍我护国庇民广济福惠明著天妃其将谁赖？'故岁时天子遣使致祭，礼秩与岳镇海渎等。"不管是天妃庙的祭文还是碑文，都表明元代天妃信仰背后的人们的希冀。就像现今国人对待佛教态度一样，不是为今世超脱和来世的再生，而是脱不了对现世利益祈求。妈祖信俗也是在人们尚未有能力控制海洋，对海洋的变幻莫测产生恐惧的时代，寻求心理安慰和祈求平安的需要。

综观宋至清朝廷对妈祖的封诏，自元代始发生根本性的变化。宋时妈祖的封号不管是夫人还是妃，都不外乎"灵惠昭应崇福善利"、"助顺嘉应英烈灵惠显济嘉应善庆"等字眼，没上升到利国护民的地位。而元代不同，从元世祖至元年间的"护国明著天妃"到顺帝至正十四年"辅国护圣庇民广济福惠明著天妃"都有"护国利民"的赞誉。官方对妈祖从一般"崇福善利"的褒赞，到了"护国庇民"的褒扬，反映了妈祖信俗在元代发生质的变化，这种变化来自元代浙江漕运的特殊地位，首先肇始于宁波港。由于漕运由河运转为海运，上述所说浙江六路漕粮大都从宁波港启运至北方直沽。妈祖信仰来源于闽商，但上升到这个护国庇民的地位，则归功于元代宁波海上漕运的兴盛。宁波天妃宫在元代的修建历史，也颇值得玩味。据文献记载：元代皇庆元年海运千户范忠暨、漕户倪天泽等复建后殿廊庑斋宿所，造祭器。皇庆二年重建，元代延祐元年封护国庇民广济明著天妃。天历二年加封福惠，至今未毁。元代修建天妃宫的不是别人，一个是海运千户，一个是漕户，足以说明当时的妈祖信俗，主要集中于海运和漕运的商人群体。不同于宋代的是，妈祖信众这时增加了漕运商人。北洋漕运的兴盛与其产生的船帮漕运文化，催生和扩大了妈祖信众群体。我们可以想象六七百年前，那些靠此谋生的人们，于每次扬帆出海前在天妃宫里虔诚祈拜的身影。而这些身影里，特别惹人注目的，就是那些跑漕运的海商和漕工。这个群体出自利益的需求，大把花钱在宁波重修和新建妈祖庙宇，为当地妈祖文化的传播作出了贡献。

宁波的海运船帮文化，维持了很长时间。至明代朝廷实行"海禁"，宁波港才失去宋、元时代的繁荣局面。我国历史上轰轰烈烈的"海上丝路"，似乎在明立朝开国郑和七次下西洋的高潮后，被画上休止符。但朝廷仍在宁波设立"市舶司"（称提举司），指定宁波港成为钦定与日本"勘合贸易"的唯一港口。所谓"勘合贸易"，就是准许"藩邦"以朝贡的方式到大明国贸易，朝廷一直给予赏赐。但这种方式也因嘉靖年间"倭患"而废止，包括"市舶司"，在明王朝的 270 余年间被关闭 60 多年。后虽恢复，然景象已不如宋元时期宁波港海上贸易的繁荣。尽管如此，史载民间的"非法"贸易仍未终止，据嘉靖《东南平倭通录》云："当时浙人通藩，皆自宁波定海（现镇海）出洋。"集结在"走私贸易基地双屿，有中外商人万余人，停靠船舶千余艘"。"为倭夷贡寇必由之路"。又载：嘉靖二十四年（1545），有海商王直率："海舶一千余艘，到日本博多津招诱倭助、才门等，来双屿走私贸易，次年倭商更多……"据葡萄人品笃[1]《远游记》中云：他们在"六横岛（双屿）上建立馆舍上千座，设天主教堂二所，还有旅厅、医院等，岛上有长住居民 3000 人，其中葡萄牙人 1200 人，余为西洋和南洋各国商人、华人，还有黑人……"可想生意仍然兴隆。

明代宁波天妃宫的修建记载的有两次：一次是洪武三年，中山侯信国公汤和统帅四明，感谢天妃助阵之力，奏请祠庙重建，历朝护佐漕运，褒封二十四诏制。指挥张理继成之。另一次是天顺五年知府陆阜命主奉沈佑重修并建寝殿。重修的目的也与漕运相关。这时的漕运已以"河运"为主，海运较少。许多漕商仍在宁波经营，也有放弃本业依赖会馆发展其他产业，继续修运天后宫传播妈祖信俗，但规模远不如元代宏大。在明代实施"海禁"后，沿海百姓支持朝廷与戚继光抗击倭寇，当地地方志书内有妈祖庇佑官军"清海隅"和抗击"倭寇犯岸"的事迹和民间传说记载，参见第六章第六节流传在浙东沿海的妈祖传说故事之三"助戚继光抗倭"。

第三节　近代商务会馆对妈祖信俗传播的贡献

宁波商务会馆文化，在宋元时期已开始形成，中间曲折崎岖，经历历史风云变幻。至清道光末年、咸丰、同治三朝（即 1841 年至 1876 年）始才崛起大盛，但在当地仅维持短短 35 年繁荣局面。其间经历"五口通商"与太平军占领江南的"动乱"，至光绪初年，逐渐向上海、天津、武汉、香港与东南亚诸城市转移发展，孕育与形成"行走天下"、在世界商场上叱咤风云、波澜壮

---

① 品笃，今译作：平托。有［葡］平托著，金国平译：《远行记》本。

阔的宁波近代商帮。

清康熙三十四年（1695）后，朝廷的海禁开始松弛，闽台商人来往于宁波的渐多。宁波三江口附近的商务（帮）会馆也逐渐多了起来。据考古资料记载：康熙三十四年，奉前提宪蓝首创闽商在甬东买地，鸠工建设会馆，供奉天后圣母。后来化为焦土，康熙五十七年（1718）又重新修葺一新。此天后宫巍峨壮观，康熙五十九年地方官员奉旨对天后宫春秋致祭，编入祀典。宁波妈祖信俗在康熙一朝虽称不上大盛，可亦非寥落，比明代呈现新的生机。当时城内外大大小小的天后宫，（含所属县市）已达百座。鸦片战争前后，由于宁波商务会馆的兴起，城内妈祖信俗与天后宫的兴建，又掀起了一次大的高潮。1841 年第一次鸦片战争期间，宁波被英国侵略军占，被辟为"五口通商"口岸之一，由此宁波的航海商贸迅速得到发展，加上咸丰年间黄河北移之后，京都的漕粮又大部分改为海运，从咸丰三年（1853）起，浙江举办海运漕粮，上海的沙船出现了供不应求的情况。在这种情况下，宁波"北号船帮"招募 200 多艘船，往来于北洋直沽与宁波之间，在浙江的漕粮海运过程中发挥重要作用。加上此时宁波海上贸易的兴隆，市内三江口地段各地商船云集，港口市贸又重新繁荣起来，直接促进妈祖信俗的发展与传播。

清光绪《鄞县志》云：此时"鄞之商贾聚于甬江，嘉道以来云集辐辏，闽人最多，粤人吴人次之，旧称渔盐粮食码头及西国通商百货咸备，钱粮市直之高下呼吸与苏杭上海相通转运"。民国《鄞县通志·食货志》戊编《产销》又云："甬埠通商，要以清代咸、同年间为最盛。是时国际因初辟商埠，交通频繁，国内则太平军起，各省梗塞，惟甬埠岿然独存，与沪渎交通不绝，故邑之废著鬻财者，舟楫所至北达燕鲁，南抵闽粤，而迤西川。鄂皖赣诸省之物产，亦由甬埠集散。且仿元人成法，重兴海运，故南北号盛极一时，其所建之天后宫及会馆，辉煌煊赫为一邑建筑冠。"据笔者收集的资料研究，商务（或称商帮）会馆文化是中国早期的一种商业帮会组织，起源于宋元时期，由于明、清两朝实行海禁政策，未能得到长足的发展。迨至康熙二十二年（1683）清廷统一台湾之后，海禁渐弛，我国的私营海运贸易业又逐渐由恢复而进入发展，各通都大邑的商帮会馆也如雨后春笋般纷纷成立。近代在我国沿海、沿江及外国商埠的会馆，大多是与天后宫建筑合为一体：或在天后宫中附设会馆，或在会馆里特建一座天后殿。因而，会馆天后宫是清代妈祖信俗中独具一格的形制，与中国及所在外国的海运贸易的发展和沿海、沿江一批新兴商埠的开发,关系尤为密切。

　　截至清末,中国沿海沿江地区计有商务(帮)会馆共有561座,其中兼天后宫291座,分布在京、津、辽、鲁、沪、苏、浙、闽、粤、皖、川、渝、滇等19个省份的200多个大小商埠。创建最早的是江苏省吴县的福建会馆。据民国《吴县志》卷三十三《坛庙·祠宇》:"天后宫在胥江西岸夏桥南,明万历四十一年福建商人集资建(一名福建会馆)。"其余皆创建清康熙统一台湾、重开海禁之后。说明会馆天后宫的建制是由闽粤浙商帮带头兴建。目的是"崇乡祀而联梓谊"。从各省商帮所建会馆天后宫的数量看,当是福建最多,有227座;粤帮、江浙帮居其次,各约100座。这些会馆散布在世界各地,特别是东南亚地区。清末有妈祖塑像的"宫馆合一"的商帮会馆,马来西亚35座、新加坡9座、泰国11座、越南7座、印尼12座、日本7座、美国2座,合计有83座。

　　宁波商人向有建造商帮会馆的传统,其源头可以上溯至宋代。当时相当于行业间联络所用,如宁波药行街名,就是药商开办店铺汇聚之处。据《宝庆四明志》载:宋绍熙二年(1191),在明州的福建籍海运船商沈法询在江厦街建首座"天妃庙",信徒为宁波本籍海运业行会成员。宁波人外出经商,成立由宁波籍商人为主体的行业会馆,是明朝末年的事。在天启、崇祯年间,有宁波药材商人在北京落户,开拓市场,建立鄞县会馆。北京右安门内郭家井二号,是旅京经商的宁波同乡公益会所建四明会馆,在1929年所立碑记云:"鄞县会馆相传为明时吾郡同乡之操药业者集资建造。"[1]稍晚于鄞县会馆的还有坐落在北京前门外晓市大街的129号的浙慈会馆。会馆中的碑记亦云:"浙江慈溪县成衣行商人会馆,又名浙慈馆,约在清初成立,光绪十六年(1890)重修。"光绪年间在天津,有宁波著名商人严信孚、严蕉铭、五铭槐等发起,将北门里户部街浙江乡贤祠扩充为浙江会馆。此会馆虽命名为浙江同乡会馆,但成员多数为宁波商人,会务领导权掌握在宁波巨商手里。乾隆三十六年(1771),宁波商人在江苏常熟创设宁绍会馆。乾隆四十五年(1780),在向有"八达通衢,九江巨镇"的汉口建立浙宁公所。嘉庆二年(1797)在黄元圭、潘凤占、王秉刚的倡议下,捐资置地,在上海二十五保四图创设四明公所。嘉庆二十四年(1819)在关外、山东经营的宁波商人,捐资又在上海创建名为"天后行宫"浙宁会馆(以上分别见《明清苏州工

①　李华:《明清以来北京工商会馆碑刻选编》,文物出版社1980年版。

商业碑刻集》和天津、汉口、上海地方志）。

与此同时，宁波商人不但在国内拓展商贸活动，而且径直海外经商者，亦蔚然成风。《鄞县通志》称："至五口通商后，邑人足迹遍履全国、南洋、欧美各地，财富日增。"《慈溪县志》亦云，邑人"四出营生，商旅遍于天下"，"甚至东西南洋诸国也措资结队而往开设廛肆"。《定海县志》也说："国内北至蒙古，南至粤桂，西至巴蜀；国外日本、南洋，以及欧美，几无不有邑商足迹。"旧属宁波地区各县统称宁波，商人亦以宁波人为荣，出洋过海当以日本和南洋为主，被人称为"三把刀子闯天下"。这批人多为卖手艺的劳动者。他们含辛茹苦，依靠宁波人传统的美德、勤劳奋斗的双手，创造了不凡的业绩。其杰出代表人物，在日本有"关西财阀"之称的华侨巨商吴锦堂，"鱼翅大王"张尊三和20世纪三四十年代在南洋一带曾与陈嘉庚、胡文虎齐名的新加坡巨商胡嘉烈等。为了团结海外宁波商人，根据不同的情况，海外亦成立了会馆。这些会馆主要有宁波人为主体或参加的会馆。如在一衣带水的日本涵馆中华会馆，创建于1907年。日本横滨三江公所，建于1885年。日本长崎和衷堂三江公所，建于1878年。日本神户三江公所，建于19世纪末。日本大板三江公所，建于1887年。泰国江浙会馆，在曼谷，建于1923年。新加坡三江会馆，建于1906年。欧洲汉堡中华会馆1929年建立。证明由宁波商人为主体的近代商务（帮）会馆，此时已从国内拓展到世界。

此时在宁波市内由本地商户与福建商（漕）运业和南号海（漕）运业者各建立了一个会馆（天后宫），以后又建立了两个天后分庙：一个建于象山港北的大嵩卫所旁边；另一个建于宁波三江口，与南北海商公所相邻。南北海商公所是南号、北号海（漕）运业者共同参与的行会会馆。这期间福建商人又在江厦地区建立了新的会馆。① 清咸丰四年（1854），数千福建籍人移居宁波，他们大多从事海运业。其中泉（州）帮和厦（门）帮从事砂糖、谷物、木材、藤材、杂货、干果的交易，兴化帮从事生鲜、干龙眼交易。② 19世纪末在宁波市区的同乡会馆，著名的有福建商帮组织的闽商会馆、广东商帮组织的岭南会馆、山东连山商帮组织的连山会馆、徽州府商帮组织的新安会馆等。反映了在宁波港城经商的来自祖国的四面八方，他们为了维护各自商团的利益，组建了各种会馆。这说明宁波是会馆的发祥地。当然最

---

① 见民国《鄞县通志·舆地志》卯编《庙社》。
② 民国《鄞县通志·食货志》。

为出名的当推出宁波北号海（漕）运业商人创办的庆安会馆和南号舶商稍早建成的安澜会馆。

宁波商人长年经营、积累历史经验的商帮会馆文化，把清中后期重新兴起的地方妈祖信俗推向高潮。据民国《鄞县通志》记载：北洋舶商所建造的庆安会馆和天后宫，从清道光三十年春始建，到咸丰三年（1853）建成。由宁波所辖的鄞、镇、慈三邑九户"北号"船商，在董秉遇、冯云祥、苏庆和、费金纶等北号舶商共9家的发起下，共同捐资重修甬东天后宫和庆安会馆。"费钱十万有奇，户捐者什一，船捐者什九，众力朋举，焕焉作新，牲牢楮帛，崩角恐后"。又载："船捐户捐外，又集资一万六千九百千文，厥后岁有赢余，陆续置买房产三十一所……每年租息所入以供祀事，修理修缮等需有余，分存殷实钱庄，以备续增房产。"这座新建成的天后宫临江西向，前殿三，后殿三，前西为宫门，又西为大门，南北为翼楼，北之北为庖厨。宫之基前广六丈，后广十丈，左延三十二丈八尺，右延二十九丈。大殿供奉航海保护神妈祖，每逢农历三月二十三妈祖诞辰和九月初九妈祖升天日，大批舶商、渔民云集到这里，演戏敬神、祭祀妈祖，举行庄重的崇拜祭祀仪式和丰富多彩的海洋民俗表演，热闹非凡，仿佛赶庙会一样。晚清诗人李邺嗣写《鄞东竹枝词》第一首就写了这种盛况："江城幡鼓出迎春，太守簪花宫帽新。记得少年曾趁队，天妃宫外看芒神。"与此同时，建于清道光三年（1823）的由南号舶商投资捐款而建的安澜会馆，也在与庆安会馆的共同运作中，把宁波民间妈祖信俗活动推向高潮。

北洋商舶、南洋商舶在妈祖"呵护"之下，迅速发展。当运河被太平军切断，漕运转向海洋。北洋商舶李也亭等率先组织船队，克服种种困难，海运漕粮，解决清政府燃眉之急。当海盗横行，阻碍海运之时，又是北洋商舶率先购置现代机动海轮——宝顺轮，从庆安会馆码头开出以平息之。此举影响有"曾文正首购夷船，左文襄首开船厂，二十年来，缘海增多百余艘，皆宝顺为之倡也"之誉。至1875年，北洋商舶拥有海船300艘，运力67500吨；南洋商舶拥有230艘，运力57500吨。[①] 这在当时的条件之下，是了不起的成绩。

清代源于闽浙粤的商帮会馆文化，对促进地方经济文化繁荣发挥了很大

① 浙海关税务司裴式楷撰：《光绪元年海关贸易报告》，《近代浙江通商口岸经济社会概况》，第167页。

作用,发展和推进了以妈祖信俗为合理内涵的东方原始海洋文化的传播。

一、在当地举办各种形式的祭典活动,促进地方民族文化精神

如宁波北号舶商所建庆安会馆和南号舶商所建安澜会馆,都奉天后妈祖为保护神。不但在南北号所有船舶上,均有妈祖神龛供奉,而且在帆船装载足额扬帆出海时日,诸船都张挂红黄小旗,中桅升起"天上圣母"的白底红字大旗。锣鼓爆竹,响彻云霄,神龛供牲,香烛缭绕。船上众人顶礼叩拜,参拜者皆缄口默语,言行举止颇为谨慎,如吃饭时筷子不能搁在匙上,碗碟盆匙都不能侧置倾倒,帆船到达目的地,忌讳说船到(倒)了,改曰船进了。北上南归,都要在进港时向神龛拜祷。船上炉香一路点烧不尽。而且在春节、中秋和妈祖诞生日,都要举办各种祭典活动。这种类似民间庙会形式的活动,不但丰富了民间妈祖信俗的内容,而且弘扬了地方民族文化精神,强化了市民对民族"祖根文化"的承继与教育。

二、会馆商人群体在行商中,弘扬发展妈祖信俗文化

会馆商人信奉妈祖,建造宫庙传播妈祖文化,在各地碑记中均有明确记载。如由江浙、福建茶商所立的锦州天后宫《安澜海神天后碑》:"若天后之功德,浃沦宇宙,洋溢江淮,诚有无远不届,历世维新者焉,而在东海之商艘,西洋之贾舶,与凡贸迁水利间者,其蒙庥尤渥。是以会馆之兴,在所必有。"上海《泉漳会馆兴修碑记》:"会馆者,集邑人而立公所也。会馆而有庙,有庙而春秋祭祀,遵行典礼者。盖生逢国家升平之日,设关招商,遐迩毕至。吾邑人旅寄异地,而居市贸易,航海生涯,皆仰赖天后尊神显庇,俾使时时往来利益,舟顺而人安也。"无论是从事"居市贸易"或"航海生涯"的商人,都把他们在客地商埠兴建的会馆天后宫,当作"联商情而敦梓谊"和"法至良、意至美"的举措。妈祖信仰是他们共同的精神支柱,而会馆则是自我约束的管理机构。会馆天后宫在很大程度上,成为鼓舞他们团结一致协力奋斗、开拓经营和发展事业取得成功的精神力量,促进他们的信仰境界和海上商贸活动的开展。

三、促进各地港口商埠的开发,促进地方文化建设

会馆天后宫的数量和规模,在一定意义上成为一个港口商埠开发和地方民俗文化繁荣程度的标志。许多港口商埠的复兴史和开发史,往往与会

馆天后宫的修复联结在一起。宁波原是个古港,然在遭明末清初的"倭患"和海禁之后,港口和天后宫均已颓废,迨"清康熙二十三年后,海禁既弛,闽粤商贾辐辏其地,海中屡著灵异,捐资修建,金碧辉煌,为城东巨观"。上海港开发后,各地客商与大批宁波商人涌向其地,设立以妈祖信俗文化为主体的会馆,不但开发了上海港,而且活跃与开发了上海的民俗文化。以清康熙五十四年(1715)创建的第一座会馆——商船会馆为标志的山东烟台为例,"其始不过一渔寮而已。时商号仅二三十家,继而帆船渐多。逮道光之末,商号已千余家矣。维时帆船有广帮、潮帮、建帮、宁波帮、关里帮、锦帮之目……商号虽多,亦多在天后宫左右"[①]。可以说此天后宫的兴建,是烟台跨入近现代港口城市的见证。

四、会馆天后宫还有一个重要特色,就是在经营上按商业模式运作

当时的会馆是按运货或进货的数额抽取厘金,作为常年香灯经费,同时又用积累的厘金购置房地产,作为永久性的祭业(即庙产)。这些祭业由会馆选举董事会负责管理,并定期公布收支情况。同时还把产业的坐落、范围、面积等详细开列,刻碑永记,以防止被人侵占或吞没。如上海泉漳会馆自乾隆年间建馆至道光十一年(1831)累计购置房产18处,计240间;田园地产5处,计26.5亩。所有祭业经注册税契之后,受到法律保护。会馆的祭业收入除用于香灯开支外,还投资兴办各种公益和福利事业。宁波庆安会馆的管理井林有条,内设司账、文案、司书、庶务、办事员、勤工、厨司,各司其职,办有保安会消防组织、聘请校长、教师办有小学。

近代以妈祖信俗为中心的宁波商务(帮)会馆,成为舶(漕)商与船(漕)工行业聚会,商讨事务和娱乐的场所。这种喧闹与繁荣持续了30余年的时光,以后便慢慢地衰落了下去。究其原因,有研究者认为是太平天国军事上的原因,"陷宁波"致使市贸萧条。其实不然,因为太平军虽陷宁波,但对海运与海外贸易尚无多大影响,况太平军陷宁波时间不长,只在咸丰末年至同治二年,不到两年的时间,且"维持市贸",于商贾无损。真正的原因:一是"迄光绪间干戈既戢,内地交通恢复,而海外运输轮舶交织,南北号乃一落千丈"。[②] 二是出于地理环境造成的"资源不足"和宁波人天生"四海为

---

① 蒋维锬:《妈祖研究文集》之《福山县志·祠庙》,海风出版社2006年版,第114页。
② 《鄞县志》,中华书局1996年版。

家、行走天下"的行商意识与性格。特别是宁波的钱庄业主,逮住上海新港开发和"下南洋"的商贸发展契机,漂洋过海地去外埠"学生意",倒使自家"屋门口"的市贸逐年冷落下来。随着商业上的逐年萧条,南北号的那些巨商大贾再没有了祭神求福的热情,那些为船商跑腿的伙计也改投了其他的门径,市内天妃宫曾一度变得冷清。其财产甚至被北洋船舶各商号贪财小人觊觎变卖,以至于清光绪三十年鄞县知县周给发了一份庆安会馆的告示:"示仰各号人等知悉,尔等须知庆安会馆捐资集腋成裘,置买房产,租息以供祀事修理所买房产,不准变卖以垂永远,自示之。后倘敢故违许该董等指名禀县,以凭惩办,决不宽贷,务违切切特示。"不知这份告示是否真正起效用? 唯有后来庆安会馆和天后宫的建筑,默默地见证了半个多世纪的纷乱扰攘。

1997 年宁波市文化局组织修复庆安会馆,迁建安澜会馆,将两会馆辟为浙东海事民俗博物馆供人们参观游览。馆内设有妈祖信俗、海上丝路、船史文化、海事民俗文化等陈列展览,成为一家弘扬妈祖信俗文化的专题博物馆。

第四节 清代宁波妈祖祭祀神殿——庆安会馆

庆安会馆位于宁波市江东北路 156 号,地处奉化江、余姚江、甬江汇合的三江口东岸。又称"北号会馆",是甬埠行驶北洋的舶商航工聚会、娱乐以及航运行业日常办公、议事的重要场所,为我国"七大会馆"之一,又名"甬东天后宫",是当地祭祀妈祖的神殿,弘扬妈祖文化的重要载体,为我国"八大天后宫"之一,是浙江省现存规模最大的"宫馆合一"的商务会馆。它始建于清道光三十年(1850),占地面积约 5000 平方米,建筑规模宏大,气势雄伟,建筑构造独特,工艺精湛,集中反映了宁波传统的木结构建筑技术水平与特色。

庆安会馆是研究妈祖文化和我国海上商贸史的实物例证,同时又是宁波作为港口城市的历史见证和标志性建筑,具有较高的历史、科学、艺术价值。特别是它所蕴含的鲜明地域文化特色,国内罕见的"宫馆合一"、前后两戏台的建筑营制,匠心独运巧夺天工的砖雕、石雕和朱金木雕,堪称宁波地方工艺之杰作、我国会馆建筑的典范。此馆历经百年风雨破损严重,自

1997 年以来,在社会各界的重视关心下,由宁波市文化局接管组织修复和重建。根据会馆建筑原貌和天后宫体,以展示妈祖文化为主的功能定位,改建为我国首家浙东海事民俗博物馆。于 2001 年 6 月被国务院公布为全国重点文物保护单位。同年 12 月 8 日正式对外开放,成为宁波旅游业的又一亮丽景点,融入城市现代文明建设和展示"海上丝路"的重要组成部分,在构建宁波文化大市中展现出迷人的绰约风姿。

宁波是我国"海上丝路"的重要港口城市,自唐宋以来经济繁荣,商贾云集,各地商人依托港口优越的地理环境,开设商号、打造船只、经营货物,逐渐形成以经营南、北方贸易为主的南北号两大商行船帮。在繁荣海上贸易的同时,促进妈祖信俗的发展和传播。史载清道光三年(1823)南号舶商在当时航运码头林立的宁波三江口东岸建造会馆,取名"安澜",意在"仰赖神佑,安定波澜"。清道光三十年(1850),在董秉愚、冯云祥、苏庆和、费纶金、费纶锸、费辅沚、盛炳澄、童祥隆、顾璇、李国相等北号舶商的发起下,共捐资白银十万两,在安澜会馆南侧兴建了北号会馆,取名"安庆",寓"海不扬波庆兮安澜"之意,后改为"庆安"。其建筑规模、建筑体量、建造工艺均超过安澜会馆。据《鄞县通志》①记载:清咸丰、同治以来,宁波商埠重开,交通频繁,宁波南、北号舶商达到了鼎盛时期。"舟楫所至,北达燕、鲁、南抵闽、粤,而迤西川、鄂、皖、赣诸省之物产,亦由甬埠集散,且仿元人成法,重兴海运,故南、北号盛极一时。"为维护同行利益,南、北号遂联合成立"南北海商公所"。会馆内设航运行业董事会,负责处理日常事务、解决行业纠纷、谋求业务发展。同时又是祭祀神灵的庙宇,供奉航海保护神妈祖,每逢农历三月廿三妈祖诞辰和九月初九妈祖升天日,舶商、渔民聚集在会馆演戏敬神、祭祀妈祖,庄重的祭祀仪式、热闹的民间庙会和丰富多彩的民俗表演,蔚为甬上之大观。

一、"宫馆合一"的形制,成为宁波近代木结构建筑典范

(一)建筑形制颇有特色,为国内保存较好"宫馆合一"的商务会馆

该馆平面呈纵长方形,坐东朝西,中轴线上建筑依次有照壁、接使(水)亭、宫门、仪门、前戏台、正殿、后戏台、后殿,左右为厢房、耳旁及附属用房,

---

① 《鄞县通志·食货志》戊编《产销》,第 216 页。

占地面积为 5000 平方米（其中照壁、接使水亭已毁）。宫门为三开间、抬梁式、双卷棚、硬山顶、三马头封火山墙。抬梁下饰悬篮，卷棚鸳鸯式，梁、枋、雀替等均朱金木雕，磨砖内墙。正立面为砖墙门楼，门楣用十四幅人物故事砖雕和仿木砖雕斗拱进行装饰，勒脚石雕凸板花结，墙面精工磨砖；背立面敞开式，上部饰栏杆形成假二层楼式。仪门（二门），为五开间、穿斗式、重檐硬山顶、四马头封火山墙。前廊双卷棚。檐口蟠龙石柱六根，八字式石作墙头，明间门前安抱鼓石一对。进门为屏风八扇，屏后设戏台。梢间安装扶梯通戏台和看楼。

前戏台，为歇山顶，筒瓦覆面，翼角起翘。台内藻井为穹隆式结构。平身科斗拱每面设四攒，斗拱做法极为别致，突出装饰性。额枋每面饰花板五块，朱金木雕戏剧故事内容，额枋下饰朱金透雕"双龙戏珠"托枋。台板三围摺锘锦栏杆（吴王靠）。台后装有浮雕贴金屏风门八扇，屏边左右各一门，为演员"出将"、"入相"进出通道。左右两侧为前厢房（看楼），面阔四间，楼上安装摺锦栏杆，并设花窗，楼下敞开式，檐口用方形石柱，磨砖内墙。与正殿分隔的马头墙垛头部分，装饰砖雕人物、花草等图案。正殿为五开间、重檐硬山顶，明间抬梁式，次间、梢间穿斗式，前设双廊卷棚顶，五马头封火山墙。梁架结构为中间五架抬梁、前后双步梁，下檐饰鸳鸯式卷棚。明、次三间屋顶做成假歇山，四角翼然，高耸雄伟。次间与稍间之间用磨砖墙分隔。下檐斗拱正面出跳用二层云头昂装饰，檐柱为雕刻蟠龙、凤凰石柱，柱间用朱金木雕龙凤花草图案的挂落相连。两侧八字墙头，分别嵌有两块长方形的浅浮雕石刻，内容为"西湖十景"。

后戏台建筑形制与前戏台基本相同，前、后戏台交相辉映，珠联璧合。左右两侧为后厢房（看楼），面阔三间，建筑形制与前厢房（看楼）相同。后殿为五开间、重檐硬山顶，明间抬梁式，次间、梢间穿斗式，前后廊卷棚顶，四马头封火山墙。二楼前檐设走廊，镂空锦窗，楼下后廊设阔檐巡可通左右附属用房，后筑高耸围墙。后殿原为庆安会馆董事会日常管理用房，重要会议以及每年春秋同业聚会，多在楼上进行。

（二）巧夺天工的雕刻艺术，体现工匠地域文化精神审美情趣

从现代科学的角度审视，建筑除了满足人们生理人的实用需求外，还必须满足人们审美心理上的需求。庆安会馆建筑上的 1000 多件朱金木雕和 200 多件砖、石雕艺术品，正是起到了满足愉悦人们特定美感的要求，拓

展了建筑的意境,使建筑物置于令人空灵遐思的佳处。庆安会馆的这些建筑构件,采用宁波传统的雕刻工艺,历百余年寒暑仍不失奇妙光彩,充分体现了清代浙东地区雕刻艺术的至高水平,显示出宁波工匠非凡的聪明才智和超凡脱俗的雕刻技艺,不仅具有很高的观赏价值,而且也为研究我国雕刻艺术提供了实物例证。

1. 砖雕

砖雕,乃庆安会馆建筑中的主要装饰手法,百余件作品主要分布在门楼和内部高大的马头墙垛头之间,题材内容广泛,构图布局严谨,人物造型生动,雕刻技法精细,画面层次丰富。其中门楼门楣以上部分均由砖雕组成,最上一层为仿木斗拱,承托屋顶;中间一层正中嵌"双龙戏珠"直匾额,上书"天后宫"贴金砖刻大字,更显庄重威严、至高无上,左右两旁高浮雕人物花卉走兽;下一层为浅浮雕博古图案。建筑内部的砖雕,以民间传说中三星、和合、八仙、九老和戏剧故事为主要内容,配以各种动物、植物和几何图案,惟妙惟肖,令人目不暇接。

2. 石雕

石雕,集中反映在正殿一对蟠龙石柱和一对凤凰牡丹石柱,柱高 4 米多,采用了高浮雕和镂空相结合的雕刻技术,形态逼真,构思独特,配以精致的柱础,为国内罕见的石雕工艺精品。蟠龙石柱,盘龙须眉怒张,利爪奋攫,周身云雾翻滚,两只蝙蝠在云雾中上下飞舞;凤凰牡丹石柱,上截是凤,下截是凰,半露柱外,中间为盛开的牡丹。紧靠着凤凰石柱的墙面上各镶两块梅园石浅雕条屏,浮雕深度不到一厘米,将"西湖十景"图作了精雕细琢,与龙凤石柱形成了粗犷与细腻、展现动与静的韵律之美。会馆内还有台阶御路、须弥座台基、抱鼓石、柱础、内墙勒脚等石构件,或高浮雕历史故事,或浅雕蟠龙、耕织图案,或线刻花草动物,繁简精粗,各得其妙,天趣横生,美不胜收。

3. 朱金木雕

朱金木雕,作为浙东地区的传统工艺,大量使用在庆安会馆的木构件上,题材内容丰富,雕刻手法多样,雕刻技艺精湛,经过油漆、贴金、拨朱、上彩,更显得富丽堂皇、高贵典雅。梁、枋、撑拱、装板、围板等以民间故事、戏剧人物为主,如"云游仙境"、"教子升天"、"三英战吕布"等,采用高浮雕和镂空雕相结合的雕刻技法;雀替、挂落、戏台藻井、栏杆节子等以飞禽走兽、奇花异草等图案为主,如"凤报春花"、"龙凤呈祥"、"富贵牡丹"等,采用透雕技法；斗拱、戏台围板、窗栏板的云纹、荷叶纹、几何形图案采用浅浮雕技法，使木构件雕刻层次更加丰富，艺术效果臻于完美。

诸多雕刻使该馆建筑犹如组合得体的精美艺术品，加上建筑构件的丰富多彩、美轮美奂的精湛技艺，给人们带来独特的渗透原始东方海洋文化精神、难以穷尽的艺术享受。

（三）淋漓尽致的营造特点，中国传统的院落和空间围合手法的写意表现

庆安会馆建筑的平面设计，采用了中国传统的院落和空间围合手法，沿纵轴方向层层推进，同时增加了纵轴线上的建筑物，最前面设照壁、接使（水）亭，接着设门楼二进（宫门、仪门），使整个建筑群层次分明、淋漓尽致、深度有序地形成充满文化意蕴的多个空间。

在建筑立面上，逐步抬高的每幢建筑台基高度和地坪高度，富有变化的建筑物形体和空间，主次分明的屋顶形式，高耸参差的马头山墙，无不烘托出高大雄伟的正殿，显示出庆安会馆庄严、气派的建筑外观，使人们的观感在不断变化中渐入佳境。垂直的柱子，通过上部梁、卷棚的曲线对比，在建筑物中造就一种独特的感受。该馆构造别具特色，特别是正殿硬山式假歇山顶做法，在宁波现存古建筑中较为少见。斗拱做法突出装饰性，戏台平身科斗拱从坐斗上正面出挑头昂三层，左右再45度斜出云头昂二层，每攒斗拱之间用三道透雕花板连接，角科斗拱更为密集；戏台藻井由十六条昂拱层叠而成呈螺旋式盘索至宝镜揭顶的穹隆式结构，体现了宁波工匠高超的技艺。宫门做成假二层楼式，使房顶显得高大气派。厢房层敞开式成回廊，扩大了院落内的空间。整个建筑群用材硕大，制作精巧，集中反映宁波传统木结构建筑技术水准的日臻完美和个性特质。

该馆建筑的色调运用，可谓别出心裁。整个建筑群，以朱、金、灰三种颜色构成色彩基调，木构件敷以红色，大量的木雕部分用金箔贴面，磨砖墙面、石板地面、屋面呈灰色，充分体现了庙宇建筑肃穆、庄重与高贵的格调。会馆内的前、后双戏台建筑形制，为国内前所未闻，其分别为祭祀妈祖和行业聚会时敬神演戏之用，同时，后殿作为会馆日常办公、重要议事之处，体现了天后宫与行业会馆的双璧齐辉的功能。

二、修复重建后的庆安会馆，重现当年妈祖信俗传播场景

(一)妈祖祭祀场景展示

大殿是祭祀朝圣妈祖的殿堂。历代皇帝对妈祖多次册封，同时皇帝还颁诏天下行"春秋谕祭"，并编入国家祀典。本陈列通过大殿内祭祀妈祖的场景展示，以及大殿汇集的宁波地方工艺"三雕"（砖雕、石雕、朱金木雕）的精湛艺术，反映了妈祖从地域崇拜逐渐成为全国及世界范畴的航海女神，从中揭示出人们追求"真、善、美"信仰的真谛所在。

(二)《天后圣迹图》壁画

厢房两边 8 幅《天后圣迹图》壁画，形象地展示妈祖从出世到羽化升天及各个时期所作的海上救难，消灾治病、帮助朝廷运漕粮、破倭寇、收复台湾诸种善事，其间得到历代皇帝的册封，由"夫人"而"妃"，而"天妃"以至"天后"、"天后圣母"，由此揭示出妈祖文化产生的历史根源。左厢房 4 幅：(1)林默出世；(2)羽化升天；(3)佑保漕运；(4)除疫救瘟。右厢房 4 幅：(1)钱塘加封；(2)龙柱显圣；(3)助战破倭；(4)诏封天后。

(三)《明州与妈祖》半景连环画场景(4 幅)

半景连环画系目前国内新兴的一种展示形式，该半景画艺术地表达了北宋宣和五年(1123)，给事中路允迪等乘定海(今镇海)打造的神舟，从明州(宁波)奉使高丽，途中突遇狂风巨浪，船翻人溺，在这危急时刻路允迪等求祷于妈祖后得以济使顺归。回国后宋徽宗闻此事大悦，钦赐"顺济"庙额。从此妈祖信仰得到朝廷的认可，并且借助明州(宁波)传播到全国各地，妈祖则成为中华民族的航海保护神。

(四)《妈祖与中国红》陈列场景

本陈列大胆采用高分子硅胶造像，通过妈祖少女(闺房)、成年(书房)和化神(寝宫)三个不同历史妈祖一生中最具个性的形象，并与具有鲜明浙东地区民俗文化特色的为境内外学者誉称"十里红妆"的朱金木雕为代表的红妆家具融为一体，从中提炼出红衣女神——妈祖与"中国红"这一鲜明的个性化主题，向人们展示人文化的、富有江南妈祖独具风范的航海保护

神形象，体现妈祖文化再度向地域化演进的历程。该陈列设 5 个展示厅：(1)闺房；(2)绣房；(3)书房；(4)琴房；(5)妈祖寝宫。并在左右厢房配置大型壁画。

(五)《宁波与“海上丝绸之路”》史迹陈列

妈祖的信仰由于朝廷的褒封，促进了民间的信仰，但信仰的远播是海事活动频繁的必然结果。“海上丝绸之路”的拓展，促进妈祖文化的进一步传播。唐宋以来，宁波随着航线不断地开拓与延伸，不但成为与世界各国、地区进行商品交换的大埠，而且成为文化交流的重要窗口。妈祖文化由此传入浙东地区，同时又随着“海丝之路”传向世界各地，使妈祖成为国际性的航海保护神。

(六)《中国·宁波船史展》

“宁波是一条船，我们都是船上的桨。这条船已经航行了七千年。”该展从七千年前河姆渡先民制作使用的舟楫始，展示越句章港舟楫古寄泊点，“海上丝路”与东南亚、西亚诸国与地区的通商贸易和文化交流，古明州港造船业与航海业的发达，宋朝廷诏明州府打造的“万斛”神舟，宁波出土的宋代海船所创制的减摇舭龙骨装置和走向世界的宁波商帮，率先引进西方第一艘机械轮船，形象地说明了我们的祖先创建世界舟楫文明的历史。

三、寓妈祖神灵于“海上丝路”，追索庆安会馆的历史地位

庆安会馆，是浙江省唯一保存完整的的“宫馆合一”的建筑群，该会馆建筑之宏伟，保存现状之完好，历史上发挥的作用之卓著，在全国同类型的会馆中也不多见，为弘扬宁波城市地域文化精神作出贡献。其主要特色有三个方面。

(一)历史上“海上丝路”启碇港宁波，是传播妈祖信俗的“源头城市”

宁波地处东海之滨，乃海道辐辏之地，妈祖信俗发展与传播的民间基础十分雄厚，作为官方首次对妈祖褒扬和倡导的重要之地，又系妈祖由民间区域性的神祇晋升为全国性海神的转折点。源远流长的浙东妈祖文化、丰富多彩的航海风俗，以及妈祖文化的载体——庆安会馆，都无不折射出鲜明的地域文化精神。

（二）会馆建筑和历史地位，凸现城市文化精神

庆安会馆是现存国内七大商务（帮）会馆中唯一"宫馆合一"特色建筑，和世界八大天后宫的历史地位，在我国建筑和妈祖文化研究领域占有特殊重要的地位。

由国务院公布的全国重点文物保护单位的会馆有：

（1）山陕会馆（即大关帝庙，又称花戏楼），在安徽省亳州市城北大关帝庙。始建于清顺治十三年（1656）。戏楼是会馆的组成部分。

（2）社旗山陕会馆，在河南省神社旗县城内。建筑从清乾隆至光绪年间。会馆占地面积7700平方米。建筑群以戏楼、拜殿和春秋阁为轴线，采取左右对称形式。悬鉴楼前为大门，左右现有钟、鼓楼。中心庭院自悬鉴楼至大拜殿。左右配厢房，中置石坊，后为春秋阁遗址，系山陕同乡商贾会馆。

（3）西秦会馆，在四川省自贡市解放路，始建于清乾隆元年（1736），历时16年建成，属同乡会馆建筑。会馆占地面积4000多平方米，中轴线上有厅堂、两侧建阁楼和廨房，以廊屋连接组成若干大小院落，四周以围墙环绕，形成多层次封闭式布局。因会馆主供关羽神位，亦称关帝庙，俗称陕西庙，为陕籍在自贡经营盐业的商人集资修建。

（4）聊城山陕会馆，在山东省聊城市东关双街。始建于清乾隆八年（1743），由山西、陕西商贾筹资创建。至嘉庆八年（1803）经四次扩修。会馆面临运河故道，占地面积3310平方米，由门、戏楼、正殿和春秋阁构成建筑群中的中轴线。

在七大会馆中，唯宁波的庆安会馆（包括安澜会馆）是海运业者的南、北号会馆，它们与东方原始海洋文化相关，是我国海上丝绸之路的重要组成部分。

在国务院重点公布的全国重点文物保护单位中，凡会馆类者，唯独宁波庆安会馆是天后宫与会馆合一的建筑营制。我国沿海地区天后宫众多，著名的有宁波甬东天后宫（即庆安会馆）、福建湄州妈祖祖庙、泉州天后宫、深圳赤湾天后宫、天津天后宫、台湾天后宫、香港妈祖庙和澳门妈祖庙等八大天后宫。

(三)结束中国木帆船时代,宝顺轮的历史功绩不可湮灭

庆安会馆在当时为促进商贸文化发展、活跃市场经济和物资交流、满足国内外航海业的需求和传授科学技术等方面,都起了不可低估的作用。她的重要历史功绩之一,是由北号舶商率先向西方购得第一艘机动轮船——宝顺轮。

据清董沛所作的《宝顺轮始末》中云:"咸丰初,……海盗充斥,肆掠无忌惮,狙截商船,勒赎至千百金不止;时则黄河溃决,户部仿元人成法,以糟粮归海运,沙船、卫船、咸出应命,而以宁波船为大宗。春夏之交,联帆北上,虽有兵船护行,盗不之畏也。每劫一舟,索费尤甚,……诸商人咸愤之。慈溪费纶铱,盛植琯,镇海李容,倡于众,议购夷船为平盗计,……鄞县杨坊,慈溪张斯臧,镇海俞斌,久客海上,与洋人习,遂向粤东夷商购置火轮船一艘,定价银七万饼,名曰'宝顺',设庆成局,延鄞县卢以瑛主之,慈溪张斯桂督船勇,镇海贝锦泉司炮舵。一船七十九人。陈牒督抚,咨会海疆……此甲寅冬季事也。明年粤盗三十余艘,肆掠闽、浙,窜至北洋,与他盗合,运船皆被阻,张斯桂急驶轮船,于六月出洋,七月七日在复州洋轰击盗艇,沉五艘,毁十艘。十四日,在黄县洋,蓬莱县洋,复沉四艘,获一艘,焚六艘,余盗上岸逃窜。船勇奋力追击,毙四十余人,俘三十余人。十八日在石岛洋沉盗艇一艘,救出江浙回空运船三百余艘。北洋肃清,轮船回上海。二十九日巡石浦洋,盗船二十三艘在港停泊,轮船率水勇船进扼洞下门,两相攻击,自卯至未,盗船无一存者,余逃窜黄婆岭(象山县),追斩三百余级。九月十三日,在岑港洋沉盗船四艘,十四日在列港洋沉盗船八艘,十八日复在石浦洋沉盗船二艘。十月十八日复在烈港洋沉盗船四艘。南界亦肃清。三四月间沉获盗船六十六艘,生擒盗党及杀溺死者二千余人,宝顺轮之名震于海外……"

此碑文记录了当时庆安会馆作为办公和集会地的北号舶商,率先向西方购买并使用我国第一艘机动轮船——宝顺轮的始末,说了三层意思:

一是清咸丰时,黄河溃决,海盗抢掠商船频繁。朝廷户部将漕运粮食改为海运,这一任务以庆安会馆的北号商团为主承担。虽有官兵船护船,但由于都是木帆船,还是遭到盗匪抢阻。

二是在海盗横行,木帆船护航无效的形势下,会馆的主要人员商议集资购买引进西方先进技术的轮船,配有大炮火弹药。

三是宝顺轮装备运行后,为了保护海运之安宁,北洋南洋对海盗进行清扫,共击沉盗船 68 艘,击毙盗者 2000 余人,平定了北洋与南界。这一举措,使庆安会馆北号商团的(宝顺轮)名震四海,扬名于国内外,使海盗闻风丧胆。

宁波北号舶商购买和使用宝顺轮,是商团成员接受西方先进科学技术思想的例证,而上海港则在 1886 年才购买轮船一艘,比宁波港迟了 30 年。由于使用现代化的轮船这一举措,宁波北号会馆的声誉大振,引起了清廷以李鸿章为首的洋务派官僚的关注。宝顺轮在宁波港在近代化的道路上,迈出的具有重要历史意义的一步,意味着古老的宁波港告别单纯木帆船时代,开始进入机帆船的新时代。我国航运业轮船的应用,标志着木帆船向轮船的转型,具有划时代的意义,奏响中国近代采用西方先进技术和创办洋务的先声。

第五节　文人竹枝词中的浙东妈祖文化现象①

"竹枝"原是古代巴渝地区的一种民间歌谣,清代万树的《词律》说:"竹枝,十四字,又名巴渝辞……白乐天、刘梦得等作,本七言绝句。"唐代,白居易、刘禹锡等诗人仿效而作的新词开始称为"竹枝词",后来又作为词牌名,并有多种变体。内容多为吟咏风土人情、民俗习尚。有的诗人所作虽以棹歌、渔唱、杂咏等为题,其实仍为竹枝词。本章以福建莆田学院的刘福铸教授,整理的浙江(含外地来浙)文人有关竹枝词创作为蓝本,反映民间妈祖庙会或庆典的盛况、反映船家和商贾敬奉妈祖的习尚和反映民间与妈祖相关的信俗及典故等,来分析竹枝词与民间妈祖信俗的关系,说明浙江为中国妈祖文化传播的重点区域。

一、反映民间妈祖庙会或庆典的盛况

浙江有关妈祖信俗的竹枝词,以描绘各地妈祖庙会的热闹盛况为最。

---

①　转引自刘福铸:《论浙江竹枝词中的妈祖文化》,《海峡两岸妈祖文化学术研讨会论文集》,中国文史出版社 2010 年版,第 200 页。

清代康熙间苏春,江西上饶人字伦五,寓居定海,工诗文、善书画,著有《饥凤集》。集中有《甬东竹枝词》云:

> 日本琉球路几千,黑洋东望海连天。
> 估人迅若乘风鸟,妈祖宫前赛目莲。

定海古为春秋越国甬东地,故称甬东。本诗写远航日本和琉球的估客行商,得妈祖护佑平安返航后,在妈祖宫前演剧还愿。"赛目莲"说明演的是明代会稽人金怀玉创作的著名传奇《妙相记》(俗名《赛目莲》),"赛"字还反映了应该不止一家演出的盛况。

清初宁波人包爕,字惕山,别号芦中人,是个传奇作家,其《江干竹枝词》写道:

> 天妃宫里鼓声多,时见游人逐队过。
> 试问黄姑和谢女,春风秋月恨如何?

"江干"即江边之意。黄姑,应是古代宁波人对汉时黄公林的讹称,谢女庙则是大禹庙的讹称。按黄姑古代也指牵牛星,因"姑"字从女,故讹为织女星。而晋谢安侄女谢道韫,文才出众的女诗人,后人以"谢女"指大家闺秀的代称。此处借用当地典故,实指宁波天妃宫庙会吸引来许多士女,天妃春秋两祭,正是春风秋月良辰美景,而心爱的人不在身边,未免勾起了她们许多的悠长怅恨。

清光绪二十四年(1898)进士、宁海人黄和銮的《灵江竹枝词》描绘的则是中元节天后宫"放水灯"民俗带来的"满江红"壮观和热闹景象:

> 中元时节兴无穷,锣鼓咚咚天后宫。
> 放出水灯千万盏,游人争看满江红。

"灵江"在今台州临海市。"放水灯"是当地七月半中元节在天后宫举行的一项传统民俗活动,据说是为了让落水而死的游魂能够靠灯光指引到达地府。

清道光年间平湖新溪(今新埭)人陆增(?—1833后),字嵩岳,号秋山,一号松堂,寓居秀水闻川(今嘉兴王江泾)。善医,工诗词,擅书画。有《鹦鹉湖棹歌百咏》竹枝词,其中一首写道:

> 苦竹山前一度香,瞻崇天后胜慈航。
> 得逢三月廿三日,士女纷纷挈伴忙。

作者自注云："天后宫在苦竹山,相传后为福建莆田人,宋都巡检林愿女,殁为海神。屡彰灵应,三月二十三日诞辰。"东湖位于今平湖市区城东,又名当湖,雅称鹦鹉湖、鹉湖。

清咸丰间文人全埠的《黄姑竹枝词》:

> 小营盘上去烧香,也学云鬟巧样妆。
> 可笑村姑身尚短,权穿阿母嫁衣裳。

平湖东南的黄姑镇,位于杭州湾北岸,是杭嘉湖平原的鱼米之乡。清代文人创作了许多《黄姑竹枝词》,其中有不少咏及妈祖庙会。按小营盘即今黄姑小营头,据传圣母娘娘庙原名小营盘庙,建于200多年前。1937年毁于日本人的炮火。翌年由信众许宣明、陈叙兴等在原址上重建,取名祝圣庵。

清咸丰间顾鸿熙(？—1860),字书台,号卓人,平湖人,《黄姑竹枝词》云:

> 杏黄衫子碧云鬟,家在溪南湾复湾。
> 三月廿三好时节,小营盘上赛神还。

自注云:"小营盘在塘南,旧时汛地,中祀天后。每岁三月廿三日,天后圣诞。游人如蚁,谓之看廿三。"

清代朱鼎镐,字蕉轩,平湖人,清咸丰间贡生。其《芦浦竹枝词》云:

> 青墩墩上草齐腰,九节龙灯闹几宵。
> 我怪海天风雨恶,百花生日是明朝。

自注:"广湾里天妃庙,名海天寺。百花生日,二月十五日也,天晴主花好。"天妃庙海天寺在平湖全塘镇,庙名在前,寺名在后。时以百花生日庙会闻名。

清代山凤辉,字竹斋,号白衣山人,咸丰间平湖人。《芦浦竹枝词》写道:

> 暮春天气转晴和,士女如云此日多。
> 最是灵妃安泽国,海滨何处不讴歌。

自注云:"乍浦、东西司城、大小营,俱有天妃庙……三月廿三日圣诞,士女云萃。载《嘉兴府典故》。"

清代徐荣(1792—1855),字铁孙,号药垣,正黄旗汉军人,祖籍湖北监利。道光十六年(1836)进士,历官浙江临安知县,玉环厅同知,绍兴知府。后统兵征太平天国起义阵亡。他的《玉环竹枝词》描写闽省渔船在玉环的妈祖赛神活动:

> 闽帆千里结渔朋,共祝回南大汛增。
> 黄坎门开娘妈喜,笙歌一月赛红灯。

诗中的"黄坎门"即玉环坎门镇的古称。坎门从明始形成渔埠。民国初年形成商埠,有"浙南沿海第一大集市"的美誉。本诗写渔汛来时,福建渔船在坎门码头进行交易的情景。诗中"娘妈",正是福建民间对天后的亲切称呼。

明末浙江鄞县(今宁波)诸生李邺嗣(1622—1680),号杲堂,又号□亭,入清后,弃巾服,日以著书为务。其《鄞东竹枝词》中有一首写的则是天妃庙的祭春活动:

> 江城幡鼓出迎春,太守簪花宫帽新。
> 记得少年曾趁队,天妃宫外看芒神。

"鄞"乃秦代县名,"鄞东"指今鄞县东。本诗描述在天妃宫举行迎春仪式情形。故古代立春日或春节期间,人们要扎制芒神和象征春天的牛形偶像,以祈求风调雨顺,五谷丰登。

二、反映船家和商贾敬奉妈祖及潮神习俗

妈祖神职是救难护航,竹枝词中较多反映船户、商贾敬奉妈祖的习俗。

清代姚燮(1805—1864),字梅伯,一字复庄,号野桥,祖籍诸暨,后迁北仑,再徙宁波。道光十四年(1834)举人。工诗词,善绘画。有《大梅山馆集》。其《西沪棹歌》竹枝词,写西沪港渔家风情,提到"天妃暴":

> 百翦渔帆出内洋,上婆□作海壖当。
> 占风若遇天妃暴,子细沈猫碇破塘。

作者自注云:"上婆山、破塘,俱海壖地名。"按西沪港位象山港内,口小腹大,是理想的避风良港。"天妃暴"是渔民对3月23日前后风暴的称呼。

清代卢奕春,字揖桥,自署乳溪人,平湖乍川(乍浦)人。道光四年(1824)补弟子员,著有《乍浦纪事诗》。有一首就写道:

> 风响天妃殿角铃,年年海上著神灵。

夜深鸾驭巡洋返，千点红灯散若星。

自注云："天妃宫，在苦竹山，屡著神异，常夜出游，灯火辉煌，双行前道，或至龙王堂，或至白马庙而归，戍卒、渔人往往见之。"妈祖海上护航救人，以红灯示现，海滨戍卒和海上航行人员见其往返灵异，笃信不疑。

清康熙间仁和诸生王锡，字百朋，其《天妃宫》亦写道：

香断金炉碧殿间，珠幡宝盖冷空山。
门前松柏生风雨，知是灵妃海上还。

诗中述渔家从"门前松柏生风雨"预兆，就知道"灵妃海上还"。

清代高权（1800—1860），字古香，平湖人。布衣艺术家，有《菰乡诗钞》、《古香诗存》等。其《黄姑竹枝词》描述海上人家富有特色的纪念妈祖诞辰情形：

圣母英灵显海南，烧香扶老复携男。
春来预备桃花料，海上家家过廿三。

作者自注云："三月二十三日，海上人家如逢年节。桃花料是待客肴。"描写妈祖在黄姑小营头海滨一带，十分灵验，渔民在她的诞辰日，则家家备待客佳肴"桃花料"，既以祭祀妈祖，亦款待亲朋好友，隆重程度堪比过年大节。

清末平湖人周光瑞，字娱莼，又字虞臣，光绪三十二年（1906）岁贡。撰有《盐溪渔唱》，其中一首为：

庙崇圣母在司城，大海波涛总不惊。
一片婆心安泽国，慈航稳渡万千程。

作者自注云："圣母庙在东司城，宋都巡检林愿女，没为海神。"本诗咏白沙湾东司城天妃宫，反映出妈祖信仰给渔民们巨大的精神支持。

乾隆时平湖诗人林中麒，有《乍浦竹枝词一百首》，涉及妈祖信俗的有：

白日交龙尽烛烧，天妃宫里近元宵。
神灯灵异谁图取，妙手还须倩一樵。

原诗自注云："朱端，正德间善书，直仁智殿，赐一樵图书，遂号一樵。"诗述元宵灯节将至，乍浦天妃宫龙烛、神灯交相辉映。天妃宫中的巧妙灵异神灯，还须央请丹青妙手一樵先生来描绘图写。

清代卢奕春《乍浦纪事诗》云：

> 绿箬青蓑唱晚风，云根一片落霞红。
>
> 异人肯授丹青笔，任尔渔樵画亦工。

自注云："朱端、曾和，皆乍浦人，以画名。二人贫贱时，业渔樵。明时，天后宫未建，为一片石。端尝于沙石上作白描势。一日遇异人问曰：'汝欲作画耶？我授汝笔。'和跪乞。亦出一笔，啮其颖以授，忽不见。后二人用笔随意，皆殊绝。正德间，以画直仁智殿，食指挥俸。"

乾隆间平湖人陆栱斗《当湖竹枝词》之一亦涉笔"跨鲤观潮"：

> 水出诸山泻乳溪，乍川故迹久成堤。
>
> 巍巍苦竹灵妃殿，跨鲤观涛溯旧题。

自注云："天妃宫在苦竹山，殿右有阁，董文敏题曰'跨鲤观涛'。"可见阁匾为明代著名书法家董其昌所题。

清人张云锦（1704—1769），字龙威，号铁珊，又号艺舫，平湖人。他在《当湖百咏》中亦有一首写道：

> 有约观潮买画船，年年游女到山前。
>
> 天妃宫畔青青草，时有闲人拾翠钿。

自注云："八月十八日，乍浦看潮，士女毕集，多往天后宫畔。"

三、反映民间与妈祖相关的信俗及典故

民间妈祖信众祈求的目的各不相同，反映在竹枝词中的信俗也各具特色。

清康熙举人、平湖诗人沈季友有《乍浦竹枝词》四首，其一为：

> 三重碧殿两层阶，小拜天妃蹴锦鞋。
>
> 曾向海塘塘上坐，何人拾我雀头钗。

本诗所咏为乍浦海塘边的天妃宫，反映当地民间有朝拜天妃"蹴锦鞋"习俗。

清代卢奕春《乍浦纪事诗》中有一首为：

> 羽化仙人合驾云，红尘再往亦希闻。
>
> 幸他历劫心超脱，来扫前生三尺坟。

作者自注云："天妃宫庙左有竹道人墓。"本诗记载一个天妃宫道士竹英转世托生于林家的神话传说，反映了当时天妃宫是由当地道士住持的史实。

徐志鼎（1745—1799），浙江嘉兴平湖人、乾隆四十年（1775）进士。他在《东湖棹歌》中云：

> 李甲翎毛笔势超，东坡居士昔题标。
> 百年寥落人何在，犹有渔樵画白描。

作者自注云："李甲，字景元，善填词，画翎毛有意外趣，东坡称为恕先之后一人而已。朱端、曾和二人贫贱时业樵渔。天妃宫未建时，名一片石。端尝于沙石上作白描势，一日遇异人问曰：'汝欲作画耶？我授汝笔。'和跪乞，亦出一笔，啮其颖以授，忽不见。嗣后二人用笔随意，皆殊绝。"

清代象山知县华瑞潢，字泾阳，号秋槎，江苏金匮（今无锡）人，清乾隆末叶历知瑞安、象山、天台、临海诸县，擢同知，署台州知府。有《石浦竹枝词》二首，所咏则是象山县天后宫：

> 铜瓦南来接下湾，岧峣双岭似弓弯。
> 盈盈玉女溪头月，照澈青黄两部山。

> 天后宫前看晚鱼，从来海物不胜书。
> 山坡晒遍郎君鲞，春涨还生土地鱼。

前首巧妙以地名连缀为诗：铜瓦指铜瓦门，下湾指下湾门；玉女指玉女溪，青黄分别指青部岭和黄部岭（在青部山、版场山）。第二首写地理环境给渔民们带来丰厚收成。那山坡上遍地晒的是"郎君鲞"，因渔民以海为土地，以鱼为庄稼，故称"土地鱼"。"郎君鲞"即黄鱼鲞，即加工晒干的黄鱼，为石浦港特色海产之一。

佘燮宜（字少庐），清道光间象山石浦人、国学生，亦有《石浦竹枝词和潘爱亭夫子·天后宫》一首云：

> 大德沾恩颂再苏，为人父母岂虚诬。
> 先生妙手依然在，大笔淋漓永不糊。

诗中的"大德沾恩"说的就是沾濡天后的恩泽。

清代林中麒在《乍浦竹枝词》中一首写道：

> 铁版沙中顾邑沉，宫前犹见石街深。
>
> 拾来古镜郎无用，留照犀钗上鬓簪。

自注云："顾邑城浸海中，雍正八年（1730）六月既望，潮退，天妃宫见石路三四里。瓷碗古镜，拾得甚多。旧有铁版沙之说。"

清人邹璟芷《乍浦竹枝词》同样咏此事：

> 铁板沙头土最坚，渔人拾得五铢钱。
>
> 沧桑更变浑无定，古镜犹传自汉年。

自注云："乍浦沿海俱系铁板沙，雍正八年六月既望，潮退，天妃宫前见石路三四里，仿佛城市遗址，渔人或得五铢钱及古镜，识者以为汉代遗物。"

清卢奕春《乍浦纪事诗》中有一首记载明代倭寇侵犯平湖时，在天妃宫附近题诗刻石的旧事：

> 倭奴亦解费吟思，得句曾题山下碑。
>
> 可惜时无好事者，不从石上录全诗。

作者自注云："天妃宫后相对青龙观山脚下，巨石巍然，旧传倭寇题诗其上，摹之止一'君'字，笔法端劲，其余字画多不全。"

卢奕春在《乍浦纪事诗》中，有记载军民在天妃宫抗倭获胜的故事：

> 军士乘闲筑土城，楼船逼近陡心惊。
>
> 出奇制胜卢参将，早伏观山几处兵。

此诗自注云："嘉靖癸丑九月十二日，起土筑城，是日贼船十余只泊天妃宫，参将卢铠御之，分兵修山等处，大战，斩贼首四。"

清代张云锦《当湖百咏》中有一首写道：

> 天妃闸口贾人多，娼女盘头青髻螺。
>
> 可是虾蟆陵下住，红绡一曲近如何？

自注云："天妃闸口汤山脚，为贾人冶游之所。"因为此处为众多商舶停泊之所，带动当地供商人们消遣的"冶游"业的兴起。

研究和发掘历史上文人流传在民间的竹枝词，对我们研究妈祖信俗的发展与传播，具有十分重要的意义。

第六章　浙东沿海渔业文化中的民间妈祖信俗

妈祖信俗自初塑始,当先传播东南沿海地区的浙江与广东。史家分析原因有三:一是地理因素;二是与"海上丝路"相关;三是文化习俗相通。从笔者掌握素材来看,在宁波沿海的渔民与船工中,北宋期间就有"娘妈菩萨"流行。妈祖信俗所以能在浙东渔村船工中率先流传,除上述因素外,还有一个主要原因,是两地同根文化使然。

第一节　祖根文化促成浙东沿海民俗产生

在这一章节中,我们有必要再次追寻历史,即人类文化史所说的古越祖根文化究竟是个什么东西?著名文化人夏衍在为董楚平先生所著《吴越文化新探》一书作序时提到:"远在五万年前,浙江就有'建德人'生活在这里,开辟草莱,揭开了浙江历史的序幕。浙江的新石器时代的文化非常丰富,尤其是余姚河姆渡文化的发现,有力地证明了浙江也是古代文化的摇篮之一。"在这儿夏衍先生提到"建德人",与新石器时代的河姆渡遗址文化。通常专家认为源于浙江的古越文化,是有异于中原文化并有自己明显特质的地域文化。其特征在距今7000年的河姆渡遗址文化中,就可以找到端倪。古文献研究专家杨向奎在划分中国地域文化版块中,把历史悠久、光辉灿烂的华夏文明,划分为五大版块:齐鲁体系、秦晋体系、吴越体系、楚与二南(两广)体系,还有东周体系。我们不难理解的是,我国为多民族组成的国家,每个民族、也可以说每块区域文化都含有自己民族的特质,即祖根文化中最原始的因素。

吴越文化的祖根文化特质在史前与海洋渔猎相关。陈忠来先生在《太阳神的故乡》一书中,明确提出原始越民以"有段石锛"作为氏族象征对外进行交流和互认祖先的标志。他在该书中明确提出:"我们说河姆渡文化的主体构建是稻作文化,但不能说河姆渡文化只有稻作文化的单一内涵,而是兼有采集文化、渔猎文化、养殖文化等多方面的文化内涵。由于河姆渡遗址独特的地理环境,它的海洋文化属性更为引人瞩目。"①河姆渡遗址的地理环境,处于距今 1.2 万年至 0.8 万年前"卷转虫"海进海面回升时期,浙江沿海今陆地在那时都是浅海滨海区域。从河姆渡遗址挖掘出来的"河姆渡人"的生活遗存来看,他们在农耕进行生产劳动的同时,主要靠海洋捕捞和近海养殖维护生活日需品的不足。这些挖掘出来的木桨八支、独木舟(残筏)两条,可系缆绳的玩具陶舟两只,石碇一件、陶灶(有学者认为是船的炊煮工具),包括大量的海上动物(鲨、鲻、灰裸顶鲷、鲸与海龟),在入葬瓦罐旁还有被人吃剩的鱼刺与鱼骨头,一枚鲨鱼的牙齿还被用来制造成骨钻头。同时遗址还发现大量的淡水鱼,如中华鲟、鲤鱼和鳖。可想当时的河姆渡人生活必需品的来源主要还是海洋与江河。

值得一提的是,河姆渡人在 7000 年前,为下海渔猎的需要,已具备制造原始舟舶的技术与能力。考古者在那里发现一块长 79 厘米、宽 17 厘米、厚约 5 厘米的企口板,两侧各凿出一道宽 1～2.5 厘米、深 2.3 厘米的衔接企口,内嵌入砍削成梯形截面的木块,衔接处不见缝隙,这是一种密接拼板较高的工艺,为后来越地打造真正意义上的木船打下了基础。另见遗址出土与船和捕鱼有关系的就是一段三股绳索和大量可以做成木排、竹筏的木头与竹,证明当时的"河姆渡人"可以称得上能在海上进行捕捞作业的"有舟氏",即中国最古老的渔民。现在考古专家普遍认为,长江中下游的古地域文明以河姆渡遗址为中心向外传播。陈桥驿先生在《河姆渡遗址在越文化研究中的意义》一文中提出:"在大约 15000 年以前,不仅舟山群岛与大陆相连,舟山群岛以东,直到大陆架前缘,还存在大片陆地……越人的祖先(也许就是'建德人'的后裔)已活动在今浙江省境之上,而特别在今舟山群岛东西两边的平原上,他们已经懂得种植水稻,并且捕鱼、狩猎,还利用独木

---

① 陈忠来:《太阳神的故乡》,宁波出版社 2000 年版,第 172 页。

舟或竹、木筏活动于水上。"主张早期中国海洋漂流说的张小华先生,在他《中国与大洋洲、美洲古代交往探讨》中更是提出,"在距今 6000～4000 年前,已有中国的夷人或越人漂流至美洲和大洋洲居住"。

陈忠来先生认为:"史前文化的传播也有硬件与软件之分,前者如生产工具,器物、建筑等,后者则有习俗、信仰、艺术、语系、族名……要索解什么是真正意义上的传播,只是人类在相似环境中一种文化趋同现象。"①河姆渡遗址文化是通过"石锛"(也称有段石锛,距今 5000 年)向人类社会文化学者提供古越文明信息的。稍涉伐木的人都知道,要砍倒一棵直径为 30 厘米以上的大树,在原始的石斧、石锛中,当以此类背面特殊构造的长条形"锛式斧"为最佳。原始越人使用的有段石锛在其耕作和渔猎中起到了特殊的作用,并向外传递氏族文明的信息。现在世界近洋地带,北至朝鲜半岛、日本列岛、山东渤海湾、福建海峡、中国台湾地区和南亚菲律宾、印度尼西亚、新加坡,甚至大洋洲的新西兰,都有距今3000～5000 年的"有段石锛"发现,无不打上中国河姆渡遗址地域文化的地理印记。这里我们需要考证的是现浙东(含舟山群岛并涉及温台地区)东海渔场的祖根文化区域。董楚平先生在所著《吴越文化初探》一书中提到:"舟山群岛新石器时代文化略晚于浙东大陆,代表性遗址有十字路、北畚斗、唐家墩、孙家山等。"十字路遗址在定海白泉镇十字路口附近,北距海岸 4 公里,出土石器皆磨光,器类有段石锛、锛形石斧、半月形石刀、石纺轮等,陶器有釜、罐、鼎、豆、支座、鸟型盉等,与河姆渡第二文化层相似,距今约 5000 年左右。北畚斗遗址在岱山岛东部东沙镇之西念亩岙,近临岱巨洋,遗址面积 1300 平方米,文化层约 2～3 米,出土器具中也有有段石锛、石犁等。陶器以鼎、釜为主,火候较高,从暴露断面和出土器物分析,该遗址持续时间从新石器时代,直至商周。唐家墩遗址位于定海马岙安家村附近,遗址面积 4000 平方米,出土文物不多,陶器以釜鼎为主,石器中也有有段石锛、石掘各一件。孙家山遗址在岱山县大衢岛勤俭村,出土遗物较多,仅石器就有 60 多件。器形有斧、锛、凿、刀、耜、环、破土器等。陶器大都手制,器形特征有河姆渡第一文化类型的薄胎镂孔灰陶豆,象鼻形支座等,也有良渚文化的典型器贯耳壶、石破土器等。

舟山群岛的史前文化有个特点,所出土器皿,无论年代早晚,其石器和

---

① 陈忠来:《太阳神的故乡》,宁波出版社 2000 年版,第 180 页。

陶器分别与河姆渡遗址文化、良渚文化几乎完全相同。在温、台地区,如玉环三合潭遗址出土的多孔石犁,乐清白石、永嘉上塘、瑞安马屿、陶山、平阳桥墩诸遗址所出土的有段石锛、长条石锛、石犁、石钺、石戈等和陶器。就是连离陆地较远的洞头岛北岙,也发现石锛、石箭镞等新石器时代的文化遗物。这些遗物基本与舟山一样,受河姆渡与良渚文化的影响,属于同一文化圈。所不同的只在温州南部邻近福建的地方,陶器中有受闽、台彩陶的影响,不过时间已在商、周以后。比较有意义的我们要从徐晓望先生《妈祖的子民》一书中,寻找这种同宗祖根文化的信息。徐先生认为:"新石器时代的古人类,已向蓝色的海洋进军,在闽台新石器遗址中,已发现了数量不少的鱼类骨头。有些远海鱼类,也出现于新石器时代人们的食谱中。在与福建相邻的浙江河姆渡文化中,出土了大型海洋生物——鲸鱼、鲨鱼的骨骼,还发现了人类最早的航行推动工具——木桨。这都说明新石器时代的沿海人类,已具备出海航行的能力。"徐先生列举了福建武夷山的"船棺文化"和华安仙字潭岩画文化的例子,说明福建沿海原始先民与浙江余姚"河姆渡人"一样,为世界上最早拥有舟楫的渔民。

据徐先生考证:闽台区域最早出土的漳州市莲花山旧石器文化与台湾新石器时代大岔坑文化、圆山文化、凤鼻头文化,福建的壳丘头、坛石山文化遗址,挖掘出来的诸如石器、陶器等文化遗物,都拥有我国早期海洋文化的特质,天下"越民"原为同宗异流。相比北方中原文化,有着自己鲜明的地域特色。徐先生认为:"从闽台远古时代石器文化的萌芽,到春秋时代越国的建立,再到汉初闽越国的灭亡,我们看到:在闽台文化的童年时代,虽说她的文化成就远不如中原地区,但其海洋文化却有其特点。首先,闽台的石器文化遗址多分布于沿海地区,大多被称为典型的贝冢文化,反映在他们主要食物来源是海洋生物……"

关于妈祖信俗在浙东传播的源头,史书并无记载。笔者认为主要是两地原始祖根文化习俗相同,如原始的祭海和原始海神敬畏、渔村信俗和生活习性、婚丧嫁娶仪式等,且由于长年在船上生活,面对大海进行商务活动和捕鱼作业,进行两地经济文化的交流,都是造成两地渔民、船工相互间的心灵沟通的因素。人类信俗崇敬的沟通,首先是同源地域文化圈内的交流,然后再传播扩散到外文化圈,在产生碰撞的基础上,达到共融发展、相互繁荣的目的。我想应该当时的传播途径主要有以下三条。

一、由在宁波港商船"掌舵老大"所传

宁波早在唐代即是著名的通商口岸,唐、宋间日本、高丽遣唐、遣宋使和僧人上岸都在宁波口岸登陆,明代宁波又是朝廷核准的对日贸易港口,福建商人、船工在宋代就活跃在宁波港。据朱德兰引用日本《华夷变态》一书所辑资料载:康熙年间有35艘福建商船到舟山、普陀进货后驶向日本。松浦章在日本《通航一览》中说:"1807年的一艘赴日本商船中,通船88人,其中福建船工就有59人。"而"1829年又一艘赴日洋船上,全船116人,其中闽人84人"。在清代的宁波商船上,更有许多"掌舵老大"和船工都是福建人。这些人都是妈祖信俗在宁波的传播者。

二、由闽越渔民北上舟山渔场捕鱼作业所传

舟山群岛为我国著名渔场,从赵以忠先生所编《舟山渔业发展史初稿》中我们知道,在两宋间就有福建渔民在舟山一带捕鱼。清代福建渔民在舟山建有"八闽会馆",他们还参与了当地"人和公所"、"永安公所"及"鱼商公所"的建造。至今舟山岛和宁波象山、宁海、奉化靠海一带,还有闽南人村落和许多会讲闽南话的遗民,他们是福建移民的后裔。笔者曾为此在沿海渔村居住,走访一些长期在海上作业的老渔民。他们认为与闽、台渔民相互交流不存在什么障碍,在新中国成立前象山石浦还专门设有闽台会馆,供上岸的渔民在陆地上祭典妈祖、休憩与商贸,相互间亲密如同兄弟。甚至有两地渔民在共同的妈祖信俗和交往中,相互结为儿女亲家,让这种信俗与亲情世代延衍下去。

三、由驾舟浪迹天涯的疍民"白水郎"所传

疍民是一个水上氏族,长年生活在船上。浙东地区以前也有疍民生活,大都集中在江河海洋,以船为生,以水为生。关于浙东疍民,历史很少记载。宋乐史《太平寰宇记》卷九十八《江南东道十·明州》云:"东海上有野人,名为庚定子。旧说云:昔从徐福入海,逃避海滨,亡匿姓名,自号庚定子,土人谓之白水郎。脂泽悉用鱼膏,衣服兼资绢布。音讹亦谓之卢亭子。"另在清咸丰年间,因黄河河道阻塞:"漕粮海运……漕商集四百条疍船下海营运。"(见《鄞县志·食货篇》)可想那个时期,担任运输任务的疍船,尚能集400条之多。据当地长者回忆:解放前在姚江上还能见到疍船的踪

影,俗称"疍壳船"。疍民以捕鱼为业,上岸多为卖余鱼和购生活用品。民间俗称"疍民哥"和"疍民嫂"。笔者先生在姚江畔长大,说当地疍民信仰"瘟郎中"。小时候外祖母常上疍船,请"瘟郎中"(俗称"天王菩萨")的"令旗"治病。笔者分析浙东地区的疍民,在解放后尚有踪迹可寻。现在不知所终,是因为时代的变迁,致使他们上岸变成常人。

第二节　沿海民俗与妈祖崇信的内在联系

由于同宗祖根文化的关系,浙东沿海渔场的妈祖信俗传播与福建闽南同期。陈衍德先生从中国社会经济史研究中认为:闽南粤东妈祖信俗与经济文化的互动,必须从历史和现状中进行考察,才能认识地方民俗与原始妈祖信俗相互间的联系。他说:"民俗是社会生活与思想信念相结合的产物,是源于历史积淀的习惯性行为;一个地区的人们接受了妈祖信仰之后,其民俗便会受到影响,而民俗的传承则会加深妈祖的信仰,二者从而产生互动。"

在闽南沿海岛屿,妇女成家后,发式多梳成蓬形髻,俗称"妈祖髻",以示纪念妈祖并求妈祖佑护出海的丈夫平安无事。在一些沿海渔村还有这样的习俗:每当喜事或节庆时,那些丈夫健在的老年妇女就穿起红衣红裤。传说妈祖升天显灵时常穿"朱衣",人们说红衣裳是妈祖赐予的,穿红衣的习惯是为了纪念妈祖。在粤东,阴历三月二十三日"妈祖生日"时民间普遍吃妙面,潮语称面条为面线,棉纱也称纱线,两者形似名近,使人联想到妈祖神话中的渔网线。传说林默升天前在家纺纱织网,每当亲人出海遇险时,她便拉紧纺车,挽紧纱线,闭目入神,海船上的桅索便不会被风暴撕断,得以逢凶化吉,平安返航。"妈祖生日"吃妙面,意在消灾解厄,祈求平安。这种民俗习惯在浙东沿海渔村中同样存在。社会心理学家认为,人们在想象中,会根据自身需要,利用已有的认知结构,产生对某种无关刺激物的同化作用。上述民俗现象,就是由于妈祖成为人们心目中的偶像,从而与之有关的事物的形状、颜色乃至名称,都被人们同化为妈祖预示平安的信息。而妈祖信俗,也就伴随着社会心理需求而不断深入强化。王荣国先生在

《明清时期海洋信仰与海洋渔业的关系》①的文章中指出："海洋渔民笃信神灵,出海前要举行诸多仪式,现择要述之。渔汛期的首航日多经海神确定。海上捕鱼受渔汛支配,这决定了渔业生产具有季节性,亦即周期性。在渔民眼里,每个捕鱼周期何时出海,关系到捕鱼丰歉。因此渔民重视出海日子的选择,特别是每年第一个渔汛期的首航日,渔民大都要到海神庙祭拜并以占卜确定。"

表现在浙东渔场原始妈祖信俗传播的形式,大致分成三个方面。

一、以妈祖为航海保护神各种出海祭典仪式

据史书记载:我国浙江、福建、广东沿海古代渔民,向有由神灵定夺出海的时间。这个习俗的起源,当可从河姆渡文化遗址中找到根源。从现遗址挖掘出来"双鸟舁日"的图腾崇拜和由头戴羽毛四人划船由专家定名为"羽人竞渡"的原始图案,就为越人出海的祭祀物。可想早在 5000 年至 7000 年前,古越人已在举行隆重的海洋祭典仪式。现在三省沿海渔民,每年春节过后,第一次出海也要举行占卜择日,一般是到妈祖庙(或天后宫)进香,求问时机良辰,由神意定夺出海佳期。澳门的渔民每年首航日,也是通过占卜由神明决定的。这种以占卜择定出航时间的习俗追溯至明代之前。据唐人《北户录》载:"南方逐除夜,及将发船,皆杀鸡择骨为卜,传古法也。"又《汉书》卷二十五《郊祀志》载,汉武帝"时既灭两粤,粤人勇之乃言'粤人俗鬼,而其祠皆见鬼,数有效。昔东瓯王敬鬼,寿百六十岁。后世怠嫚,故衰耗'。乃命粤巫立粤祝祠,安台无坛,亦祠天神帝百鬼,而以鸡卜。上信之,粤祠鸡卜自此始用"。

引文中的"粤"同"越",可见"鸡卜",原先流行于南方沿海越族中。笔者认为,东南及南部沿海渔民出海以占卜择日子的习俗,与上古海洋民族古越族有某种承继关系。出海捕鱼前要祭祀海神,祈求海神保佑平安,是古越族的原始渔民流传下来、历经几千年的地域习俗。早在先秦,我国沿海渔民已能远航深海捕鱼,为了谋取海洋经济利益而"宿夜不出"。明代我国远海渔业得到发展,形成以浙江东海舟山渔场、福建东海闽中渔场与广东南海潮汕渔场三大渔场。由于渔业汛期相关和舟山渔场鱼类资源相对于其他两个渔场为优,福建渔民已多往浙江捕鱼。因为"鱼自北而南,冬则

---

① 王国荣:《明清时期海洋信仰与海洋渔业的关系》,《厦门大学学报》2000 年第 2 期。

先至凤尾。凤尾在浙直外洋,故福、兴、泉三郡沿海之渔船,无虑数千艘,悉从外洋趋势而北。至春,渔乃渐南,闽船连同浙船亦渐归钓"。从福建到浙江凤尾洋面需要多日时间,而且一路风涛莫测,捕鱼的丰歉亦不可知。所以渔民重视渔汛期出航前对海神的祭祀。据记载:福建沿海渔民在择定出海日期后,"要从神庙(即妈祖庙)中将香火带到船上"的神龛,且"渔家要备三牲,带香烛、金箔、鞭炮等到海滩上设位祭神,由船主点香跪拜,祷告神灵恩泽广被,顺风顺水,满载而归。接着焚烧纸钱,鸣炮喧天⋯⋯渔船缓缓驶向大海"。不过此俗因地方有差。晋江渔民在祭典后,"还要驾船只到土地庙或妈祖庙前的海面上绕道一圈,才正式扬帆出海",惠安沙格渔村渔船出海远航前,则须到供奉妈祖的灵慈宫祭祀。除春汛外,福建沿海渔村近海出航,在夏、秋、冬汛也要举行祭典活动,祭礼仪式与第一次基本相同。

　　浙江渔民将一年分四个渔汛期,亦即"四水"。每水首次出海前都要祭祀海神,其做法也因地而异。宁波(象山)渔船出海前,先上香拜菩萨,并供以酒菜。由船老大向"娘娘菩萨"参拜许愿,祈求捕鱼丰收。舟山群岛每一渔汛首航,都要举行隆重的祭海仪式。祭海时渔民备三牲礼品,"或在船头供祭龙王,或在船尾的圣堂舱供祭妈祖菩萨,也有供奉观音菩萨的。在当地渔民的心目中,普陀为佛教观音道场。在笔者为撰此文的调查中,有许多渔民把妈祖与观音菩萨等同为海神,认为妈祖是观音派遣下凡的龙女。祭典仪式基本与福建渔民一致,在岸上码头择地点起香烛,三敬酒,跪拜祈祷⋯⋯望龙王爷和妈祖菩萨保佑,一汛中平安无事,获得丰收"。现在象山石浦举办的每年一届的"中国开渔节"上,还朗读祭海诗文,祈祷海神保佑平安。

　　广东亦有此俗。据《广东新语》载:"天妃神灵尤异⋯⋯其祠在新安赤湾,背南山,面大洋⋯⋯凡济者必祷,谓之辞沙。以祠在沙上故云。"引文中的"济者必祷,谓之辞沙",当然包括渔民。明清时期汕头渔民离岸出海打鱼则要祭拜妈祖,当船行至外海口妈屿时,还要到岛上的天后庙祭拜。祭海仪式若顺利进展,被渔民视为好兆头。一旦出现不顺,就须采取补救方式。如舟山群岛"旧时,渔船离港出海先要点烛、焚香祷告,若烛火被风吹熄,即为风大不能开航,若三次点火被风吹熄,认为开船不利⋯⋯还要再次举行祭海活动,误以为得罪海神,求龙王宽恕"[①]。

---

① 王荣国著:《中国思想与文化》,岳麓书社 2004 年版,第 270 页。部分转引自金涛:《独特的海上渔民生产习俗——舟山渔民风俗调查》,《民间文艺季刊》1987 年第 4 期。

二、渔船出航前,重大海事活动占卜决定

下海捕鱼前有很多事务,其处理稳妥与否,关系到捕鱼生产能否顺利进行。首先是海上渔业生产相关的人事安排,渔民们多请海神决定。船老大是掌舵人,是关系到船上渔民生命财产的安危与海上渔业丰歉的关键性人物。渔船出海前必须选定船老大,出远海尤其如此。船老大的选择,除独资造船渔民由自家人充任外,一般有两种情况:一是几家合资造船,船老大由大家推举产生。二是船主备船,船老大雇人充当。无论是前者还是后者,都要求任者必须有丰富的海上生活与渔业生产经验,以及临时应变能力。具备条件后"占卜"请海神决定。笔者采访过浙东舟山渔场船上的"船老大"。他们认为:以前古人都是这样做的。妈祖很灵验,不会让"没本事"的人当"船老大",毕竟是一船人的生命。况这样做比较公平,由海神决定免去很多相互间的矛盾。

王荣国先生在文章中提到,人类学家田野调查表明:福建惠安崇武小山乍村船老大一般要选有丰富的海上渔业生产经验、有一定威信者,如遇数人条件相当,就要到妈祖庙"卜杯"求神决定,以连续两次卜得"信杯"者当选。如果渔业产量长期不高,渔民们也会去妈祖庙"卜杯",改选船老大。小山乍村渔民出海前还要举行"消度"仪式,不仅举行仪式的时辰要由海神妈祖定,且仪式中一些事务参与人选如持油锅者、撒盐米者、倒用油者,以及油中的黄纸球的数目等均得由妈祖决定。遇到难以通过协商解决的事,渔民们也请海神决定。如福建惠安大山乍渔村的渔民在祭海之后将要出航,但由哪艘船"开头只",则须请海神妈祖决定。又如福建漳州九龙江口的渔民信仰"水仙王"(传说为妈祖海神系统的方位神)。每年农历十月初十为"水仙王"诞辰日,这一天渔民们要汇合庆祝,并抽签分派水上网位,免得为争网位而发生冲突。谁抽到哪一处"网位"的签,就绝对遵从神灵的安排。这种信仰民俗一直保留到民国期间。

上述海神信俗的"占卜"活动,都在渔民出海之前举行。渔民们通过海神决定人事安排后,还有一件重大的事,由海神择定出海日子。海上捕鱼具有偶然性,时而满舱而返,时而空载而归,给人一种冥冥之中神灵支配的感觉。人们希冀在捕鱼的过程中,不但人事平安,而且能获得更多的鱼(通财富),来提高自己的生活质量。通常浙东渔民的做法是,由"船老大"在妈祖圣像前焚香"占卜"决定。这种做法也反映在出海后,何时和在何海域撒

第一网的确定,俗称"开网"同样由"船老大"在船上通过祭祀妈祖后决定。这种现象普遍保留到解放前夕(许多地方在"文革"前还是这样),现在浙江、福建、广东三省渔民中,正在悄悄地恢复中。但在明代以前,我国沿海渔民流行择选出海吉日和"开网"祭祀祈求神灵保佑出海获鱼的习俗,一直是渔民中不可少的"功课"。浙东渔民在下网前要烧金箔,用黄糖水洒遍全船,也往自身上洒,以示干净,并用盐掺米洒在网上和海面上。这种"开网"仪式既为驱邪,也是祈求。连舟山渔民近海潜水采集淡菜、海螺前也要祭祀海神挑选日子,特别是每年八、九月采集旺季,要举行"开金秋"的祭祀形式。在海礁上摆上香烛供品,祈祷海神保佑,口中轻声念唱相应的祈祷词和仪式歌。福建和广东的渔民亦使然。

清福建霞浦县竹江人张曲楼,在所著《官井捕鱼说》载:"吾乡渔利,以马鲛为最……每小满前数日,群鱼由外洋相率入官井卵育,以水暖浪小,鱼苗可保也。吾乡人于是早预絓缏,傍晚开艧。先于本洋放絓,每潮收放二三次,夜出早归,洋头四五日,俟潮大则驶往官井捕取,名曰'下洋'。先以香烛往天后宫接香火,祀于艧之中仓,后备薪米及一切用物。黄昏炊烟横斜,各艧驶至天后宫前,焚烧楮帛,鸣金放爆,庙祝亦鸣鼓以送之。然后转舵张帆,直驶而下,五十余艧同时并发……及到官井,先寄碇仙人瓦待潮,早后放絓……月轮满天,鱼帜飘扬……收网停泊,得鱼盈舱。"内文记载当地渔民在"下洋"前要往天后宫祭海神妈祖,从天后宫"接香火,祀于艧之中仓",目的在于祈求海神妈祖保佑海上捕鱼平安,多捕鱼。

明清时期,沿海渔民不但通过祭祀仪式,祈求海神保佑获鱼,而且还以焚香占卜了解鱼群信息,并请求神灵明示可否捕捉。清人《咫闻录》载:"渤海有鱼,厥名曰鳅。鳅之大,不知其几千丈也。逆而来水击数十里,怒而去潮吸数十丈……其来也无形,其去也无踪者,从何以窥,客曰:子不知夫沿滨海若,灵于内地神祇乎。当春夏之交,渔民虫胃集于庙,焚香祷祝,掷而知其来,又筶卜可捕,以为神之许也,则捕之。"可见,由于鳅鱼(即鲸鱼)"其来也无形,其去也,无踪",捕捉难度大,捕鳅前渔民往往要在海神庙"焚香祷祝",求神明启示,通过卜了解鳅是否会来。鳅来后,又通过卜请示神明是否可捕,神许以"可捕"则捕之。上述祭祀所涉及的海神主要有龙王、天后娘娘、船菩萨等。沿海渔民还有将鲸鱼视为海神而加以祭祀的。鲸鱼到了明清时期成为渔民捕捉的对象。但由于鲸鱼庞大凶猛,往往会危害渔船的安全,因此人们对它怀有惧怕心理。但鲸鱼在海上追食鱼群时,渔民尾随其后撒网捕捞,常获丰收。因此,古代有些地方的渔民以为鱼群是由鲸鱼主管的,从而对鲸鱼产生崇拜心理并进行祭祀。如山东沿海渔民称鲸鱼为"赶鱼郎",就是因为尾随其后捕鱼必获丰收的缘故。渔民见鲸鱼游行海中,视为吉兆,往往焚香烧纸,遥望祝拜。长岛渔民中至今流行这样的歌谣:"赶鱼郎,黑又光,帮助我们找渔场。""赶鱼郎,四面窜,当中撒网鱼满船。"因此,渔民又将鲸鱼视同"财神"赵公元帅。山东桑岛的渔民称鲸鱼为"老爷子",无论在岸上还是在海里,见到鲸鱼就烧香纸。据说,渔船跟着鲸鱼能网到大量的黄花鱼。因此渤海湾里打鱼的船只,在渔汛期若见到鲸鱼追食鱼群,称之为"过龙兵",船只不敢靠前,只烧纸钱祷告。等鲸鱼过后,尾随其后捕捞,可获得丰收。

出海前祭海、下网捕鱼作业前祭海神等,所有这些仪式,仅仅是表达渔民们的愿望而已,但捕鱼作业过程中遇到不顺利的事还是在所难免。在捕鱼中一旦出现不如意的事,渔民们则立即举行仪式进行补救。如浙江、江苏的渔民撒盐米于海上,并点燃稻草把,待冒出青烟,举之于船四周挥舞,以赶驱邪气。显然在古代渔民们的科学知识贫乏,无法解释海洋渔业生产丰歉的原因。他们无法准确把握鱼群的行踪,而把希望寄托于冥冥之中的海神,相信海神神通广大,能够为自己驱赶来鱼群,致使人类利用海洋资源获得财富。

三、在船中设置以妈祖为中心的神龛,为远航渔船护航

明清期间出海捕鱼的渔民,大都在渔船上设置神龛,供奉海神,以方便处于流动状态的海上作业中,名目诸多的祭祀活动。海洋渔业特别是远海作业充满危险,渔民出海前将妈祖神像和香火,请入渔船神龛中供奉。如浙江舟山群岛渔船的神龛,亦即"圣堂舱内,终日香烟缭绕,火烟不断"。福建惠安大山乍渔村的渔民"在海上捕鱼时,每条船上都供有妈祖神像,日日有人烧香供奉"。显然是为保证整个航程香火不绝,希冀海神保佑航行与捕鱼安全。渔船出远海捕鱼,时间长达半月或数月,若遇到神灵的诞辰、"成道日"以及牙祭日等。浙江舟山群岛的渔船,在海上同样要按岸上的习惯举行祭祀。福建沿海渔船上设有神龛,渔民出海时"带些香烛、纸钱上船,以备途中祭日使用"。下海捕鱼期间,每逢初二、十六的日子,他们要在船上做"牙"祭神。而东山县等地是初一、十五祭祀。渔船在海上逢这些日子,都要举行"祭祀妈祖、关帝、海龙王"。

　　海洋气候变化无常,突遇大风大浪时,渔民们即在船上的神龛前,燃香祭拜神明,化纸钱,做祈祷祈求神明保佑平安。宁波象山县的渔船,远出重洋捕鱼,在船上设"顺风旗",一旦风向有异,全船人均跪倒在娘娘神龛前烧香磕头。齐声祷告:"天后圣母娘娘显灵,保佑弟子平安。"福建惠安沙格渔民,在海上遇险情,人们总是虔诚地跪拜在妈祖龛前祈求庇护。渔民出海后,下网前祭海神,希冀海神送来更多的鱼。其祭祀也多在神龛前举行,由船老大领头,跪拜在妈祖神龛前。同时神龛前也是渔民海上酬神祭祀和相互交流情感的场所。宁波象山渔民,捕到第一条大黄花鱼,必须首先供船上的"妈祖菩萨"。同样,舟山群岛的渔民捕上第一网鲜鱼,也要先供奉船上菩萨。江苏海州湾一带的渔民,出海捕的第一网鱼取出敬龙王与天后娘娘。福建渔民在海上"第一网捕到的鱼,要挑一只大鱼祭献神龛前"。笔者认为把捕到的第一条大黄鱼,或从第一网中挑选最大的鱼献祭于海神,不仅是表达渔民的"酬神"敬意,更重要的是以此祈求海神为他们送来更大的鱼群。

　　渔民在海上的祭祀活动,大都在神龛前进行,由于地域文化差异,渔船神龛中供奉的神灵虽都是与海洋相关,但也有略微不同。据史料记载:福建沿海渔船普遍供奉妈祖。惠安沙格渔村规模较大的渔船设有妈祖龛,较小的船只至少也要供奉一个香炉,将一条写着"天上圣母"的红布条贴在香炉存放处,表示妈祖与船同在。惠安大岞渔村渔船上大都供有妈祖。也有其他渔村的渔船也有供龙王,或王爷。漳州水"民"的连家船供"水仙王"。浙江沿海及其岛屿的渔船神龛,大都供奉妈祖"天妃娘娘";也有供奉的海神称"船菩萨"、"船关老爷"等;有极少数渔船,供奉观音菩萨。广东、香港、澳门的渔船,大都也供妈祖神像。笔者为此曾调查过舟山渔村,对其多元神现象请教有经验的"船老大"。他的回答是这样的:渔船上神龛供奉的海神,大都是历史上渔村信俗的神灵,有些经历史验证过灵验、由上辈人传下来的。舟山群岛居民和渔船的情况比较复杂,许多渔民与渔船都是外地人,来此打鱼后定居下来的。有人居住的岛屿中,"岛岛有岛神,有的一岛一庙,有的一岛数庙,所供祭的岛神有各岛相同的,也有某个小岛所独有的。如其中的嵊泗列岛,天后既是护岛神,也是护船神。渔民不仅在岛上建天后宫,供祀天后娘娘,而且在船上也供奉天后,尊为船菩萨"。他认为,关帝与天后一样,既是护岛神,也是护船神。渔民在岛岸上建"关圣殿"、"关帝庙"供祀关公,在船上供奉称为"船菩萨",俗称"船关老爷",也和妈祖一样是航海保护神。"也有人们喜欢关公,因为他是男神,渔民在船上多讲粗话,怕女神妈祖听了不高兴。"其他区域也有类似这种状况,分析有三个原因:

第一,神灵偶像是人们信仰心理的象征,反映渔民在海上渔业中多种信仰的心理需求。

东南沿海渔民的渔船上,供奉的护海神略有不同,有观音妈、土地公、关公爷、盘古爷,还有木工祖师爷鲁班,甚至寇承御等。在渔民心目中,诸神以妈祖为最高神。渔民在海上讨生计,希望海神能够保佑他们海上航行与捕鱼作业的安全。妈祖是航海守护神,保佑渔民航海与捕鱼平安。观音菩萨大慈大悲,能救渔民的苦难,关公爷生前是位刚烈勇猛的武将,在渔民眼里能威镇海域。鲁班爷是木工的祖师爷,也是造船的祖师爷,渔民供奉他不仅出于感激,而且希望他保佑渔船不受风浪的损害。在渔民眼里,海上捕鱼是在龙王爷的疆域里讨生计,捕捉他的鱼兵虾将,特别担心引起他震怒,因此供奉龙王爷是为了讨好他,免其兴风作浪,危及捕鱼与渔民生命。

第二,渔民在海上捕鱼作业条件极为艰难,需要群体的团结协作。

"一人难以背船过海",这是渔民中代代流行的一句俗话,它反映了海上捕鱼生产作业受自然环境的限制,具有明显的群体性与协调性。渔民群体的团结协作需要彼此讲义气,重义气的关公则为渔民所敬重,而寇承御"狸猫换太子"救了宋仁宗皇帝,至死不吐真情,被视为烈女,"义气"同样为渔民所敬重。因此渔民供奉关公、寇承御等,希望这些神灵,能保佑同船的人团结协作、齐心协力地投入渔业生产。

第三,海洋中的鱼群具有流动性,能否捕鱼丰收有很大的偶然性。

个别富有技术与经验的渔师,或船老大能通过观察水色、听水下声音,辨别鱼的种类、鱼群的去向以及鱼的数量,这些人死后被神化为地域神灵,往往为渔民所崇拜并被神化。船菩萨中的杨甫老大,生前就属于捕鱼技术高超与经验丰富者。相传他为福建一位寡妇捕鱼,捕来一船梅童鱼,进港过鲜却变成一船大黄鱼,使寡妇发了财。寡妇前往浙东舟山致谢时,发现杨甫老大竟是定海岑港老白龙化身。此后渔民便尊他为船菩萨。广东潮汕传说中的"长年公"生前因富有捕鱼经验与技术而受渔民信仰。江苏海州湾的"楚太",专门保佑渔民多捕鱼与安全捕鱼。应该说,杨甫老大、长年公、楚太等,是渔业的专业地域神,渔民供奉的目的,在于祈求保佑捕鱼丰收。

另外必须指出,渔船神龛中供奉的海神,并不是只有一尊,许多远海捕鱼的大渔船往往供奉多尊。如浙东舟山渔船在船菩萨两旁,还供奉顺风耳、千里眼两个小神偶。福建沿海渔船,除供奉妈祖或龙王、王爷外,也同时供关帝,等等。渔船神龛的这种诸神合祀现象值得探讨。一般说,合祀数量越多,亦即海神偶像种类越多,在海上渔业过程中的保佑功能也就越多,越齐全。这种合祀现象,是漂泊于大海上讨生计的渔民复杂的信仰心理需求的表征。

显然,浙东沿海渔村和渔船上的妈祖祭典和设置神龛供奉海神崇拜,是渔船出海远航前原始海神信俗活动的承袭与延续,渔船供奉海神像,使海神信俗活动,能够最直接地贴近海上渔业生产,不仅方便了海上渔民对神灵信俗的祭祀活动,更有意义的是使越信俗文化,在历史的长河中祖根文化的继承与延续。使所供奉的海神能伴随、保佑整个民族的海上航程和渔业过程,使渔民在与大海的开拓中,增强战胜惊涛骇浪的信心与勇气,去追求海洋渔业的经济利益和信守民族的原始海洋文化精神,为人类文明作出贡献。

第三节　海隅要地:浙东民间象山天后宫考

从文物普查资料看,宁波市共有妈祖庙(天后宫)为 79 座,下属市(县)以象山县为最,共有 21 座。象山县境三面环海,东临大洋,一路贯穿陆地,史载:"皆蕃舶闽船之所经"的海洋要塞之地。在历史上海洋捕捞,海上航运、贸易十分活跃。尤以县南的石浦港,山环水抱,船路曲折,港内南北两岸,大小船只均可停泊,历来为浙海洋中路重镇。其中石浦、东门、延昌原住户,有不少为闽越移民,虽与福建远隔千里,却有着千丝万缕的血缘渊源。闽人奉妈祖为海神的信俗,在象山县境内反映最为凸现。以下以石浦东门岛等 10 座天后宫为例,考证妈祖信俗在渔民中的崇信地位与信俗文化传播。

一、石浦东门岛天后宫

东门岛老道头宫基山麓天后宫为象山县境内保存最为完好的一座。该宫宫址占地面积约 2000 平方米,建筑面积 1280 平方米。庙为二进二横,逐步提升。整个建筑为穿斗式与抬梁式相结合。门楼五间,前设石阶九级,山门三洞,双扇厚板门,中门额枋上,置朱金雕刻"天后宫"匾额。下有四门簪,书"圣母娘娘"四字。廊柱粗壮,覆盆式柱顶石,高厚古拙,柱对楹联:"生于庶民益于贫民恩披黎民;出于湄洲功亏九洲惠播神州";其二为:"岛以妈祖秀,一港澄明映日月;人因天妃福,万民款洽辉春秋"。

入门为倒座门楼连戏台,台高1.95米,台顶藻井制作讲究,由8块弯板拼组而成,中镶嵌圆形铜盆,以收音色圆润洪亮,"绕梁三匝有余音"之效。戏台筒瓦屋面,平缓舒展,翼角翔飞入云,充分显示东方艺术特色。瓦花漏脊,卷尾龙吻,中嵌火焰珠。下塑三顾茅庐人物象。垂脊塑骑马武将,戗兽危坐。台前悬一联:"两副面孔,演尽悲欢离合;一曲戏剧,唱醒今古奇观。"耐人玩味。

大殿五开间,五架梁庑殿顶,轩廊卷棚式,梁柱均有各种雕刻,凤凰、牡丹、狮子滚绣球及人物像,精致美观。殿额枋上悬有"灵昭海国"、"民不能忘"、"千秋遗迹"、"百世蒙庥"等匾额,为民国时邑人任筱甫、丁希贤等所赠献。殿前有:"海不扬波,稳渡显拯遐迹;民皆乐业,遍歌母德开源"和"聪颖睿智贞身自强美德实至天;力效公益扶弱济贫人仪堪称后"等对联。中堂塑妈祖娘娘像,头戴凤冠,衣着金黄色绣花彩袄,神态庄严俏丽。大殿两侧立有千里眼和顺风耳及顶风、平浪等神像。

大殿屋面为小青瓦,正脊卷尾双龙吻吐水,中镶火焰珠,下塑双鱼游海的吉祥图案,寓"年年有余"良好祝愿。背阴作凤翔牡丹。顶五段式葫芦宝瓶,垂脊端塑二武将。屋脊花墙前盾书吉祥祝颂,前书"风调雨顺",背书"合境平安",充分表达农业社会"仓廪足而后知礼义"的深意。

关于东门岛天后宫创建年代,众说纷纭,一谓建于宋立东门寨时,一谓于元代设东门巡检司时,也有说在明洪武间昌国卫迁东门时。考其所用石质构件形制,只能肯定其为清代以前物,今门楼栋梁上刻有"大清嘉庆二十四年(1819)重修"题识来看,应该为清嘉庆廿四年(1819)重修。

东门岛在象山半岛南端,衔接宁海之东,故名东门。与石浦隔港相望,亦海道要冲。《汉书·地理志》载:越有天门山。《舆地广记》谓:即今象山东门岛也。清诗人王植三,在《东门竹枝词》诗中云:"逶迤山势自西来,谁把天门跌荡开。浪起中流横石闸,天教雄险镇明台。"东门岛像石闸一样,横卧在浙东海疆中间,镇守明州、台州之地,为"屏陆隙海,郡之要镇"。唐辟为渔港商埠,宋嘉定二年立东门寨,元设巡检司,明洪武间(1387—

1394)，昌国卫从舟山移置于此，筑有城垣。20世纪中叶，设气象台于炮台山，预报台风，卓有成效。

东门岛人靠海为生，以渔为业，解放后摆脱渔霸苛杂，始得复苏。20世纪80年代以来渔业兴盛，蔚为"浙江渔业第一村"，一派欣欣向荣的景象。东门岛渔民世代业渔，其海上生涯，出入于惊涛骇浪中，出死入生。渔民祈求神灵庇佑，已成习俗。所奉海神，即为妈祖。相传她曾随父兄来东门，渔船出海遇风，祷之无不应，渔民感其恩泽，在岛东南宫基山南麓原老道观旁，立祠塑像，按时致祭。村民凡提及"娘娘菩萨"，莫不家喻户晓，儿童则称之为"福建来的太太婆"。

此宫的兴建历史悠久，历为岛上渔民的精神支柱。曾一度借办"渔民子弟小学"。20世纪80年代，学校搬迁，由乡人潘妙青、许良玉等人发起，得岛上渔民鼎力相助，先后耗资80余万，复其原貌，是县内保存最完好、整修最精美的妈祖文化旧址。

按时致祭海神妈祖，在东门岛已成习俗。每年夏历三月廿三，为妈祖诞辰，也是东门渔民扬帆出海，北上岱衢洋，捕洋山黄鱼的启程日。出海前举行祭祀庆典和演"庙戏"，确保平安丰收，成为村民一年中盛事。庙会自十五开始，各长元（船主）备三牲福礼，荐享天后，虔诚祈祷，上供必择涨潮时分，期财源随潮滚滚来。各长元（船主）还把"船菩萨"及千里眼、顺风耳神，恭恭敬敬放在后舱圣堂神龛内，香烛悉备。引路红灯笼一盏挂在船头，以驱邪保平安。天后宫日夜连台，演戏日期自5天至10天不等，号"出洋戏"。庙戏过后，趁良辰吉时，顺风顺水，大捕船扬帆北上，也有携家带口去岱山的，船埠上人头攒动，锣鼓阵阵，鞭炮声声，在开船号声中，渔船鼓棹扬帆。

洋山黄鱼汛于夏历六月二十结束，渔船返航归里，再次到天后宫演戏庆丰收，庆祝平安归来，称"谢洋戏"或"还愿戏"，由高产渔船出资包演，盛时连演十天十夜，天后宫热闹非凡，人流如潮。夏历九月初九，为妈祖羽化升天之日，渔妇村姑纷纷到天后宫，进香祈福，又是一番盛况。岛上韩素莲等热心乡人，经多方奔走，共襄盛举。癸未年（2003）九月初九，一尊缅甸玉天后妈祖雕像，高5.1米，底座为4.8米，总高9.9米，意为九月九妈祖升天之日，耸立门头山巅。天后妈祖雕像面朝大海，巡视海洋，护国庇民，保佑渔船民平安回归。

在妈祖升天台不远处，有抗倭古炮台遗址，尚有清代古铁大炮两门，是浙东沿海民众,英勇抗击外来侵略者的历史物证。旁还有观海亭、海神桥、蔡元培雕像题词碑、《渔光曲》拍景纪念碑和毋忘国耻碑、天门馆、古灯塔、二难先生墓等文物古迹。附近景色幽雅,每当潮涨时,海涛拍岩,潮音铿锵。眺望茫茫东海,海天一色,渔舟唱晚,蔚为壮观。

东门岛上民俗民风很好,岛上渔民说与他们信奉妈祖有关。历代渔民碰见海上遇难者,总是停船下来,先救活人,后捞尸体,运回岛上进行治疗或埋葬。岛上村落能真正做到"夜不闭门,路不拾遗"。东门岛天后宫曾为学校,国家定为文保单位后学校搬迁,经过修缮,成为老渔民聊天、休闲和文化活动的场所。年轻渔民由妈祖信俗精神凝聚起来的孝敬长辈、关爱他人、精诚相助的道德观和舍己救人的精神文明仍在岛上代代相传。[①]

二、石浦延昌天后宫

延昌天后宫现在石浦镇内,此地原称盐仓前,原是一片海涂滩叫塘岸,为闽船锚泊之地。那时闽船的船头,均没有一个储放盐的船舱,故这一带塘岸叫盐仓前。解放后,改名为延昌前,与盐仓前谐音,意为石浦城区昌盛延伸之地。

延昌原住户,大多为早年福建移民,如纪家、柯家等。虽与福建远隔千里,却有着几百年的血缘渊源。福建商人经海道来此落脚营生,或以石浦为中转点,将甘蔗、桂圆、红糖、柚橙等运销沪、甬各地。这一带海上贸易关系绵延数百年而不衰。奉妈祖为海上保护神的民俗信仰,随至传入。相传于清嘉庆九年(1804),福州寓户黄其鸣等人捐建天后宫于石浦延昌街。浙江巡抚陈若霖(福州人),捐俸竖额"三山天后宫",其海涂砌南北二道,以便行旅,勒石道旁,内设三山会馆。嘉庆二十五年(1820)庙宇竣工,前后工期达17年。后由福州闽县举人陈敬丹等,福州祖籍人士管理庙事。旁三山会馆,为楼房八幢,称上八间、下八间。会馆是同乡会的别称,其作用是为福建同乡提供援助,协助解决诸如医疗、海事、食宿、诉讼等事宜。三山是福建福州市的别称,以旧福州城内,有九仙山、乌石山、越王山而得名。

原延昌天后宫背负青山,一泓清流绕宫墙而后东流。占地约2400平方米,建筑面积约1600平方米。殿宇巍峨,气象万千,戏台的顶棚采用传统的藻井结构,层次丰富,雕工精致,具有良好的音响效果,为象山古戏台之最。

---

① 参考当地丁爵连、朱华庭提供资料。

殿侧厢房及后院精舍为二层楼房。殿、楼、台下相间,错落有致,雕梁画栋,极尽富丽。新中国成立后,庙宇改办延昌小学,神像悉毁,山门、门楼及戏台被拆。近年来,政通人和,由村人王兴根、刘根全、龚世财、秦美萍等人发起,多方筹资 20 余万元重修宫庙,建水泥戏台一座,妈祖堂三间,置圣母娘娘塑像一尊,侍立千里眼、顺风耳二神像,使妈祖香火得以万世传薪。

农历三月廿三,是妈祖娘娘诞辰之日,停泊在石浦港的浙、闽、苏、沪、港、澳、台渔船商轮船员和当地群众,人涌如潮,都来朝拜妈祖娘娘。管理庙众柱头和船老大分别在天后宫、延昌船埠头操办庆典活动,妈祖堂悬挂红灯,点烛烧香,三牲福礼满堂。邀请剧团演出 5 天 5 夜,有时 10 天 10 夜。石浦渔港热闹非凡,每只泊港渔船的桅顶,都挂上红灯笼一盏,每对渔船的网船桅杆下,摆起五盘福礼,点上红烛,三支清香,供祭妈祖娘娘,虔诚祈祷"保丰收平安"。还有民间的龙灯、马灯、鱼灯、舞蹈等,近千名群众参加庙会,锣鼓声、鞭炮声响彻云霄。

近年来,积极创建渔村村落文化活动中心,延昌天后宫成了石浦延昌泉州会馆。原泉州会馆在延昌老街与东关路廊之间。沿着狭窄的延昌老街石板路,往西行 200 米,顺着 20 余级石阶,就到了红墙青瓦的泉州会馆:大门为石库门,两扇厚实木板门,上额依稀可见"泉州会馆"石刻四字。进大门走 7 级石台阶,有石板铺砌小天井,正屋 3 间,建筑面积约 80 平方米,朝东南。中堂中塑立"保生大帝"神像,左立红脸广泽尊王、右立黑脸清府王爷神像,称之三王爷。

相传,清乾隆年间,泉州商船常把桂圆、荔枝、核桃、红糖等南货及木材运抵石浦,将这里海货等土特产运往福州、泉州等地,来往频繁,生意兴隆。泉州商船一般都泊于东关山脚的海岸边,为泉州同乡提供食宿、海事、诉讼等援助,在东关山坡造客栈,曰"泉州会馆",会馆内供奉天后娘娘为海上保护神。石浦与泉州海道航线的开拓,促进了天后信仰的传播。[①]

三、石浦东关天后宫

石浦东关天后宫,在民国《象山县志》中载明:建于清道光年间。在东关路廊北面,海拔 40 米处的小山岗上。清时东关山前,泊满从福建的泉州、惠安、崇武等地来的渔舟和绿眉毛商船,有许多福建人迁居于此。祭海神

---

① 由丁爵连、龚世财提供资料。

妈祖的习俗也随之传入。东关天后宫原是一座规模宏大、气势非凡的庙宇。占地三亩多,进山门,为门楼、戏台、大殿、后殿及厢楼,为三进两横,旁有观音阁及生活用房,宫前筑有照壁,是远近闻名,香火鼎盛的妈祖庙宇。

民国 15 年(1926),东关天后宫毁于一场大火,成了焦土,当时宫柱头叫阿祖(女)师父,迫于无奈,将从大火中救出的"圣母娘娘"佛像,运藏到天台国清寺。后由国清寺方丈资助,重建宫庙,现大殿中堂石柱上书有:民国 21 年(1932)岁次壬申秋月吉旦,石刻对联书:"海不扬波纵无岸无边,稳渡慈航于旦夕;民皆乐业应诚惶诚恐,群歌母德最高深。"宫庙于民国 21 年重建后,大殿为七间,今中堂悬挂"圣母殿"匾额,堂中置"圣母娘娘"座像一尊,后殿比前殿高出三尺,亦为七间,前、后殿之间两侧各有二幢厢楼。后殿曰:慧云庵,有观世音菩萨、弥勒佛等造像。

当时重建成前、后殿后,宫庙因资金不足停建,阿祖师父不辞辛劳,去宁波、杭州、临海等地苦口婆心化缘,复其原貌,当地士绅也有答应出资赞助,但当阿祖师父在三门蛇蟠,定好石料返回东关,不幸得病亡故,庙宇修复从此停工。后因战乱,一直未能复其原貌。现在人们看到的是前后两殿十四间和二旁厢楼四幢。

20 世纪 50 年代至 70 年代,东关天后宫被作为石浦竹器生产合作社办公用房,及职工家属住宅。现除前殿中堂,已被恢复为"圣母殿"外,其余房屋仍为居民住宅。东关天后宫,坐西北朝东南,环境幽雅,背倚青山,面临渔港,铜瓦门跨海大桥尽收眼底。[①]

四、石浦南关桥外天后宫遗址

此宫当年威据海隅,俗称大宫。据民国《象山县志》载:石浦南关外天后宫,雍正县志谓在石浦南关桥外,在康熙年间由王廷凤等人倡捐重建,里人即设廷凤像,祀之后殿。王廷凤是福建晋江县人。康熙任定海镇,每岁巡哨倭寇,泊舟石浦,捍卫地方。又捐俸重建天后宫。民感其德,置像于天后宫后殿,祀之。

又考史志:康熙十四年,曾养性于猫头洋,我师失剩。邑都司王焘、千总王天才并死于难。王廷凤之巡哨,当即其时。若倭寇之乱,自元至大二年起,至明嘉靖三十六年,王直来降而止。康熙间无倭寇,廷凤巡哨倭寇兴

---

① 　由丁爵连、樊阿万提供资料。

其时不合。又考《定海县志》：康熙间总兵官有吴英、王大来等六人，而无王廷凤姓名。又其时，游击有王腾、王珍、王天贵，并守备王导，亦无王廷凤名，岂定海志轶其名。与其因巡哨泊舟，而得祠祀于石浦，则其德泽之及于民者深矣，附订于此。

此宫于乾隆四十年重修。《蓬山清话》曰：天后宫在石浦城，南门外。又一在南门外，大约海裔皆祀之。吴志伊《十国春秋》有传一篇。父都巡名愿。郎瑛《七修类稿》①记载：天妃，莆田林氏都巡君之季女也，幼契玄理，预知祸福，在室三十年。宋元祐间，遂有显应立祠于州里。元至元中，显圣于海，护海运。万户马合法忽鲁循等，奏立庙，号天妃。明洪武初，海运风作，漂泊粮米数百石于落祭，万众号泣天妃，则风回舟转，遂济直沽。封昭应、德正、灵应、孚济、圣妃娘娘之号。自后海舟显圣不一。四方受恩之人，遂各立庙，故今到处有之也。

今案《清话》所引文多缺误。《续文献通考》称神，莆阳湄州林氏女，少能言人祸福、设庙祀之，号通贤神女，屡著灵应。宋高宗绍兴二十六年，以郊典封灵惠夫人，屡加昭应崇福善利之谥。光宗绍熙元年，易爵以妃。又加助顺，宁宗嘉定元年，加英烈。元世祖至元十五年，封泉州神女，号护国、明著、灵惠、协正、善庆、显济、天妃。二十五年，加封广佑。成宗大德三年，加护国、庇民。文宗天历二年，加广济、福惠，赐庙额曰灵慈。顺帝至正十四年，再加辅圣。明成祖永乐七年，封护国、庇民、妙灵、昭应、弘仁、普济、天妃。至清圣祖康熙二十三年，封天后。五十九年，奉旨春秋致祭，编入祀典。《清会典》同《采访册》载："此宫内设闽广会馆，道光十九年修。"

此宫于1956年，"八一"台灾，部分庙宇被毁。1960年拆建为石浦工人俱乐部，遂废。俱乐部后改修为水产公司职工宿舍。

五、南田岛金漆门圣母宫

此宫在南田岛金漆门渔村。民国时，这里曾为三门湾渔业会所驻地。宫址在小南山嘴岗坡、金漆门水道口北，俗称天后娘娘宫，坐东朝西面临猫头洋。建于清同治五年（1866），占地千余平方米。有大殿三间，建筑面积63平方米，原殿南有露天石戏台一座，在"文革"中被拆除。

---

①　郑鹤声、郑一钧编：《郑和下西洋资料汇编》增编本（上册），海洋出版社2005年版，第583页。著录作：明严从简《殊域周咨录》语。

清光绪十二年（1886）十月重修，有梁上"台州渔胞南田岛金漆门圣母宫金贵庚等 16 人捐银重修，飞龙光绪十二年菊月吉旦"，"信圣母宫。邦公建启"记载为证。1999 年 2 月，本村及附近村民集资重修，圣母宫前百步台阶在南首扩建边屋两间，山脚铺台阶 213 级至圣母宫。在建宫时考虑岗坡风力大，大殿为封闭式建筑，迄今保持着原貌。

在"拜佛拜一世，不如门头佛拜一记"传统信仰下，这座建在金漆门水道门头边的圣母宫，历年来香火鼎旺。每年农历三月廿二夜护佑期，此宫连续做戏五至七天，行庙会祭典妈祖菩萨。有来自三门、高塘、石浦、鹤浦信徒多达近千人参与。[①]

六、石浦对面山岛湖礁湾圣母娘娘庙

湖礁湾渔村在石浦东南 3 公里处，对面山岛东北角，对面山北麓，与东门岛灯塔隔港相望，相距最近处 150 米。清光绪元年（1875），其祖从三门迁此建村。全村 80 余户，楼、刘两姓居多，靠海为生，以渔为业，出没于惊涛骇浪中，出死入生，渔民祈求神灵庇护，便成习俗。所奉海神，即为妈祖，当地人称之为圣母娘娘。

在村中央，建有天后娘娘庙一间，坐北朝南。两侧墙上画有张果老、蓝采和、曹国舅、汉钟离、何仙姑、吕洞宾、韩湘芝、铁拐李八仙人像图。中塑立天后娘娘神像一尊，两旁塑千里眼、顺风耳及财神、土地神像。每岁三月廿三圣母娘娘生日，七月半念太平佛，在庙前及村中路口放旱灯，点烛进香者甚多。

庙南面山上，有坑道井一口，井水清澈甘洌，可供自流引用。庙西翻过小山岭与对面山村相邻。庙东岬角雄踞，海岩嶙峋，斗风搏浪，海融岩洞多处，可供戏要坐卧，采贝拾螺，有块长五百米的大沙滩，日黄沙湾。庙北有一长方形的大岩，有东门门头航门，下有石老虎礁，地势险要，海潮汹涌，海舟入港，可临白村北海湾，筑有石砌道头一座。有渡轮一艘可载客 180 人，每日四班，往返湖礁湾—对面山—东门—石浦之间。原在村北小山嘴奕伸处，造有铁架灯塔，与东门门头岬角的古灯塔相映照。环境幽雅，林木葱郁，鸟鸣蝉唱，海鸥盘旋，岛礁、沙滩、蓝天、碧海、阳光、空气，令人喜爱。[②]

---

① 由潘三尊提供资料。
② 由丁爵连、郑松才提供资料。

七、石浦昌国蛟龙村柴岙龙圣宫

在昌国东北三四公里处,沿着岳头沙滩往东,有一座山势如蛟龙般逶迤的大湾山冈。其东南麓有一自然村叫柴岙,属蛟龙村。清乾隆间,黎姓祖宗从宁海迁入建村,初以打柴为业,故称柴岙。现农渔兼营,村有码头,供渔船停靠避风。供奉天后娘娘的龙圣宫,就坐落在柴岙村东头。

据说,清朝末期,有村民在沙滩发现随着海潮漂来天后娘娘木雕像一尊,有人捡回家供奉。一晚,村民做梦,梦见天后娘娘开口,自述她从福建来,若建庙祭之,定会保佑渔民,出海风平浪静,捕鱼满舱而回。此事传扬开来,蛟龙、岳头等地村民纷纷相助造庙,曰龙圣宫。大殿五间,供奉天后妈祖娘娘,立其为海上保护神。至“文革”遭拆毁,改建为小学。20世纪末,村民黎阿宝,见学校合并,宫址闲置,于是发动渔船老大资助,募得3万多元于1999年重修。

新修之龙圣宫,复晚清建筑原貌。门楼连戏台,两旁厢房,五间大殿,建筑面积约120平方米,中有小天井,约30平方米。庙为二进二横,左右对称,渐进递升。上大殿有石阶四级。大殿正中供奉天后娘娘祖木雕神像,东西两侧,置平水大帝、张元帅、田元帅、小将军、土地、财神诸神像。正殿柱上有对联三副,由外及里分别是:“人生忠气山河壮,千载精神日月光”。“山川结为衣冠气,南海莲花九品香”,题额为“龙圣宫”。“天后舍身救圣主,千年万载美名扬”,题额为“天后娘娘”。门楼戏台也有对联云:“玉笛飞声赤风来,金铃对舞红莲拆”。

每年佛事最盛是正月十四和三月廿三天后娘娘诞辰日。按传统习俗,在正月初六那日,燃稻草给天后娘娘烘脚。十三晚上,娘娘神像“出迎”。全村村民轮流作东接迎,一年轮一户人家。轮到的村民,所有的佛事开销均由其承担。他得把佛像迎到自家堂前,献上三牲、福礼供奉三日,然后恭送回龙圣宫。十四晚上,在村里大晒场上做戏。并有“同兴”表演绝技,背着大旗串阵,用燃烧着的火圈绕身转,甩刺球,挥大刀劈自身,直劈得血淋淋,待娘娘佛像回龙圣宫后,其伤口自愈。这种表演过于血腥,现已失传。三月廿三天后娘娘诞辰日,大多是演戏娱神。

龙圣宫香火颇旺,周围的岳头、半边山、昌国、石浦等地渔民也赶来点烛烧香。据传,天后娘娘很灵验。一次,渔民们穿着灯笼裤在家闲居,天后娘娘要他们“出洋”,说是明后天潮水涨起,黄鱼拢群,并说在那有几根棒子插着的洋面处便是。果然,黄鱼拢群,船舱装载不下。在天后妈祖庇佑下,渔民捕鱼产量高,生产安全。为此,渔民认为妈祖娘娘法力广大,进而衍伸出了种种神话。[①]

八、花岙岛圣母娘娘庙

花岙岛位于高塘岛南,西靠三门湾口,东临南田湾,因岛上多花鸟,故称花鸟岛。又因孤悬于海,亦名悬岙岛。后二名合一称花岙岛。岛有一峰,雄伟挺拔,巨岩屹立,高 200 余米,状若大佛之头,故别称大佛头山。有史籍载,唐宋因日本人入贡,依此山为向导。岛南部雉鸡山南坡为花岙村。

清光绪元年开海禁,杨姓祖自温岭大溪迁此建村,全村 150 户,现金姓居多。农渔兼营,渔业从事近海捕捞和养殖。村民历来奉天母娘娘为海上保护神,建庙三间,建筑面积约 80 平方米。座西北,朝东南。庙北的雉鸡山上有张苍水屯兵遗址,为县重点文物保护单位。庙南临三门湾猫头洋,庙前有一片弓形沙滩,据说其旁有一排大樟树茬。东为德人山。翻过小山坳,为清水澳、天筑塘有鹅卵石滩,“多五色玲珑石子”,海岸边有一片蔚为壮观的石林,令人赞叹不绝。今有乐清人,在此开发旅游风景区。

庙中堂立圣母娘娘塑像一尊,旁侍立宫女两人,两侧塑有财神、土地、判官等神像,栋梁上有“民国戊午年三月立”墨迹,悬挂有“水德参天”的匾额和“神威显赫”的横幅,庙内烛光通亮,香火萦绕。

每年三月二十三,举行娘娘生日庆典演戏娱神。七月半前,村上众多信女在此念太平佛,请道士来放焰口,做几只纸船点上蜡烛,傍晚时在庙前沙滩施放水灯,祈求天母娘娘保佑,全村老少平安,海上船只太平。[②]

九、高塘岛珠门圣母娘娘庙

珠门村在高塘岛西 4 公里处,南临珠门港,建有石砌道头两座,西抬头可见宁海满山岛,属猫头洋海面,东邻金高椅村。珠门全村 200 余户,900 余人,清咸丰六年,梅姓由三门任梅迁此建村。现村中胡姓居多。村民农渔兼营,以渔为主,今 130 户从事养殖紫菜,40 余户从事近海珠门港张网作业。

天母娘娘庙坐落在村西老爷山嘴秆岩下海拔 18 米处,座四北,朝东南。

---

① 由潘文戈提供资料。
② 由潘三尊、丁爵连提供资料。

庙仅一间,约30平方米,大门额书:天母娘娘保佑,盈联书曰:"男男女女平安无恙;家家户户人财两旺。"庙中佛龛置圣母娘娘塑像一尊,东首墙上悬挂"慈母关爱"锦旗数枚。此庙建造年月久远,但无文字记载。据村中老人回忆与建村同时(即清咸丰六年)。

渔民奉圣母娘娘为航海保护神,每岁农历三月廿二护夜,廿三为妈祖诞辰日,礼拜娘娘菩萨,备三牲福礼。七月半念太平佛,扎稻草船数十只,置纸灯其上。在珠门港顺潮而漂,曰:"放水灯",祈祷捕鱼人太平无事。庙里香火旺盛,供奉者众。

2000年,由来自珠门办石厂的三门人出资重修。①

十、涂茨毛湾天后娘娘宫

从丹城驰车往北,经大徐镇汤家店,往东到涂茨镇前山姚,折南穿过隧道,约20分钟,即到毛湾渔村。村东原有一大石,相传,康王赵构避难象山,登此上马,后人称"龙马石",村人别称"上马石"。村西南庙龙虎逶迤,东南有海湾,以猫头嘴得名猫湾,谐音"毛湾"。

村民以渔为主,奉天后妈祖为海上保护神。百余年前在猫湾嘴涂滩旁,立祠塑像祭之。每当大风来临,渔船避风,泊舟于宫前,宫庙里香火旺盛。善男信女虔诚祈祷天后娘娘保佑,祷之无不应,渔民感其显应,纷纷来还愿,致祭天后娘娘,送来锦旗、匾额数帧,上书"神威显灵"四字。宫庙虽只一间,但远近闻名,附近十里亭、后七埠等村民,每岁五月初五(端午节),来宫朝拜者络绎不绝,宫里烛火通亮,香烟萦绕。

2000年8月,因猫头嘴围筑海塘,村民商议,迁宫庙至村东上马石旁。现宫为3间,砖木结构,约60平方米,前为水泥天井,约50平方米,外砌围墙,设大门两扇。东首一间,置天后娘娘座像一尊,旁侍立千里眼、顺风耳神像。西首2间,为出资建庙者倪惠凤夫妇的生活用房。

近年来,因海洋资源衰退,毛湾人转产改业,从事建筑、办企业、从商者不少,业渔人数逐年递减。但乡人祭祀妈祖习俗未变,逢年过节,皆来天后娘娘寓,点烛上香,祈求幸福。

---

① 由潘三尊、丁爵连提供资料。

第四节　多姿多彩的东海渔村习俗文化

浙东沿海渔村民间信俗文化的开展与传播,在历史上就非常丰富与活跃。长期与海相伴、靠海为生的劳作方式,深深地影响沿海人民的生活观念和心理特征,也形成了渔区与妈祖文化相关联、独具特色的风俗习惯。从前在渔区,每当渔民出海,妻儿家人总要在码头相送别,渔民们也要放鞭炮、喝酒以壮行。而每当鱼汛来临,他们都要去敬拜妈祖,祭奠大海,祈求生产丰收,祈盼平安归来。

舟山渔场与象山石浦的渔文化,在浙东应该说颇有代表,不仅历史悠久,而且内容丰富。这里有气势豪放的码头锣鼓,有风情独特的鱼灯会,有别具特色的渔民秧歌,有庆贺渔汛的渔家龙灯和渔家子女的马灯队,有渔区丝竹小调和悠扬激越的渔工号子,还有造型各异的昌国抬阁,都深受渔区群众的欢迎。"三月三,踏沙滩","妈祖赛会","六月六迎神赛会","七月半放水灯"等民间文化活动在区域内外也颇具影响。近年来,由象山县政府举办、为期三天的"中国开渔节"更成为展示渔区民俗的盛大庆典,踩街、对歌、抬阁、挂鱼灯、舞龙灯、跑马灯等一系列古老的民间活动,纷纷登台亮相,重新焕发了新鲜而持久的活力,而其中最具震撼力和影响力的要数开船仪式和祭海仪式。

这些多姿多彩的地方习俗与妈祖崇信活动,丰富和提升了我国的海洋文化习俗,并对以妈祖文化为合理内涵的地域海洋旅游业的形成与繁盛,起了很大的推进作用。

一、"中国(宁波·石浦)开渔节"的祭海仪式

丰富的海洋文化合理内涵,和远播四海的民间妈祖崇信习俗、蓬勃发展的东海渔业生产与海洋旅游资源,使象山县人民政府率先举办了"文化搭台,经济唱戏"的"中国开渔节"的系列活动。自 1999 年至 2010 年 9 月 15 日,已办 13 届,宣传地域文化精神,获得社会各界人士的好评,并带来丰硕的经济效益。集中历朝历代县志记载的精华,把祭海仪式推向高潮。"中国(宁波·石浦)开渔节祭海典礼"内容与形式如下:

(1)祭海典礼开始:和平鸽飞上蓝天　鱼蟹虾放归大海。

上午 8 时正,祭海主司仪(石浦镇镇长)登上祭台郑重宣布:"中国(宁波·石浦)开渔节祭海典礼"开始。

主祭人(象山县县长)、陪祭人有省、市、县等领导相继登上祭台。

(2)宣读祭文仪式:击鼓、鸣锣、吹号、放鞭炮。

祭台庄严、肃穆,台下锣鼓、琵琶、长号等乐队严阵以待。40 面龙旗、鱼旗迎风招展。各界代表排着整齐的队伍肃立两旁。由主祭人宣读祭文。

祭文内容:"人与自然,休戚攸关。陆与海洋,脉脉依偎。然而大海索取无度,必危及人类自己。纳百川叮不竭,节细源使永远。故自九五,施行休渔开渔。政府立法,渔区尊奉,以保长渔久业。"(此文每年为不同)

(3)献五果仪式:祭文宣读完毕,主祭人、陪祭人带着 40 名仪仗手,由礼仪 1 名手捧祭文,另有 18 名捧玻璃鱼缸儿童,5 名捧五果的礼仪,9 名捧锡酒壶礼仪,走向大海献礼。

全体祭海人员肃立,面向大海三鞠躬。在渔家乐的乐曲声中向大海献上红枣、桂圆、花生、核桃、荔枝等五果。

(4)"放海生"仪式:随着《梅花三弄》乐曲声,"放海生"仪式开始。

由 18 名男女儿童抬着装有鱼、虾、蟹等海洋生物的玻璃鱼缸。与主祭人、陪祭人一起将鱼缸护送到海水中放生。18 只装有海洋生物的大缸,在 18 位船老大和 36 位青年守卫的护送下,也抬到海水中放生。

随着主司仪宣布"礼成",锣鼓齐鸣,鞭炮震耳。200 只信鸽带着全体半岛人民的美好祝福,飞上蓝天,飞向大海。

(5)开船仪式:每年开渔节压轴戏是此仪式。

石浦港内彩旗猎猎,千余艘大马力渔轮整装待发,岸上人山人海。开船的锣鼓敲起来,欢快的舞蹈跳起来,远航的汽笛响起来,十里渔港成了欢乐的海洋。

随着主司仪宣布开船——千舟竞发石浦港,万人空巷观开船。

二、三月廿三妈祖生日庙会

此俗在东海渔场已有表述,此文已为综合。夏历三月廿三为妈祖诞辰日,也是渔民出海捕黄鱼的启程日,为一年中渔村最为重要的节日。通常的妈祖庙会有三个内容:

(1)祭拜天后妈祖上供。一般在这个月的十五便开始准备,需选涨潮时分,备三牲福礼,荐享天后,虔诚祈祷出海平安和广纳钱财(多捕鱼)。传统的做法供品陈列有序。在殿前天井里置八仙桌两张,分供猪羊各一。大殿中堂又放八仙桌两张,陈列鸡肉鱼蛋豆腐和面食等5～8大盘上供,盘头供品放在红漆桶盘中,五果、点心不用大盘。

(2)吉时已到,红烛高悬。由主祭长元(船主)上香献爵,行跪拜礼,虔诚祝祷。礼毕,退立。众船上伙计跟随跪拜如仪。礼成,在妈祖神灵前求得三角小旗(俗称令箭)一支后,请"妈祖菩萨"上船。由长元手捧红漆大桶盘,置神像(有木雕或泥塑神像,也有以"令箭"插以四角香袋代菩萨的)。两旁列侍千里眼、顺风耳神。香烛悉备,出殿时,代舵(俗称二肩)撑黑布护顶,三肩提灯笼前导;恭恭敬敬地把"菩萨"请上渔船,放在船圣堂神龛内,顶礼膜拜后而退;把红笼置船上,以驱邪保护众人平安。

(3)午后(也有提前)开始在天后宫内演戏娱神。日夜连台,连演5～10日方罢。戏团一般外请,远从浙江嵊县、天台临海诸地请来。戏文曲目一般为《桃园三结义》、《薛仁贵征东》、《赵子龙长坂坡救主》、《宝莲灯》、《辕门斩女》等传统戏。每晚开演前,均派一小乐队,到城隍庙、土地庙、关公庙、诸庙宇"请神看戏",把代表各菩萨的三角小旗"令箭","请"至天后宫。四庙宇菩萨都请全,有时还会加戏。加戏长元得另付戏班红包。

(4)如此"热闹"过后,渔船择良辰下海起航,岸上亲人送行。

三、六月廿三谢洋妈祖赛会

东海洋山黄鱼汛,一般至夏历六月二十左右结束。船队返航归里,渔村有举行"谢洋妈祖赛会"的习俗,演戏庆祝捕鱼丰收和亲人平安归来。一般由此渔汛中的"高产船"出资包演"酬神",俗称"谢洋戏"或"还愿戏"。

"谢洋妈祖赛会"程序与三月廿三"妈祖庙会"相同,只是多了一个"抢戏班子"的内容。各渔船主会大把地"化钱",选择聘请优秀戏班为自己的村坊"长脸面",还举行"妈祖出巡"的礼仪活动:选壮汉一名,手执大旗为前导,双面号锣,随后制作精良的牌灯两对,后由人扮"千里眼"、"顺风耳"和一大群宫女跟随。一顶大轿由八名壮汉抬行(系选择父母双全的青年)。"圣驾"过后,又有小轿一乘,上置炉香,谓之"香亭"。后随善男信女、护驾仪仗多人。手持各式武器,俗称"护驾百将"。

"谢洋戏"与出海庙会一样,要演5～10日,中午12时举行素餐庙宴。有的地方开展得比"庙会"还隆重热闹。

四、造船"点睛"的"祭船习俗"

船是渔民在海上作业、生活的基础,在渔民眼里比生命还要宝贵。自古以来东海渔场的渔民,除祭海外,还有一种祭船文化。象山东门岛在唐代就辟为渔商港埠,悠久的历史和独特的地理环境,使东门岛成为浙东海洋文化发祥地之一。这儿独特的"祭船文化"活动,自两宋始已形成习俗。

据当地渔民告诉笔者:岛上先民,有不少是从福建迁入,有"闽帮兴渔"之说。东门大捕船也由福建传入,后又从东门传至岱山、宁海附近诸地。清乾隆三年(1738),东门渔帮有大捕船80余艘。说起造大捕船,如同造房屋一样隆重、讲究。因为船是渔民的命根子,是渔民的家。渔民把船称为"木龙",造船先由大木师傅破术选料定龙筋。再请阴阳先生,选良辰吉日,在天后宫敬拜海神妈祖,用三牲福礼祈请保佑祭后,长元(船主)向大木师傅敬酒(大小师傅从福建、浙江台州等地请来,东门岛有名大木师傅就算邵广福),送红纸包钱礼。新船船壳造成后,要在船头两侧贴"龙头生金角,虎口出银牙"对联,在船尾栏板上挂"风平浪静"或"海不扬波"横幅。

祭船文化的关键之处,就是"点活"船眼睛。新船船壳造成,由大木师傅选用上等木材制作渔船眼睛,不得有丝毫差错。船眼睛根据船只大小制作定型后,不是说钉便可钉的,要讲阴阳五行,又到天后宫,在请妈祖神明前,要掷跤问卜择定时辰。安装船眼睛有专用术语,有三道程序:一为定彩,二是封眼,三是启眼,不得半点马虎。渔船眼睛黑白有阴阳协调之意,按金、木、水、火、土五行,用五色彩条扎于银钉,每只船眼睛上镶入一枚银元。坐头把椅的造船师傅,才有资格用银钉将船眼睛钉在船头两侧。要钉得不高也不低,不前也不后,两边对称。据说一只船眼睛紧紧关注着天意,能知天上风云变幻;另一只眼睛紧紧关注着海洋,能知浪涛变化和海里鱼群动向。渔船一钉上眼睛后,立时变得很有灵气,这一过程称作"定彩"。"定彩"之后是"封眼","封眼"较简单,用红布或红纸把船眼睛蒙上。在入水前必有隆重仪式——"启眼"。

然后择妥吉日,候准潮时方可进行。一切由民间约束,要到天后宫大殿妈祖娘娘前,"掷玟扶乩"选定黄道吉日。在鞭炮声、锣鼓声中,长元(船主)亲手把"封眼"的红布或红纸利索地揭去。这一慎重动作,便称作"启眼"。这时船眼睛好像巨目普光,银钉变得异常闪亮、生动,显得十分神气。新船下水前,必要敬天地和祭妈祖。祭祀仪式与祭海一样庄严肃穆。在道头滩场东西两侧,各置八仙桌一张,供全猪,全羊各一,恭敬天地。天后宫大殿中堂,设数张八仙桌。供上肉、蛋、鱼(或鱼胶)、豆腐、麦面、馒头等六至八大盘头,供品放于红漆桶盘中。长元(船主)在妈祖神明前点烛,烧香、叩拜,虔诚祈祷"一帆风顺,满载而归,渔丰人寿"。

祈祷毕新船行入水,需邀身强力壮、父母双全青壮年数十人,披红挂缘,鸣鞭炮,敲锣打鼓,将睁着两只眼睛的新船徐徐推入海中。名曰"赴水"谐音"富庶",以求吉利。船上飘扬长红旗,"长元"站立船头,把供请过的馒头,分给造船师傅,然后馒头如雨点般,纷落在围观乡亲群中。在一片呐喊声中,新船如蛟龙闹海,掀起千万朵白花。船到海中竖起桅杆,桅杆上贴"大将军八面威风"条幅,桅顶挂大红长幅写"天上圣母"四个大字,舵牙贴有"万军主帅"横幅。港中新船威风凛凛,船眼睛光芒四射。

这种习俗,在"文革"期间被取缔,船眼睛列入"四旧",被废,使怀旧之人真觉得渔港少了一道亮色。现在渔村恢复这习俗,造出来的船就像充溢着生命而变得生气勃勃。[1]

五、七月半"放水灯",悼念"海难"亲人仪式

浙东渔民在对大海的长期开拓中,形成与海洋和谐共处的对话传统。七月半放水灯,是渔村古老的民间习俗,在整个舟山渔场中均为流行。表示渔村民众对海上遇难人的一种怀念,也表示对大海的崇敬。

相传此习俗首出清代诗人王植三在《东门竹枝词》中云:"盂兰盆会纪中元,招得孤魂启佛诞。"每逢夏历七月十五日前,为荐祖先,举行盂兰盆会佛教仪式。由庙柱首(当家人),敬请四至八位和尚念经做道场,其中一人为法师。傍晚时分,在船埠头搭起高台,挂"鬼门"、"人门"两门,设盂兰盆(倒悬)一只,为八角长方灯,号有"东、南、西、北"四城门名,设斋供僧。两张八仙桌上供有肉、鱼、蛋等十二碗,还有点心、水果等祭祖羹饭,十分丰盛,香烛悉备,还有忏放焰口,意为晦气全无,财源滚滚而来。

相传夏历中元(七月十五)是地狱鬼门敞开之日,"鬼"可以四处游荡,更可以回家"探亲访友"。渔村各家都要做"羹饭",购来好菜,添上美酒,祭祀祖先,要发麦糕,还有发饼筒。麦饼筒以麦粉糊烙成一张张圆圆薄饼,直径30厘米左右,厚度不超过两三毫米,不可烙焦,要有极好的韧性。然后将

---

① 由丁爵连提供资料。

餐桌上菜肴,如肉丝、鱼片、豆芽、米面、菜干等,夹放在薄饼中,像蜡烛那样包裹起来。荤素皆有,味道极好。

水灯家家制作,五彩缤纷,品种繁多。水灯亦称海灯,底座是草,先用竹子做成"十字"或者"井"字骨架,骨架大小根据水灯大小而定,再将草绑扎于竹子上。底座中间安装一小钉,为插蜡烛用,然后将红、黄、蓝、绿、白各色彩纸裱糊竹骨上。灯的形状各异,有鱼灯、虾灯、蟹灯、宝莲灯、海星灯、六角灯、八角灯、荷花灯等,色彩和式形多种,能漂浮,但莲花灯必须要有。

施放水灯,必在忏放焰口后,把祭祖活动推到高潮,船埠头边站满男女老少,施放者候准潮时,在平潮时分,把一盏一盏水灯装在舢板上,要用好几只舢板装运,摇至港中央,择落水顺风顺水时辰。放灯为四人一组,一点烛,二捅烛,三传递,四放灯,一环扣一环,动作迅速而熟练,不得差错。先由两盏莲花开导,皓月高挂,照得港面上银光闪泛,一盏又一盏,多姿多彩水灯,在海面上漂悠。波浪中那幽幽的红、黄、绿、蓝、白,一色又一色的灯,散开又并拢,并拢又散开。

一次放水灯,少的是几百盏,多时有上千盏。波动的海面成了流光溢彩的世界,"万点红灯波历乱,星河倒影水连天"。那水灯随波逐流,随风漂荡,向门头方向漂去,形成长蛇阵,五彩缤纷,煞是好看,把港湾装扮得异常艳丽,岸边观者大呼小叫,谈论不绝,水灯载着做灯人和渔家的希望与祝愿,顺着潮流,漂向它要去的地方。当水灯渐渐远去,人们也渐渐散了,但海岸还有不少老人默默坐着,沉思着,久久不肯离去。

六、东海海岛上有关妈祖信仰的民俗

妈祖信仰中,除了"三大节庆"别具特色外,其他贯穿在生活、生产中的信仰习俗更为奇特,为其他海神信仰所未见,如"诞辰禁捕"、"泛槎挂席"、"九重米粿"等民俗,充满一种野性和海性味的原始宗教色彩。现分别记叙如下:

(1)诞辰禁捕。旧时,每逢三月廿三妈祖诞辰前后数日,江浙渔民均不准出海捕鱼。传说是龙王和水族这几天都要来朝拜妈祖,故而禁捕(是为古代的禁渔期)。

(2)送船还愿。此俗至少始于元代。传说,妈祖在风浪中救人,都是驾船前来。对妈祖来说,这样的神船越多越好。渔民许愿脱险后,就制作各种小船送到天后宫,供天后使用,俗称"还愿船"。如舟山的天后宫,都有神船悬挂在廊下。据说,山东长岛县有个天后宫,有"还愿船"300余艘,近似一个海船博物馆。

(3)泛槎挂席。旧时,江浙渔船出海,桅杆上常挂一帆式草席,以利顺风送船,加速行驶。后由草席改为小布帆,俗呼"镶边"。原因是传说中的妈祖神船,常用草席代帆,故而仿之。

(4)"祭海"亮旗。"祭海"是东海渔民的重大庆典。"祭海"时渔船都要亮出自己的旗帜,其中有一面很大的蜈蚣旗,上书"天上圣母"四个大字的,即为妈祖"圣母"旗。

(5)装点烛山。妈祖元宵之夜,天后宫的广场上,有一个用铁杆或木杆做成的大烛架。待夜幕降临时,大烛架上千烛共烧,火光冲天,形同烛山。人们说,烛光象征妈祖的神光,经神光照耀,海岛人日后出海即使遇上弥天大雾,也不会迷航。

(6)船型发髻。此俗主要流传于东海诸岛的中、老年的妇女中。她们的发型是船帆型的,即在头中后部,梳成一个高约10厘米、半弧形竖起的类似古帆船的发髻。这个特别的发式形制,传说是对妈祖生前发式的仿效。

(7)红色婚妆。在江浙海岛,旧时年轻女子结婚时,要穿红衣红裤,红盖巾、红绣鞋,里里外外一身红。此俗传说也与妈祖有关。因妈祖一生酷爱红色,故而仿效之。在舟山某小岛还有穿半截红裤的,即上红下黑。理由是妈祖是圣母,凡人是俗人,能够仿效其一半,已足够享用了。此外,在服饰习俗中除仿效妈祖喜爱的色彩、样式外,还有向妈祖寝宫敬赠被褥、幔帐、绣旗等习俗。

(8)九重米粿。农历九月初九是妈祖升天之日。这一天东海诸岛有蒸制九重米粿祭妈祖的习俗。所谓"九重米粿"是用米浆和配料蒸制,连蒸九次。此俗的含义是妈祖食了此粿能直上九重天。这一天,在浙南海岛还有食炒面和食卤鹅肉的习俗。

(9)杀财猪。所谓"杀财猪",即渔业丰收或商船生意兴隆时,都要在天后宫"杀猪台"上杀猪敬神。待"财猪"屠宰洗净后,先供祭在天后神龛前,并配祭若干其他供品,焚香燃烛,举行祀典。祀神毕,由船主用黄裱纸醮猪血焚烧,意为"财猪"已被天后享用。尔后,"财猪"进行分割,猪头归船老大,猪蹄归二老大,猪尾巴及猪腚归伙夫,内脏作结账后"聚餐"时的下酒菜。剩下的猪肉供全体船员和家属食用,并欢迎村人和路人入席。

(10)水族朝圣。这是妈祖诞辰日的一道特殊祭品。东海渔民用面粉彩塑成 36 种鱼、虾、蟹、蚌，放在特制的 36 盘红漆木盆上，供祭在妈祖神像前。这 36 种海洋水族，头部都要朝着妈祖神像，并略往上翘，呈现叩拜姿状，名曰"水族朝圣"。有的还在祭品旁放航海图、海螺壳、小木船等物，供妈祖巡海之用。

除上述习俗外，妈祖习俗中还有九节菖蒲、妈祖香袋等俗，这些均属渔民巫术范畴。传说妈祖生前曾用九节菖蒲为剑，驱逐瘟神，并用香袋镇邪，使鬼怪不能近身。再如"诞辰禁捕"，为航海和捕捞型的妈祖信仰，而"船型发髻"和"水族朝圣"等，则是人们在发型、服饰、饮食方面的习俗行为。妈祖信仰，就是通过这种隆重的三大节庆和大量的日常性的信仰习俗活动，潜移默化地渗透到海岛人生产、生活的方方面面，从而成为一种强大的信仰力量，给海岛人们以精神寄托和心灵的抚慰。现在东海海岛与沿海渔村中，还流传着不少妈祖信俗习俗，这些习俗具有三个鲜明的特色：一与原始妈祖信俗相关；二与渔村地域文化相关；三与渔业生产是否顺利相关。如果海上作业不顺利，活动就会显得逊色一些。如此几百年、甚至上千年地传承下来，使妈祖文化成为沿海渔村中的民俗现象世代流传下去。

第五节　流布在东海岛屿上的妈祖庙宇

作为我国最大的渔场舟山群岛和沿海岛屿，因地理位置邻近闽南和渔场作业需要，分布有众多的天后宫，在数量上远远超过观音寺院和诸神庙堂，位居众庙宇之首。据清康熙年间编写的《定海县志·祠庙》篇中记载，康熙三十三年时，仅定海本岛，就有奇神怪庙 165 个，其中供奉天后的 36 个，占神庙总数的五分之一强。到民国 12 年春重编《定海县志》时，定海所属的 21 个区祠庙扩展到 377 个，其中有名望有影响的天后宫 83 个，除定海城关、普陀沈家门、岱山高亭外，在舟山的尚有泥峙、南峰、长涂、桃花、六横、小沙、岑港、盐仓、册子、大樹、金塘、秀山、朐山等岛屿都有天后宫，占四分之一左右。又如嵊泗列岛，民国末年共有神庙 60 多个，其中供奉天后的庙宇 40 余个，占庙宇总数三分之二。说明在东海海岛神灵信仰中，天后妈祖具有至高无上的地位，随着时间的推移，其信俗活动更加兴盛，越是偏僻小岛，妈祖庙宇所占比例越高。而且这些庙宇，都有妈祖的传说故事传承，为妈祖信俗在当地的传播与发展打下扎实的基础。

一、舟山定海天后宫

定海是舟山本岛政治经济文化中心,据记载,100 余年前就有一个很有影响的天后宫。据清光绪年间编纂的《定海厅志》记载:"天后宫,在南门外东山之麓,康熙年间总兵蓝理创建,旁为八闽会馆。同治年间,商民又另建福兴街,即保定会馆。"这段文字明确无误地点明了 100 余年前,定海天后宫的地理位置,建庙年月及创建人。尤其是"八闽会馆"一词,值得引起我们注意。因为"天后"原是福建莆田人。妈祖信俗在舟山群岛的兴起和盛行,与福建商人的极力渲染和张扬相关。

关于天后妈祖的来历,《定海厅志》中亦有记载。其文曰:"神性林氏,兴化莆田都巡君之季女。生而神异,能力拯人患难。宋元祐间邑人祠之,水旱瘠疫,舟航危急,有祷辄应。元大德三年,以漕运效灵,封护国庇民,明著天妃……天历二年,加封福惠。"并云:"清康熙二十三年,诏封天后,五十九年,奉旨春秋致祭,编入祀典。"以此观之,天后的封号始于清朝康熙年间。其中以"漕运效灵"这句话对妈祖信俗在舟山的形成和发展很关键。

关于蓝理和定海天后宫的关系。《舟山历史名人谱》中云:"康熙二十二年夏,诏命施琅率领水师攻打澎湖,蓝理率先冲入敌阵,杀敌八十余人……几经奋战,终于攻克澎湖,最后统一台湾。蓝理因战功授参将,加左都督。"康熙二十九年,蓝理调镇定海。因在澎湖战役中,蓝理祷告天后,得以大胜;而正是康熙二十二年,因攻克澎湖致使康熙大帝诏封妈祖为"仁慈天后"。也许正是这些原因,蓝理在定海南门外,创建了天后宫以志纪念。

近年《舟山晚报》刊登了一篇文章,题目为《百年前的定海天后庙及舟山的天后信仰》,其文云:"记者从《宁波旧影》①画册中,发现一组 19 世纪中叶有关舟山的图片,其中有一幅题为'定海天后庙'。据画册里文字记载,此画为 1840 年第一次鸦片战争中,英国海军随军画师司违特所画。从画面看,前面供奉的是天后神像,旁边还有若干小神像。有三个拖着长辫子的士民在跪拜。旁边站着两人,一人摊开一本经书,似乎在念叨着什么,另有一人肃穆立于一旁。而在天后的背后,则是一个大型的立体雕塑群像,正中是脚下踏龙首的菩萨。画像细腻逼真,布局错落有致,生动地反映了 160 余年前定海人的服饰穿戴,民间信俗以及风土人情,是研究清朝中后期舟

---

① 哲夫编:《宁波旧影》,宁波出版社 2004 年版,第 10 页。

山历史文化的又一史料。"

二、普陀沈家门天后宫

沈家门天后宫确切始建年代已不可考。据古籍记载,妈祖神像可能在宋代时就随福建人传到舟山沈家门,至明代时,沈家门由于福建人的大量迁入已经建起了天妃宫,当时称圣母宫或圣母庙,庙里供奉的神像最初称为"天上圣母"、"天妃娘娘",后又称天妃、妈祖,并被尊为保护航海安全的女神。到清代康熙年间,福建的商人和普陀等地的渔民为了感谢海神天妃(又称天后)的庇佑,捐资重建天妃宫,并在原圣母旧庙(天妃庙)的东南首扩建了东岳殿、观音殿等建筑。由此可见,沈家门天妃旧宫始建于明朝中期以前是可以确定的。

据清光绪六年编纂的《定海厅志》记载,该志的《庄图》中印有沈家门天后宫的宫图。据还健在的沈家门世居老人谈及,沈家门这座有妈祖娘娘供奉的天后宫,始建于500多年前,先有天后宫宫名,后才有宫墩、宫前、宫后和宫下的地名。她的始建者和历年的兴修者以及信奉者、朝拜者、瞻仰者,大都是沈家门外沿海一带的渔民、船民、居民和这些地方的士绅、官宦及其海外乡亲。她的鼎盛时期是19世纪末至20世纪初。那时一上宫墩,首先让人看到的是一对高耸直立,上端有方斗,下部有石夹石基的旗杆和随风飘扬的旗幡。正殿端坐的妈祖娘娘着朱红锦袍,戴珠串凤冠,端庄祥和。两边墙面有大型船模朝向前方,殿梁、檐下以及柱上、幡上、悬着、挂着"辅国护圣"、"护国护民"、"国泰民安"、"海不扬波"等金字匾额和金色刺绣。

又据《定海厅志》等史料记载:当年海上渔船遇到风浪拢洋、谢洋以及三月廿三神女出世、九月初九神女升天祭祀之日,这里人山人海,非常热闹。正殿前的戏台上,常会请来各种剧团演出,许愿者、还愿者人流不绝。宫墩这座小山坡,还是当时沈家门连接五乡六岙的重要通道。但可惜的是日本侵占定海和沈家门后,这座众民敬仰、众所瞻望的天后宫和妈祖娘娘塑像被焚毁。

另据沈家门一位作者撰文指出,原来在这里的腹地,有一座低矮的小山叫宫墩,"宫墩"两字源出于这里的天后(妃)宫。此"宫"又是沈家门最早有记载的古建筑之一,所以地以宫名。天后宫原来叫天妃宫,明天启《舟山志》中称"圣母宫",清康熙《定海县志·舵岙庄图》沈家门岙中标的是"天妃宫",民间又有"老宫"、"新宫"等称呼,都指的是这座始建于300多年前的天后宫。

　　据传此宫坐北朝南,背山面海,沿坡而筑,古木婆娑,风光幽雅,是一座典型的浙东式古庙。自清康熙年间重建后,历代屡有商人、渔民或志士捐资重修扩建,使天妃宫越来越大,也越来越堂皇。从清光绪《定海厅志》记载中看,在清朝末年天妃宫已经改称为天后宫。据 20 世纪 30 年代前曾在天后宫出入或做事的老人们回忆:"到民国初期,天后宫已有大小殿屋 60 余间,总占地面积约有 15 亩。"成为当时舟山群岛最著名的一座妈祖庙宇。

　　此宫最后一次重修和扩建是在民国 11 年(1922),由常住于此的普陀山佛首庵僧人灵灿法师主持。因当年百年未遇的强台风将宫东首的东岳殿及厢房刮倒,台风过后灵灿法师四处募捐,并依靠教场等地的郑姓、朱姓柱首配合支持重新拆建、扩大东岳殿及厢房十余间,翌年竣工,宫貌焕然一新。随后又将部分厢房改为"沈家门民众教育馆"。扩建后的天后宫,前为山门,后为正殿,中间明堂筑有戏台。东西两侧是东岳殿、观音殿、武帝殿、后厅、厢房、民众教育馆等建筑。山门前有两棵高耸 20 余米的幡(旗)杆分别锈着:"沈门艺萃千家竞技,海港波平万舸争航。"

　　此宫同时又是普陀诸岛"满天神佛",诸教合一的代表。在 20 世纪 80 年代以前,除普陀山兴建的寺院均为单独的佛教信奉外,余诸岛绝大多数寺庙多供奉儒、佛、道多种神祇,此宫也不例外。殿内供奉的除"圣母娘娘"外,同时还有送子观音、三官菩萨、财神菩萨、东岳大帝、孔子等大小不同的菩萨神像数十尊。正殿内的"圣母娘娘"又称为"天后娘娘",像高约 3 米,身披霞帔,头戴凤冠,端庄祥和。神像全部是木架结构,体型匀称,造型精美,显示了高超的工艺水平。正殿两边墙面悬大型"绿眉毛"船模,殿梁、檐下以及幡上挂着"辅国护圣"、"护国佑民"、"国泰民安"、"海不扬波"等镪金匾额和金色刺绣。据说墙面上还有"海中灵迹"等巨幅壁画,逼真生动。

　　此宫最大的祭祀活动为天后诞生日。史载此宫最初为船工祭祀海神天妃,举行酬神演出及聚会娱乐的场所,宫里有小广场和戏台,宫下街道形成商业集市和年货市场。每月初一、十五,逢年过节,香火旺盛。逢农历三月廿三天后圣诞期间,做戏 30 余天不等。"庙会"张灯结彩,鼓乐齐鸣,表演龙灯、高跷、旱船等,还有童男女装扮的各种欢娱情景。周边诸岛善男信女纷至沓来,摩肩接踵,集会上香拜祀:有焚香诵经的、燃烛供斋的、烧纸(钱)度牒的、超生化缘的、求签问卜的、捐资修慈等佛仪习俗助兴活动。可说星云际会,人山人海,热闹非凡。庙宇上空香烟弥漫,霞岚雾霭,一派平和宁祥之气,为沈家门"宫墩烟径"十景之一。

天后宫还有一个重要祭祀则是祭洋。每逢祭洋出行,各地柱首、仕女皆闻风前来,擎绣幡、举香花、放鞭炮,这种期望平安的仪式,有时因为人多而堵塞道路,观者日以万计。正如明钱薇垣《天妃歌》中所言"腥风忽然吹海立,千艘搏浪来骁夷","予以海上观秋涛,群黎建庙前致词"。[①]

此宫因地处大明军港——沈家门港的北岸,与明代抗倭战将有联系。自明洪武二十年(1387)开始,沈家门为备抗倭水寨,成为明代汛防之地。明嘉靖三十四年至四十年间,抗倭英雄戚继光驻寨此地,率舟师自沈家门海域拦击,与俞大猷配合直捣倭巢,取得沿海抗倭决定性的胜利。而张可大于明万历四十一年至四十七年(1613—1619)任职期间。留下"海云面面护禅宫,屹立中流砥柱雄"、"紫竹已同群木秀,白鸥犹带晚潮飞"等诗句。

三、塘头村天后宫

此宫位于沈家门塘头村。在清光绪二年(1876),由塘头中厂老厂自然村5位柱首自发筹建建宫筹备会,负责建造塘头天后宫,把原在麒麟山的简易天后宫迁移到沙里上塘消脊上,先造5间正殿,重塑身穿凤冠霞帔、腰系玉带、脚踏三寸金莲绣花鞋、两边童男童女侍卫的圣母娘娘——妈祖神像。

至民国年间,村中渔民又自发捐款先后造成4间厢房,7间前殿,中间为戏台。戏台石柱上书写:"真富贵,要求经济学文上看;大团结,须从忠孝节义中来。"正殿内墙两边挂着巡洋船模型和当地大捕船模型。每当气压低,巡洋船肚下"出汗"时,老渔民就会说,昨夜妈祖驾船巡洋去过了。按习俗此宫每年有三次大型庙会活动。三月廿三妈祖诞辰日,请越剧戏班做7～9天庙戏;五月初四祭祖日、九月初九妈祖羽升纪念日做佛事。平时每月初一、月半,妇道人家念经。正月初一拜岁外,其余只在选船、造屋、结婚时进宫请妈祖。

1993年时,村中渔民再次募捐70余万元,由7名柱首负责将天后宫迁址重建。除戏台改为空白、4间厢房扩建4平2楼外,其余结构基本保留原貌,形成占地1100多平方米的规模,成为舟山群岛上最大规模的妈祖庙之一。

---

① 四库全书存目丛书编纂委员会:《四库全书存目丛书·集部》第97册,齐鲁书社1997年版,第59页。

四、岱山高亭天后宫

岱山古称蓬莱,据光绪《定海厅志》记载,蓬莱乡盛行"天后"祭祀,有大大小小天后宫 19 处,其中岱山岛就有 11 处,余为大小长涂岛 5 处,秀山岛 1 处,衢山岛 2 处,形成以妈祖为中心的地域宗教文化现象。蓬莱乡立庙祭祀"天妃"当在元代后期。史载元至元(1335—1340),以海运有奇应,晋封"天妃"。父老相传,在岱山岛的司基虎山建有天妃宫。明初昌国县废,迁蓬莱乡居民入内地,天妃宫倾圮。康熙二十七年(1688),展复蓬莱乡后在旧址草创建之。乾隆初有僧人伟哉(慈溪人)募资重修,改名天后宫。乾隆四年(1739),定海镇标右营游击胡御珂撰《兴修超果寺记》中有记述,称其"巍峨壮丽"。或许,此天妃宫是舟山历史上最早祭祀妈祖的宫宇之一。

岱山县内最大的天后宫,当数高亭蛇山天后宫,建于嘉庆二十三年(1818),同治年间重修,有大殿 7 楹,左右厢房各 5 间,正门 3 间,院子中央戏台 1 座。年久在天后宫前面形成街市,热闹非凡,街名宫前(今高亭镇清泰路)。至光绪年间,岱山岛上设东沙、石桥、宫前 3 个市镇,唯有宫前镇不沿用宋代以来高亭古名,以宫前称之,可见蛇山天后宫在当地很有影响。此外秀山大蚌岙、长涂娘基宫、衢山渔耕碗和龙潭岙等处的天后宫在当地也很具规模。

现高亭蛇山天后宫虽已破败不堪,但宫中尚留下一块清代石碑,有助于我们了解那一段历史。这块石碑立于清光绪八年(1882),主要内容是有关定海直隶历知事陈某应岱山船户刘克成等要求,重申有关雇用出海渔民丧亡赔偿标准之规定。处理有关海难赔偿问题的石碑,为何立在天后宫内?这与当地民间妈祖信俗有关。康熙二十九年(1690),蓝理(福建漳浦人)调任定海总兵,见闽商船来贸易者不绝,便在定海道头捐建天后宫,旁设八闽会馆。清光绪十年《定海厅志》记载舟山各地建有天后宫共 26 处,为定居于此的福建、温州籍商人所建。妈祖为保佑渔民出海安全,又被称为观音化身,在当地人群中产生很大影响,由许多小岛居民共同供奉,这个供奉区域被称"庙界(庙脚)"。所建庙宇成为当地政治、经济、文化、教育中心。朝廷官员在此发布涉渔信息,借助神道影响震慑普通渔民。因高亭有主峰摩星山所隔,与本岛其他地方交通不便,相对成一独立区域。当时每四年举行一次迎神赛会,就以东岳宫为中心,高亭地区无法参与而单独赛会。此宫成为该地区主要活动场所之一,对于集聚当地人气、发展经济应有很大作用。

到了新中国成立前夕,岱山盛行庙会戏。每年夏收、夏汛终,由各社庙邀甬埠"大全福"等京戏班来岱演出,经费由各庙或各界义捐支付。一般首演于高亭天后宫,后至各庙宇续演。此宫现存尚有古戏台柱石两根,上有楹联,上联为:"假笑啼中装出当年真面目",下联有:"新声歌里犹存昔日旧衣冠"。戏台有石楣横于两柱之上,横批:"今古鉴",让人想见其当年风采。

高亭是岱山本岛的一个重要城镇,而高亭镇的兴衰,与天后宫息息相关,这从当地许多地名中可看出。比如过去该地只有一条街道,名叫"宫前街";光绪年间,高亭称"宫前镇",就都因为当地繁华之地,都在此宫前后左右。高亭现为岱山旅游重地。

五、嵊泗列岛上的天后宫

嵊泗列岛位于舟山群岛东北部,邻近上海,有近百个岛屿组成。其中18座岛屿住人,而天后宫有12座之多,分布在黄龙、大小洋山、金平、嵊山等岛屿。据悉在众多的天后宫中,目前保存最完整的是金平岛上的天后宫。据《嵊泗地名志》载:"天后宫位于金平岛金鸡山东部,殿宇极大,全山共建。始建于同治元年(1862),重修于光绪十八年(1892)。坐西朝东,分前、后殿,左、右厢房,道地中央有万年台,前殿分正堂,左、右两偏殿。木石结构,坡屋顶。天棚装饰简朴,镂刻花瓣、卷叶,浮雕。菩提树下,两僧相戏,丰肌秀骨,衣裙飘逸,刀工精湛。门外左右墙上,各阳刻一幅金鸡奋飞图。正殿中塑一娘娘神像,即天后娘娘也。"此天后即为妈祖。

在嵊泗大、小洋山岛上有个天后宫群,其中以大洋岛天后宫规模为最大。《嵊泗地名志》中曰:"天后位于大洋岛东部,又称'老宫',建于清代。原有前(名)大殿各五间,左右厢房各三间,中设戏台,前殿外设三道墙门。后大殿建筑面积144平方米,木石结构。殿中巨柱成列高耸,殿宇高旷,保存完好。墙门用大理石条彻成,四柱三洞,巍然矗立,仿佛古之石牌坊,古朴典雅。"不过就建庙年代而言,最早建庙的是小洋岛上的天后宫。该宫建于南宋绍兴元年(1131)距今已870年。《小洋乡志》中云:"宋高宗南渡,建都临安。北方受异族统治,巨商大贾纷纷南来。时江、浙、闽、粤海运频繁,大商船贾从南北上,常至本岛下碇。为海运之方便,船商首户在本岛设库建仓为海运之中转站。闽、粤船户信奉天后,船船有神龛供奉,为求航行之平安,祀求天后保佑,有周、陈两巨商船户发起,在本岛建造'天后宫',供奉天后娘娘,日后南北船户至本岛,必上岸供祭,一时香火鼎盛,名播海外。"此段文字详尽地说明了该岛天后信仰形成的地域和历史原因。据查此天后亦为妈祖。天后宫当时不仅为祈祷之圣地,而且作为海贾巨商藏货仓库和海上中转站,一举三得,非知历史背景难得其详。

大洋岛上有圣姑礁,礁上也有庙宇供奉天后,称之为"圣姑娘娘"。大洋山岛地处嵊泗列岛的西部海域,为临近上海最大的一个岛屿,历来是江宁沪之门户,大陆之屏障,地位十分险要。圣姑礁在大洋山岛北部、距小煤山西端仅250米处的一个悬水小礁。与中姑礁、前姑礁相依相偎,成一线形排列,称为三姑礁,又称三姑山。《嵊泗地名志》曰:"圣姑礁,礁形狭长,长170米,宽40米,面积为0.007平方千米,最高点海拔16.7米,周围水深1.8~30米……礁顶有一小庙,名圣姑娘娘庙。"在汪洋大海的荒礁上建庙,在世界上实属罕见。尤其该礁的面积仅7000平方米,礁之最高点仅16.7米,而当潮水涨平时,庙基离海平面仅5米左右,为全世界妈祖庙中海拔最低的一个。

圣姑庙的面积虽不很大,但却是高耸礁上,双檐盖顶,黑瓦黄墙,形似亭阁,又如古堡,颇具气势。尤其在庙的东侧,有一椭圆形的峭石,壁立于此,高4丈有余,上有"群贤毕至"、"海宇澄清"等摩崖石刻,为清光绪十四年(1888)湘潭雷玉春等七人巡海所题。"姑礁奇庙迎涛立,天后圣风泽海东"。此庙居然能在惊涛骇浪中风吹不倒,浪打不垮,经久不衰保留至今,成为舟山群岛最牛天后宫,岂不让人称奇?

关于此庙的来历。据《嵊泗地名志》载:"大洋山西北部有一个岙口叫圣姑岙,岙外有一座小礁叫圣姑礁,大小洋山岛之间的海域叫圣赴港,几乎都与圣姑有关。据传古代有一艘福建渔船在洋山面捕鱼,夜晚回岙突遇风暴,四周风吼浪哮,漆黑一片,渔船失去了方向,随时有触礁翻船的危险。"此时,福建渔民祷告妈祖,突然前方出现了一盏红灯,指引着他们绕过了岛礁,从而转危为安。尔后,福建渔民为感谢妈祖的救助之恩,就在这小礁上建造了娘娘庙,并一直传承至今。据考证此庙也始建于南宋时期,为舟山群岛上最古老的妈祖庙之一。

笔者认为,大小洋山岛上妈祖庙宇群的建立,有许多深层次的原因:

一是大小洋山岛包括圣姑礁,形成历史悠久的妈祖信俗文化圈。应是宋元时期,大小洋山岛乃为东海渔场大黄鱼主要产区和各地渔民的集聚地之故。这个地域不仅礁上有庙,而且岛上也有庙,且荒悬海隅,始建年代久远。大洋山岛天后宫庙宇建筑均为木石结构,巨柱林立,殿宇高旷。墙门,用大理石条彻成,四柱三洞,巍然矗立,仿佛古之石牌坊,古朴典雅。小洋山岛天后宫,为嵊泗列岛七大庙宇之一。建筑风格气势雄伟规模宏大。《舟山市志》曰:"大黄鱼,宋时渔场在洋山海域……大黄鱼因主产洋山海域,称洋山汛。"《职方考镜》中亦云:"(羊山)淡水门者,产黄鱼之渊薮。每岁孟夏,潮大势急则推鱼至涂,渔船于此时出泽捞取,计宁台温大小船以万计,苏松沙船以数百计,小满前后,凡三度,淡旬之间,获利不知几万金。"从中可知当年洋山渔汛盛况和东海渔民的集聚之众,促使大小洋山岛地区妈祖信俗文化圈的形成和妈祖庙宇的诞生。

二是该地域妈祖庙宇的建立,与大小洋山岛、圣姑礁的战略地位有关。据记载宋时该礁附近海域有士军驻扎,宋《宝庆四明志》曰:"三姑山(即三姑礁)系北洋冲要之地,凡海舟自山东放洋而南欲趋浙之东西,必自此分道。"并云:"绍兴间置都巡检寨,又于岑港、沥港置两指使子寨,以为犄角。"而在《开庆四明续志》中有"烽燧"十二铺之说。其中三姑山为"三姑至下干山"的第五铺。该志书中说:"三姑山有人烟,东北取下干山,水路约一十五里,若天气清明,烟旗火号,皆可相应……"明代三姑山为浙直水师会哨处。天启《舟山志》云:"哨总领哨官一员,泊两头洞巡哨洋山圣姑礁一带,与浙西直隶官兵会哨。"清代三姑礁从浙直扩大为江浙水师会哨处,其重要地位在《定海厅志》中多次提及:"敌舟北来抛大洋,至洋山、三孤(姑)山……此浙东路海道也。"并云:"嘉定七年,三姑、岑港、沥港、海内、白峰五寨土军听水军统制节制。"证实此庙的建立,不仅为海上战事之需要,亦为历代巡海大臣所重视。由此可见妈祖不仅是东海渔民的保护神,也是保卫海疆的护海神。

三是自宋至元、明、清民间商务活动的繁荣。据《小洋乡志》载:"宋高宗南渡,建都临安,北方受异族统治,巨商大贾纷纷南来,时江、浙、闽、粤海运频繁,大商船贾从南北上,常至本岛下碇。当时为海运之方便,亦求航行之平安,南来北往的船户们,为求天后保佑,故在小洋岛上建造天后宫,一时香火鼎盛,名播海内外。"宋元以降,明清"海禁",但民间商务活动从没停止过。这儿不仅为历史上大黄鱼渔场和朝廷海隅军事要地,而且是商船停泊和南来北往要道,证明该地域妈祖信俗文化圈的形成,与历史上海上商务活动相关。

六、宁海"圣墩庙"天后宫

流布于东海岛屿的妈祖庙宇,除舟山群岛外,主要集中在宁波(郊)属县象山（下文另载）宁海、镇海、奉化诸地。据初步调查，宁海境内历史上曾有妈祖庙 30 余座，大多为该地区信奉妈祖的历代船工、海员、商人和渔民所建。该地古属台州，早在两宋前就与日本通商来往。《宋史》卷四九一《日本传》有云："雍熙元年（984）日本国僧奝然与其徒五六人泛海忌……太宗召见奝然，存抚之甚厚……二年（985）随台州宁海县商人郑仁德船归其国。后数年仁德还，奝然遣其弟子喜因奉表来谢。"此郑仁德即为宁海东呑人，相传妈祖信俗最早由随船而往的船工传入。

东呑位于今县城东南三门湾畔古海港，历史上曾设"港头镇"。地方志载该港在两宋间"樯帆林立，商贾云集"。有"闽人三十六姓善操舟者，令往来朝贡"。自明洪武、永乐年间"赐闽人三十六姓，知书者授大夫，以为贡谢司，习海事者授通事，总为指南之备"。闽民居宁海形成妈祖信仰习俗，商人、渔民开航之前，必先到天妃宫焚香礼拜、祈求保佑顺风和安全，请尊木雕妈祖或妈祖令旗、香火包、神牌、压胜钱等上船奉祀，小船设神龛，大船上甚至筑一间专用小堂，朝夕行香，求得一帆风顺，平安赐福世成惯例。

宁海的天妃（后）宫，多分布在三门湾畔码头或岛屿上，俗称"娘娘殿"。位于东呑镇东桥北首的羊府庙，内塑有天妃娘娘神龛，梁下挂着船模，为外来渔民重要祭典场所。镇郊紫溪皇封庙、峡山峡口庙等也如此，被称为"圣墩庙"。相传为闽民林姓所建，该族自称妈祖的后裔。宁海地方志内虽没见记载，但从上可知林姓村族确从福建迁居过来。无独有偶，莆田也有叫宁海的地方。其地有圣墩庙，建于宋哲宗元祐元年（1086）。就目前资料而言，此应为宁海最早的妈祖庙宇。境内规模较大当属龙浦的"娘娘宫"。据宁海《龙山陈氏宗谱》载，乾隆初年龙山村族圈筑外塘，因地势凶险难于合龙。某日夜晚，有女足迹印泥涂，家人联想到是天后娘娘显灵，即对天许愿，倘得塘缺合成，愿捐宫基一所，后宫塑神像，前宫造路廊。祝毕瞬间塘缺顺利合龙，村民认为皆赖天后娘娘之功德。于是村民捐本塘创兴娘娘宫。自后威灵显赫，村民得以康泰，商贾得以乐利，称之为圣墩庙。附近村民迁徙定居成村，村以庙为名。

宁海历史上影响较大的另有田湾岛上的天妃宫。此宫现已不存，本有碑记，可惜被三门县马村人为争山所毁。此宫创建源于明末张苍水抗清，山头冯氏攘助此举。抗清失败后，山头冯氏受到牵累，举族入海逃避，田湾岛为主要避难地，海上多狂风暴雨，建此宫以祈保护。清代定鼎后施行怀柔政策，山头冯氏得以回迁，此宫即为渔民公用。由此推断田湾岛上的天妃宫始建于明末清初。据传此庙妈祖灵验,所救"翻覆舟船,损人性命,横被伤杀,无由解脱"之民。还有救援"若有行商坐贾,买卖积财,或农工技艺,种作经营,或行兵布阵,或产难,或疾病"的功能,"但能起恭敬心,称吾名者,我即应时孚感,令得所愿遂心,所谋如意"。因此宁海民间亦有以妈祖兼有送子娘娘的职司。

宁海市孙家村的后山冷水坑也建有娘娘宫,据说是田湾娘娘宫的分迁行宫。庙不大但香火盛,庙内保存着由香客奉献的船模及很多娘娘鞋。在"文革"前孙家村前便是停船锚地,凡下海的渔民出外洋柯黄鱼都要来此祭祀,据说很是灵验。境内现存的娘娘宫,尚有一市官塘周村娘娘宫、前岙村娘娘宫、长街大湖村天后宫、上港村娘娘殿、平岩头村娘娘宫、伍山外塘村娘娘宫、月兰村娘娘庙、横洞村的平安庙、力洋镇石碾村娘娘宫等处。有的本意有所改变,但作为历史,却留下比较完整的记录,如亭头娘娘宫,曾有渔船停泊和外来渔民前来祭典。这是宁海妈祖文化内涵之所在。

第六节　流传在浙东沿海的妈祖传说故事

妈祖信俗自两宋由福建传入浙东,经千年历史嬗变和当地船工、商人和渔民信俗文化传承,留下大量脍炙人口的传说和故事。这些传说和故事大致可分:一为妈祖真神慈航至此落户,成为当地百姓供奉的神灵;二是妈祖行大慈善拯救船工、商人或渔民于海难;三为妈祖帮助沿海百姓保家卫国,驱除外侮。这三点归纳起来,说明妈祖信俗文化的三个特点:一是妈祖是沿海船工、渔民的航海保护神;二是信奉妈祖能劫除海难,保佑船工、渔民海上作业的安全;三是妈祖是中国的海神,具有守卫这片海域的神职。

一、妈祖真神慈航落户渔村

《妈祖慈航塘头村》

此故事与宋代福建富商沈法询在宁波东渡路建天妃宫庙宇的传说,有着异曲同工之妙。相传800多年前,福建莆田一艘商船北上,途经黄大洋遭遇台风,在上镬峙触礁,船员全部落水,生命垂危。塘头村渔民见有船遇险,纷纷到海边救人。经过几小时奋力抢救,8个船员全部获救,触礁船舶半沉半浮地被拖到安全海滩。渔妇们忙着烧水、煮饭、炖姜汤,取出丈夫的衣裳给他们穿,用自制烧酒、三矾海蜇等好饭好菜招待他们。

船老大不解地问:"我们与你们无亲无眷,为什么如此热情招待我们?"人群中有翁姓老大回答说:"阿拉这里捕鱼地方有这样一个不成文的风俗习惯,就是哪艘渔船在海上发现有'宝贝',就要无条件地捞上来,洗净,用草席包起来,到附近岸上好好安葬,还要祈祷。如果没有能力捞取,则用麻袋、篷布等遮盖物把船眼睛遮盖起来,让其顺水而过。如果不好好对待,心里过意不过去。当然对待遇险的渔民更要诚心施救,不能怠慢。"说得客人频频点头。

台风过后风平浪静,塘头渔民帮客人请来船匠修好船体,补齐遗失的船具,送上必需的补给,让外来客人驾船离去。可几天来船老大却闷闷不乐,在海边低头寻找着什么东西?经询问,原来他们在寻找一尊落海的海神妈祖神像。他们说妈祖是商船的保护神,渔民的护身法宝,我们福建渔民出海都捧着她,她帮我们镇海护航、抢险救灾……说完竟伤心地大哭了起来。塘头渔民们便劝他,妈祖有灵,一定能找到。你们安心回去吧,我们替你们寻找。如果找到了,我们会像你们一样虔诚地供奉。"你们是我们的救命恩人,大恩大德,妈祖定会保佑你们塘头百姓。"莆田船员三步一回头驾着商船驶离塘头。

商船离岸第二天,塘头几位老渔民在五更巡潮时,在上塘鹅卵石滩果然拾到一尊刻着"天后宫圣母娘娘"字样的木雕妈祖神像。他们高兴极了,七手八脚在麒麟山海滩边垒起石块割来茅草,筑成一座简陋的所谓天后宫。此后每逢渔船出海,渔民总要在天后宫祭祀圣母娘娘,请求她赐福保佑弟子消灾避难、海不扬波。说也奇怪,自从圣母娘娘坐镇天后宫后,塘头渔民安居乐业太平无事。

过了两年,莆田船员再次驾船来到塘头谢恩,并要请回圣母娘娘神像。塘头老渔民与客人在天后宫举行祭祀仪式之后,将圣母娘娘奉送到商船上。船老大点燃香烛,在船板上磕上三个响头后,商船离开码头,双方挥手告别。可是商船刚驶进莲花洋,莲花洋整个海面冷雾弥漫,分不清东西南北,在船老大眼里好似遍地朵朵莲花,挡住南下的水路。于是商船只好折回塘头滩涂抛锚。第二天,潮水刚涨,商船又起锚拔篷,可是船还未离开塘头滩涂,眨眼间天空乌云密布,风雨大作,令商船无法启程。等待片刻,风歇雨停,商船刚起锚,忽然间,黄大洋白浪滔滔,商船颠簸不定,像前年遇台风时那样可怕。"莫非妈祖不肯回莆田?"船员连忙叩拜求答,果然是妈祖想要留在塘头不肯回去。

塘头渔民十分高兴地说:"阿拉塘头翁姓是莆田翁氏后裔,塘头与莆田本是同根同祖。想必妈祖留下来保佑翁家后代了。"翁老大请求道:"阿拉这里面朝大海背靠山,日出东方早日见;皇帝金殿一日一次朝拜,此地一日两潮(朝)奉拜。再则妈祖与南海普陀观世音菩萨为邻,佛光普照,名扬四海,功德无量。莆田妈祖自然普济万代。"莆田船老大见此说:"翁老大说得有理,既然妈祖不肯回莆田,就留下来保佑塘头翁家百姓吧。"从此海神妈祖神像就留在这儿,世世代代显圣保佑塘头渔民。

二、妈祖行大慈善拯救船工、渔民于海难

(一)《妈祖拯救落水渔民》

说的是有一年夏汛,天空一望无际的蔚蓝,沈家门塘头村一艘大捕船在岱衢洋捕捞黄鱼时,误将东海龙王第九子敖广的虾兵蟹将拘捕入网。敖广便火冒三丈,兴风作浪掀起龙卷风袭击,霎时间天空乌云密布,平静的海面上巨浪掀天。巨风把大捕船掀翻,船上5个渔民全部落海。敖广的虾兵蟹将把他们捕去,押住东海龙宫问罪。

龙卷风过后,海面又恢复往日的平静,同村翁姓兄弟的渔船上的渔民,见有人落水,急驶船过来相救,与敖广的虾兵蟹将搏斗。结果在一起的4个渔民被救起,唯有不会游泳的1名伙计不见踪影。这下大家都揪住心,在脸上冒出黄豆般的汗珠。站在船上不约而同望着风雨过后的海面千喊万呼,可就是呼不应。

情急之中,大伙跪倒磕头求妈祖显灵保佑。只见天空慢慢出现一朵红云,慈祥的妈祖站在红云上,手拿拂尘轻轻向大海拂扬。船上的船工看见海面上终于出现那个落水的伙计,在水中拼命挣扎着喊救命,但任凭他喊破喉咙还是无济于事。眼看天渐渐暗下来了,大捕船追随着那朵红云,向落水的伙计驶去,看到精疲力竭的他已无力挣扎,任凭潮流漂泊,闭着眼睛,口里讷讷地在祈求妈祖保佑。

天色很快黑了,敖广的虾兵蟹将们鸣金收兵。在他迷迷糊糊之间,觉得肩膀好像有东西撞击,睁眼一看,原来是一块木板漂到他身旁,他抓住救命木板随潮漂泊……最后被一艘过往的流网船救起而幸免一难。回到船

上他拿起那块救命的木板一看,原来是一尊镌刻妈祖圣像的木雕,始知是大慈大悲的妈祖救了他。

(二)《枸杞岛妈祖救孤》

枸杞岛天后宫建于明朝万历年间。此天后宫与妈祖救援李氏孤儿相关。

据说当时枸杞岛的居民,都以捕鱼为生。有一位李氏母亲生了三个儿子,两个儿子都在海难中逝去。迫于生计,她的小儿子也只能出海捕鱼。每次出海时,她都向妈祖娘娘请求保佑,说我只有这一个儿子了,失去他,我也就活不成了……

有一次儿子出海后,忽然天气大变,狂风四起,母亲在家终日啼哭,吃不下饭食。过了两天传来噩耗,归来的船工告诉她出海的船只遇难,她的儿子下落不明。伤心的母亲浑浑噩噩,终于一病不起。也不知过了多久,她在梦中似乎看到了妈祖娘娘来到身边。她拉住娘娘跪下哭告,说自己只有这个儿子,离开他,她也活不成了。妈祖娘娘告诉她说,她的儿子已被她拯救尚在人世,在枸杞岛外东边的一个无人小岛上。

一觉醒来,母亲觉得心头好受了一些,把这件事情告诉了丈夫。丈夫听后将信将疑,夫妇俩出海寻找,果真的在那个小岛上找到了孤单、奄奄一息的儿子。儿子告诉她,渔船出事后,他一直漂浮在海面上,以为再也回不来了。这时有一位身着红衣的神仙,吹起一阵神风将他带走。醒来后就发现自己来到了这个无人小岛上。母亲激动地告诉他:儿呀,拯救你的菩萨,是妈祖娘娘呀。

三人归来后,就与村人在枸杞岛上建了一所庙宇,叫妈祖娘娘庙。

(三)《圣姑礁明灯指路》

此故事说的是南宋被元兵侵占,行将亡国,朝廷派遣商船向日本、高丽国易货求援。行至嵊泗大小洋山岛海面时,黄昏时被浓雾封锁海面,无奈在海中抛锚暂停航行。休止夜半时分,忽然狂风大作,惊涛骇浪,船体在风浪中颠簸不休。

时船舱进水,船中货物被入舱的海水浸泡,船上管带急得如热锅上的蚂蚁,却无计可施,无从入手,只得率众跪在船头,乞求妈祖娘娘显灵解救。一船人跪了有半个时辰,风浪渐渐停住,但浓雾依旧不散,忽而又下起雨来。管带跪在船头向妈祖娘娘泣告说："天妃娘娘呀,如果你还想护佑大宋江山,就请明灯指路,把商船引出海难,完成朝廷使命……"

一言即毕,管带就见前边海域亮起一盏红灯。疾命船工军士,奋力划桨操船向红灯方向驶去,终于在黎明时脱的险情。

那红灯指路处,即为此圣姑礁,商船上的官员、船工、军士都在那夜的浓雾中,看到妈祖娘娘手持红灯,冒雨为他们指路。商船自夷国返回后,管带率众在圣姑礁建妈祖庙以示感恩。

(四)《天妃娘娘爱民如子》

海神妈祖救苦救难的故事很多。旧社会渔民海上捕鱼如"三寸板内是娘房,三寸板外见阎王"。由于航海技术低、捕捞能力差、无通讯导航设备,渔民生命没有保障,因此往往寄托海神妈祖保佑。

有一年夏汛,塘头村老渔民翁老大满载黄鱼而归,心中充满喜悦。中途天气突变,风大雾重,能见度极低,单靠方向盘找不准回家的路。无奈率全船人下跪叩拜求妈祖保佑,说:"天妃娘娘,你向来爱民如子。我翁老大和船上渔民已打了大半辈子的鱼,日子都过得紧巴。如今总算获得满舱归程,想卖鱼翻造瓦屋赡养父母家小过好日子,却找不到回家的路了……"

祈求毕,翁老大忽见前面有亮光闪烁,好像也是渔船行驶。他想是妈祖娘娘显了灵。前船都是后船眼,跟着前船就能闯过浓雾。于是他跟着这个亮点往前驶,直到渔船到滩涂搁浅为止。待重雾散去,翁老大才发现前方根本没有船只引路,才知是"爱民如子的妈祖娘娘指点",他猛然醒悟,再次率全船伙计叩首跪拜。

三、妈祖帮助沿海百姓保家卫国、驱除外侮

(一)《助戚继光抗倭》之一

明朝年间,倭寇侵略我国海疆,扰乱我领海疆土。民族英雄戚继光率兵抗倭,在沈家门设水寨,驻扎水师,并设沈家门、塘头等多处烽墩,烽燧报警。夜里点火叫烽,白天放烟叫燧。当倭寇入侵时,烽燧点燃,防御倭寇入侵。由于军民同仇敌忾,屡屡打败敌人偷袭,大灭敌人嚣张气焰,大长士兵士气。

在一个风雨交加的夜晚,在塘头烽墩站岗瞭望的士兵因多日劳累,放松警惕打起瞌睡来。倭寇乘机摸黑偷渡。敌船即将靠岸,还没听到烽墩动

静,以为会偷渡成功。正在洋洋得意之机,忽见麒麟山头每株松树上,都点亮盏盏红灯,满山遍野杀气腾腾。倭寇一下子吓破了胆,调转船头逃遁。

其实当晚戚将军没有出兵,是海神妈祖作法赶走倭寇,保护舟山百姓平安。戚继光事后得知此事真相,虔诚地率众赴沈家门妈祖庙宇祭拜。

(二)《助戚继光抗倭》之二

相传戚继光在慈溪观海卫与倭酋决战前,夜不能寐,为滩涂不能展开战场烦恼。当时倭船停靠在近海,涨潮时划动"飞舟"(倭船上自备浅水木舟)上岸抢掠发现"情况"就"飞遁而逝",逃上大船消失海中,使追击的官军无所作为,无功而返。

这夜星光灿烂,戚将军独出营盘,在悬泥山娘娘庙前寻思歼击倭寇"妙计",见一红衣少妇在滩涂上脚蹬两木板行走如飞,便上前问她此系何物?少妇答曰为"泥鳗船"。戚将军让她在月光下示范表演。少妇欣然应允,身轻如燕地在泥涂上滑行如飞。至黎明消失,不知所终,却在泥涂上留下两块船体木板……

戚将军知遇上神人教诲,心中大异,令属下打造"泥鳗船"教习军士。果在倭船"偷袭"抢掠时伏击成功,俘擒倭酋,大获全胜。得胜后戚将军进庙拜谒,始知那夜月光下所遇红衣少妇,乃为娘娘真身所现。遂改悬泥山为胜山,捐银重塑胜山娘娘金身。

(三)《助戚继光抗倭》之三

戚继光在东南沿海抗倭达14个春秋,历大小80余战,足迹遍及鲁、浙、闽、粤等地。相传他在嘉靖三十六年(1557)11月率部抵舟山围剿王直的战役中,由妈祖指路由左路进击岑港倭寇,取得战斗的胜利。

那是一个漆黑的雨夜,戚将军奉命乘船从海上围歼敌寇。可船出宁波港口,在海中迷失方向。当时雨下得很大,海上狂风巨浪,船体颠簸不歇,船上官兵多数晕船呕吐。正当无奈之时,戚将军见前方海域上有红灯亮起,云层中出现一红衣女子,在雨中指引战船方向,遂按其指示冒雨前进。

天明赶至战场,与俞大猷共同率兵合击倭贼,俘敌千余获胜。战事结束后,戚将军亲至沈家门妈祖天后宫致谢。

第七章　"宁波帮"商人传承妈祖信俗文化内涵

　　我们把妈祖信俗研究和弘扬城市文化精神结合,就会引申出一个创建和谐社会的主题。地域文化就通常含义说,是指区域内有特色的祖根文化沉淀与积累。一是地域文化在一定的地域范围内形成,具有明显地域性的历史遗存、文化形态、社会习俗、生产生活方式等。二是地域文化的形成过程,即在历史长河中对主体文化提炼,形成各自特色文化的过程。三是地域文化在带有特色前提下,具有由于人群流动,宗主区域的文化兼容外来的文化,促使文化习俗互相渗透影响的包容性和形成兼具几种文化特质的特色文化。四是地域文化作为大概念意义上的文化,包含不同地域的人们,从社会意识形态到生产生活语言各个层面,都表现出与别处不一样形式的广泛性。自妈祖信俗在两宋时传入宁波至今,在近1000年的发展与传播过程中,有机地与地域文化精神结合在一起,产生越文化圈信守祖根文化与兼容外来文化的近代东方海洋文明,孕育出代表城市文化精神和走向世界的"宁波帮"商人。

第一节　近代"宁波帮"兴起与城市祖根文化精神

　　把妈祖信俗研究和"宁波帮"发展联系在一起,课题似乎宽泛。但从城市文化精神的角度,我们可以看出驰名中外的宁波商帮,在孕育与发展过程中,有意或无意地承袭了妈祖文化内涵及精粹,并使之转化为商帮核心的文化精神。昔日"宁波帮"泛指原宁波府属的鄞县、镇海、慈溪、奉化、象山、定海六个县在外地的商人、企业家及旅居外地的宁波人。鸦片战争后,随着外国资本主义的入侵,各地商人纷纷涌向城市形成商帮,当时较著名的有"晋帮"、"粤帮"、"徽帮"、"闽帮",等等,但这些商帮,在世界经济共融的残酷竞争中逐步衰落,甚至销声匿迹,直至改革开放后才又重新发达起来。而"宁波帮"却经久不衰,不断发展壮大,尤其在港、台等地区的宁波籍企业家,更是举世闻名。历史上妈祖信俗作为东方原始海洋文明的合理内涵,她的发展与传播,始终与我国东南沿海地域文化结合在一起。与内地商人不同的是,宁波商帮由于拥有城市祖根文化的开拓精神,才使她成功发展并走向世界。

一、传统海运业和地域祖根文化,孕育近代宁波商帮开拓转型

传统的说法近代"宁波帮"形成在明末清初。主要标志是宁波商人在北京创设鄞县会馆(即同乡商人组织,其功能为通过聚会、祭神以及各种公益活动联络感情,促进互助排忧解难,增强对外帮商人的竞争能力)。鄞县会馆创立在明朝万历到天启时期,创办者是鄞县在京的药业商人。稍晚在清初创立的浙慈会馆,即"浙江省慈溪县成衣行业商人会馆"。两会馆主要活动地域在北京,经营行业是药材业和成衣业。此时中国已形成了十大商帮,即山西商帮(晋帮)、徽州商帮(徽帮)、陕西商帮、洞庭商帮、江右商帮(江西)、山东商帮、广东商帮(粤帮)、福建商帮(闽帮)、宁波商帮、龙游商帮(浙江)。"宁波帮"形成后第一个发展时期在清乾嘉朝。这时期宁波商人海运(漕运)业获得迅速发展。活动区域不仅在长江和南北洋,而且延伸到海外,经营着合法而颇有规模的对日贸易。由于这时期"宁波帮"的发展,使一个普通的沿海地域商帮,一跃成为国内著名商帮。到1840年鸦片战争爆发前后,中国已由十大商帮演变为"晋帮"、"粤帮"、"闽帮"和"宁波帮"四强争雄的新格局。

但笔者认为不然。地域性商帮在创建初期,一般都依赖所在区域传统经济与文化的优势与特色,也就是说由城市的经济地位和祖根文化精神孕育培植的。宁波在历史上是个以海运业为基础发展起来的城市,她的祖根文化是东方原始海洋文化。早在7000年前的河姆渡人就会制"筏"下海捕捞,至周代越人已可驾舟"往若飘风"。历经唐、宋两朝,以张友信商团为代表的"唐船"驰骋在太平洋海面,揭开中国通往世界"海上丝绸之路"帷幕。

但元末后的历史,曾与国人开了一个小小的玩笑,由于明清"海禁",使"海上丝路"变得萧条,虽民间海上贸易不绝,却已是"江河日下",近代世界的经济崛起,使原本雄心勃勃的中国人变得懦怯而举足不前。一部宁波城市的历史,几乎就是航海商贸史。这种地域文化因素,流淌在商人的血液中并植根至骨髓中。因此近代"宁波帮"孕育与崛起,并不能在表象上以鄞县、慈溪两县商人在京设立会馆为标志,可以追溯到元末明初乃至更早。和国内其他商帮一样,经元、明、清三朝国内经济格局转换和外来文化侵蚀融洽的残酷竞争中,经过"痛苦的挣扎"和"理念的转换","宁波帮"才开拓确立在近代商帮中的地位。

(一)在地域经济基础分析

由于元代运河阻塞,朝廷组织"南粮北调"漕运业(特别是海漕)的兴起。史载元统一全国后,每年需从江南运送大批粮食至大都。但运河因战乱年久失修致使漕运不畅。考虑到河运漕粮"劳费不赀,卒无成效"①。朝廷海运科分处南北两大系统承办,南方为"承运"系统,在"鱼米之乡"的浙江分设温州路、台州路、庆元路(今宁波)、绍兴路、杭州路和嘉兴路。六处转运皆以庆元港口集运,并揽江南邻省数路储运为最。由于元代采取比较宽容的政策,民间海上贸易活动渐趋活跃,激发宁波商人原始资本积累和近代资本主义进步思想的产生。而浙东庆元港又是我国对东洋(日本和高丽)的主要贸易港口,又是西洋贸易集散之地,货品需要海漕转运,致使庆元府船商的迅速发展,并形成地域船帮(类似商团的组织)。明清两朝实行"海禁",但"南粮北调"的漕运业并无停止,积累资产的船商率先开拓,自祖先"传统海运"的经营中,逐渐转向"河漕"和其他经营模式,形成以近海(河)城市商务会馆为标志的近代宁波商帮的雏形。

(二)从地域文化学角度分析

近代"宁波帮"与晋商、徽商一样,早在元、明时期就已有类似商团的组织。在承继唐、宋"海上丝绸之路"原始海洋文明熏陶的基础上,率先从"官商"(传统朝廷商团和市舶司)中解体出来,开拓组织以自己独特的地域资源和文化理念的商人群体。所不同的只是晋商、徽商以中原黄土文化"固

---

① 见《元史》卷九三《食货志一·海运》。

守祖训"和"内蓄"的经营理念,铸造传统商帮精神,而宁波商帮却由原始海洋文化中开拓和扩展精神,在开展与"西夷番邦"的商务活动中,转换观念,与西方洋商"接轨"中,"借鸡生蛋"发展壮大自己的队伍。两者在文化观念上的区分和落差,造成日后在世界经济格局变化中的悬殊成败。

二、东方原始海洋文化精神对宁波商帮发展的影响

这阶段宁波商帮的发展变化比较复杂,严格说中国在经历鸦片战争后的数十年间,经济格局变化完全处于国际商务的大背景下。这种变化的结果是,宁波商帮凭借自身特殊文化背景和有利的地域条件,迅速介入新兴的对外贸易领域,形成了以买办商人和进出口商人为代表的"宁波帮"新式商人群体,融入世界经济格局的变化走出国门。而其他商帮如"晋帮"、"徽帮"却迅速地衰落、乃至一蹶不振。究其原因,除经营模式、资本积累、商品市场占有诸国外,主要因素为背景地域文化的不同,而产生的商务文化理念不同。适者生存是现代商务经营活动中最残酷的法则。研究近代宁波商帮的崛起,传统学者的研究方法往往局限于经济学的角度,而忽视地域祖根文化的传承与发展。

首先,我们要了解当时社会经济形态下,什么是买办?拿目前的话说,买办就是外资洋行中的中方经理,是中西方贸易的中介人。我们说买办和进出口商人是新式商人,是因为他们从事的交换,已经不是以小农经济为交换两端的传统交换,而是以中国农产品和西方工业品相交换的国际贸易。这种交换以前所未有的剧烈程度,激烈地冲击着中国根深蒂固的自然经济形态,为现代商品经济的发展扫清道路。近代"宁波帮"买办商人,首先在上海获得发展。宁波籍商人在上海第一个买办是定海人穆炳元,但很快遍地开花。在 19 世纪 80 年代以后,上海的"宁波帮"买办超过"粤帮"而居买办集团的首位。直到买办制度被废除,宁波籍商人一直稳稳地占据着这一领域。通过这时期的发展,宁波商帮确立近代我国经济中心上海的霸主地位。究其成功的原因,无非是对洋商观念转变和经营理念的"灵活",喝了中国商人与洋夷诸国贸易的"第一口水"。而这些恰恰是东方原始海洋文化中"物无分贵贱,商贯通四海"经营理念的反映。宁波自唐、两宋间辟"海上丝绸之路"四海通商,养成与洋商打交道"民皆能言市"的地域"人才"优势。在其他商帮于洋货压境前还缺乏应对能力、"以我为大"时,宁波商人便在国际商贸大潮中,以"迅雷不及掩耳"之势占领国内商品市场,不

能不说是地域祖根文化中的开拓精神,促使其理念转变的作用。

接着,在世界经济大潮和国内商帮转型中首战告捷的"宁波帮",迎来19世纪80年代和90年代以后第二个重要的发展时期。其主要特征是以新型商人为主的金融资本和商业利润投资于航运业、金融业、工业等新兴领域,形成实力雄厚的金融资本和工业资本。这一时期的"宁波帮",以金融资本的实力和开拓精神的理念,率先占领当时我国对外开放的桥头堡——上海为基地,以早期钱庄业和商业利润,投资创造了100个左右的全国第一,涌现出一批"大王",抒写了中国工商业史上的百年辉煌。下面仅举十例:(1)1854年,慈溪费纶锧、镇海李也亭、盛植管集银7万两,向英国购买了中国第一艘轮船,名为"宝顺号",并配备武装为商船护航。(2)1862年,镇海的叶澄衷在上海开设五金洋杂货店,这是上海第一家华人开设的五金商号,后发展到全国各地设立分号38家,联号108家,被称为"五金大王"。(3)1896年,鄞县的鲍咸昌与其兄咸恩、妹夫夏瑞芳等创办商务印书馆。后来发展成为我国近代史上规模最大、贡献卓越的大型出版企业。(4)1897年,慈溪严信厚、镇海叶澄衷、定海的朱葆三在上海创办华人第一家银行——中国通商银行。(5)1910年,奉化的王才运在上海南京路创设荣昌祥呢绒西服号,为上海西服业的鼻祖,孙中山曾在该店定制过西服。后来中山先生自己设计、自己试穿的第一套中山装就在荣昌祥诞生。(6)1912年,镇海方液仙在上海创办化学工业社,兴办我国第一家日用化工厂,生产牙粉、牙膏、蚊香、肥皂等,方被称为中国日用化工奠基人。(7)1915年,镇海虞洽卿(现为慈溪)创办的三北航业集团。是当时我国最大的商办航运集团,其总吨位为9.1万多吨,约占全国民族航运业总吨位的七分之一。(8)1922年8月13日,镇海庄市的董杏生,开创了上海第一条公共汽车线——由静安寺到曹家渡线路。(9)1923年,定海周祥生在上海创办祥生出租汽车行,至1937年公司拥有分行22处,出租车230辆,居上海出租车业之首。(10)定海的刘鸿生,以煤炭行业起家,号称"煤炭大王",1930年创办的大中华火柴公司,为当时中国最大的火柴厂,年生产火柴占全国四分之一,又被称"火柴大王",以后在全国各地兴办几十家企业,又被称企业大王。在创办和经营近代企业过程中,"宁波帮"工商业者涌现了一大批影响广泛的企业家、金融家,形成了"宁波帮"近代企业家的群体,发展成为中国的第一大商帮。

这仍然是地域祖根文化开拓精神使然。在宁波商人的意识里,祖籍的沿海城市土地稀缺、资源缺乏，必须向外拓展才可以"饱其肚腹"，获得生存。在明、清两朝"海禁"缚其手脚，世代相袭"大海洋洋、忘记爹娘"地"隔洋过海"讨生计、下南洋的生涯，造就宁波商人吃苦耐劳、百折不挠、不畏艰险、自强自立的性格特征。一旦朝廷放开"口岸"，与洋夷进行"五口通商"的时机成熟，不搏又更待何时？正是宁波商人这种内在的富有原始海洋文化的开拓精神，才使她在外因条件成熟的前提下，如春天山坡上的野草一样，漫山遍野蓬勃地发展开来。

三、"商通四海"的持续发展，延泽城市文化开拓精神

至此"宁波帮"在近代中国市场经济领域中，已经举足轻重。接下来在20世纪50年代后的数十年间，由于历史的变迁，形成海外"宁波帮"第三个重要的发展时期。这时期有一批宁波籍工商业者移资海外各地，但大部分商人则以香港这个国际自由贸易港为中心持续发展，其扩展领域由传统工业、金融业，向造船业和新兴影视娱乐业乃至城市房地产业发展。这段时期他的经营模式，在根本上得到改变，从在"扎根"于上海滩依赖"洋务"，到在香港、澳门凭借实力，在行业上进行拓展。仿佛天空的飞鸟一般，不在一棵树上吊死，在蓝天的自由翱翔中，觅见哪儿有"食"啄，就飞往那里。从在"洋商手里要饭吃"，变成"洋商嘴里夺饭吃"。他的竞争对手，已不是国内诸商帮，而是有"跨国经营经验"、实力雄厚的诸国洋商集团。怪不得海外的研究学者，把海外"宁波帮"的这种"孤军散打、目视群雄，以仁取人，以智胜群"的经营模式，称作为"东方的吉普赛人"。

这部分"宁波帮"商人及其后裔，继续发挥"持续开拓"的精神。在后期与20世纪80年代以后移居海外的甬籍人士一起，以智慧与勤奋结合，集结向高科技、高难度市场冲击，被称为现代海外"宁波帮"，在世界各地到处占领市场"开花结果"，创造的商贸业绩举世瞩目。如镇海庄市的包玉刚家族，1949年年初由上海赴香港定居，先从事进出口贸易，1955年以一条旧货船起家，开始从事海上航运事业。经过20多年的奋斗，建立起环球航运集团，到70年代末，已拥有大型、巨型轮船200多艘，总吨位2000多万吨，超过当时美国或苏联国家所属船队总吨位，居世界航运业之首，被国际独立船东协会推选为主席，成为世界船王。进入80年代以后，相继收购英资集团的九龙仓和会德丰洋行股权，并投资国泰、港龙两家航空公司，其经营范围遍及航运、地产、酒店、传播、航空、仓储、码头、贸易等。镇海庄市的邵

逸夫,1925 年与兄长在上海开设天一影片公司,1926 年与三哥邵仁枚赴新加坡开拓电影市场,后成立"邵氏兄弟公司",1958 年与邵仁枚成立邵氏兄弟(香港)有限公司。几十年来共拍摄了 1000 多部影片,获得各种国际奖达 32 部。很多影片充满反帝、反封建的爱国主义情节,受到各界人士的好评与赞扬。他在港、澳、台地区和东南亚以及日本、韩国、印度等地拥有电影院 200 家,每天光顾的观众可达 100 万人次。在 70 年代邵氏兄弟涉足当时发展迅速的电视业,被称为"影视大王"。他被香港推为十大富豪之一和最成功的十大企业家之一。镇海庄市的包从兴,1946 年去香港,先后经营电子业、纺织业。1960 年后在非洲加纳创办纺织厂,后发展成大型纺织企业集团,为非洲纺织业之冠。此外镇海的张敏钰是"台湾水泥大王";傅在源被誉为"东京的杂粮大王";张济民被称为美国"新加州地产大王";应行久 1973 年在美国买下纽约世贸中心 107 层摩天大楼顶层,开设礼品店(后在"9·11 事件"中被毁),1979 年被选为全美华侨总会董事长。鄞县籍"宁波帮"也在海外创造显著业绩。王宽诚是香港著名企业家,原香港总商会会长;陈廷骅是香港棉纺大王;曹光彪是香港毛纺业大王;李惠利是香港钟表大王;邱德根是香港娱乐大王;王传麟是台湾棉纺大王;范岁久在丹麦开设大龙食品厂,从事春卷加工与销售,后称春卷大王,等等,都在当代为世界经济发展作出重要贡献。

随着我国改革开放、现代化建设事业的快速发展,以及香港、澳门的回归,海外以及港澳台积极投资内地社会经济的各个领域,"宁波帮"又进入了一个崭新的开拓和发展时期。现在海外"宁波帮"与新兴的内地宁波籍商人正在融合为新型的当代"宁波帮"。这个正在崛起的群体已经产生若干新的组织,如北京、天津、南京、上海等不少城市成立了以宁波籍人士为主体的宁波经济建设促进会。特别是上海经济建设促进协会和宁波同乡联谊会,两块牌子,一套班子,出版《海上宁波人》会刊。这些协会既能适应新的社会现实,又带有鲜明的乡亲色彩,对于沟通信息、加强交流、增进了解、解决困难、促进宁波经济和社会的协调发展,发挥了重大的作用。

众所周知,在北宋初年由越人创塑与中原文化共融的妈祖信俗,她的合理内涵是东方原始海洋文化精神。在历经千年发展的历史长河中,无论她的文化外延如何变迁,其核心理念信守祖根文化的开拓精神却是永远不变的。综观宁波商帮孕育、发展、持续的过程,我们得出弘扬开拓城市祖根文化的三个结论:一是近代宁波商帮的形成,是在中国社会形态由中原黄土文明向蓝色海洋文明转体,东西方经济文化交融中孕育而成。二是宁波商帮在其世界经济文化格局嬗变中,率先开拓成为国内一大商帮。三是"宁波帮"体现出来的城市地域文化精神,促使宁波籍商人发展壮大而走向世界,成为地域祖根文化的信守弘扬和持续开拓者。

第二节 宁波商帮走向世界的地域文化动因

分析宁波商帮持续发展和走向世界的文化动因,是近代经济文化学者研究的重点课题。正如孙中山先生所说:"且凡吾国各埠,莫不有甬人事业,即欧洲各国,亦多甬商足迹。其能力之大,固可首屈一指也。"[①]一个地域商帮在经营上取得成功,必定占有和依倚其地域(地理)资源优势,如晋商衔接中国陆地通往西方诸国古代的"丝绸之路",江右、洞庭商帮和徽帮联结长江,占有内陆水上交通优势。宁波与粤、闽商帮近海,占据中国历史上对外贸易的四大港口(扬州、宁波、泉州、广州)地理位置,具有其渗透在经济行为中的地理资源优势。好比世界第一大港口——荷兰的鹿特丹,集中了欧洲资本主义先进的地域文化资源,形成西方近代海洋文明。但这仅仅是外因,主因是宁波商帮在发展过程中,兼收并蓄包容的经营理念。也就是说是宁波的地域特质文化精神,是孕育"宁波帮"商人走向世界的基本动因。

近代中国商帮在资本主义萌芽时期形成。其明显的断代界限,史家多认为在明代张居正"一条鞭"法实施后。在当时中原文化"一统天下"的大背景下,各地商人遵奉儒家"仁、信"二字作为主旨的行商理念。所谓商者,"行仁天下,以信获利","仁为商德,信为操守"。这种理念在中国封建社会无可厚非,我们大汉民族的子孙,世代以仁施教,忠厚待人。但近海衔接外洋的宁波商帮,由于受到以妈祖信俗为内涵的东方原始海洋文明影响,特别是"五口通商"与外族(西方列强)贸易交往中,其观念开始转化。在诸商帮持之以恒的传统理念上,加上"义"、"利"二字。在近代宁波商人的理念中,"义通四海","利为商谋"。经商获利才是目的,获利必行道义。所谓义者,就是兼容对方共同发展。这种对外包容,于内守恒,以不变应万变的商

---

① 见《孙中山全集》第3卷,第349页。

帮理念,正体现出妈祖信俗文化的核心精髓。难道历经千年的妈祖信俗,不是在开拓过程中兼收并蓄发展起来的吗?因此我们说宁波商帮为何能在近代世界商务活动中,叱咤风云、经久不衰,除地理因素外的文化主因。"宁波帮"商人与诸商在经营理念的异同有以下三方面。

一、"与大海结缘"的信守、务实精神

诚如上文所述,宁波商帮亦可称之越商。从7000年前的河姆渡文化开始,越人就与大海结为不解之缘。在宁波出土文物例证有三:一是创造了早于西方世界《圣经》中传说的"诺亚方舟"几千年的独木舟"筏",驾舟出海,以渔捕食。二是其"双鸟异日"的氏族图腾标志。三为"羽人竞渡"原始祭典海神的场景。这三件出土文物的年代均在公元前,而且以船为主体,与后来开拓的海洋经济直接相关。这里值得引起人们重视的是,宁波人跨海经商最早可追溯到春秋晚期,史载越王勾践"卧薪尝胆"十年,雪耻兴起"三千越甲能灭吴"后,曾在现山东琅琊占有一块小小的"殖民地",在越地与鲁地"贸易经商","互通商贸"。范蠡避祸"下野",曾与西施往来南北经商。现宁波市东钱湖"陶公山"尚留遗迹,可说宁波人经商最早的例证。近代宁波商帮尊范蠡为"商圣"就为此因。

越地祖根文化由于历史原因,在中国封建社会政治朝代的更替中,与中原黄土文明共融乃至湮灭历史尘埃中,但不能认为是越文化的消亡。作为宗主区域的文化,包容和兼容外来的文化;在几个文化区域的交汇地带,形成兼具几种地域文化特点的特色文化,是地域文化自身发展与向前推进历史的必然。这段时期(最有代表性的应为唐、宋两朝),我华夏文明与西方外来洋务文化(姑且这样称之)的交流,大致有两个途径:一是经"河西走廊"的陆上丝绸之路。这条通道从西汉时期已经开通,历史记载大汉民族与匈奴交往的例证"苏武牧羊"和"卫青西征"。二是稍为晚些的"海上丝绸之路"始于东晋,由于印度佛教北迁传播,形起越地与海外经济文化交流。如宁波当地有五磊寺,史载印度僧人那罗延在此坐化成佛。至隋,一条运河由北至南,贯通中原与越地政治、经济、文化间的交融,致使华族与夷洋交流海上丝绸之路的缘起,造成唐宋两朝海上贸易与诸夷间的交易。时由宁波商人张友信为代表的"唐船"商团,纵横于东南亚海域,在日本、高丽、东南亚乃至今非洲和欧洲地中海一带,都留下中国商人的足迹。

现在史学界对宁波商帮的研究与定义,往往局限对商帮形成的客观地

理与经济成因的分析,而缺乏在地域文化学的角度深层次的研究,其产生的误区有三:一为研究者对孕育商帮的文化内因研究不够,而武断地把宁波商帮定位于经济行为,在断代上定义为近代(明末清初),抹杀了古宁波商帮形成的地域文化精神传承。二为摈弃地域文化成因,而单纯地从经济行为分析。三是把宁波商帮与"海上丝路"的城市文化精神弘扬与延伸割离。甚至把越祖根文化说成为"华夏运河文化"精神的延续,否认地域文化精神中的共融而变为单纯对中原文化的承继。这种说法有违历史,不符合起源于越文化、融汇中原文化,并由妈祖信俗作为内涵的东方原始海洋文化精神,孕育近代宁波商帮的客观事实。为何会造成这种错觉?是由于明、清两朝的"海禁",在客观上造成越祖根文化在历史长河中发展的阻滞与断裂。这种断裂直接影响古宁波商帮,由唐、宋两朝延伸至元代历史的"官商"(如唐、宋、元代朝廷设市舶司管理商务,和商团首领由朝廷诰封"遣唐使"),而下降到民商,甚至"寇商"地位。如明嘉靖年盘踞在东海六横岛经商的王直船队,就被诬为"倭寇"被斩于宁波城东门口示众,造成宁波商帮弘扬东方原始海洋文化精神的断裂。

宁波商帮重整旗鼓在晚清"五口通商"后,除当时世界经济大格局发生变化客观因素外,其主观因素仍为越地域祖根文化,对商帮人士那种渗透在血液、植根于骨髓内的传承与影响。我们不妨试以宁波商帮在那段时期开拓的产业分析,就可得出与诸商帮不同的特点。在晚清间重兴的宁波商帮延伸至今的,无非四大龙头产业:一为钱庄业;二为航海与船业;三为纺织;四为文化娱乐相关产业。而这四大产业,正是传统越商自古至今的优势所在。

诸业兴以银为首,"银扼商喉"。晚清间宁波商帮纵横天下,无非有"走遍天下,不如宁波江厦"的钱庄支撑。史载此时的江厦街有126所钱庄,所谓"天下有银十,江厦街独占二三"。稍后上海滩上,如果没有秦润卿、虞洽卿这些"金融大鳄"们办"四明银行",使诸商的银子如水一般流动,就没有"十里洋场"、灯红酒绿"不夜城"的繁荣局面。因此上海人称任何地域的商人为"乡下人",而独尊宁波商人为"银客"。银客者,为带银子而来的投资开拓者。这些银子何来?就是缺乏土地资源的宁波先人们,"大海洋洋、忘记爹娘"地在明、清"海禁"期间,越洋过海地下"南洋",在那个叫马尼拉的地方,以货易"墨西哥鹰洋"(每枚与大清朝所铸足银相差一文),获得与洋人交易的"第一桶金",回来筹办钱庄积累的原始资本。如果没有历经千年原始东方海洋文化开拓精神的支撑,近代宁波商帮能有后来产业的发展吗?值得说明的是当时传说中"古越币",这种币制现在已难找寻,可当时却为"下南洋"的宁波人的"精神支撑"。这种古越币来源并不是传说,而是流传在疍民中,古于越王朝曾通行过与春秋诸国有区别的"金饼"。

民间"流银"带动诸业的发展,是近代宁波商帮兴起与诸帮不同的特点。分析宁波商人的产业链条,人们就会惊异地发现,拥有近海地域资源和信守祖根文化的宁波商人,有着与诸商不同的传统思维模式。宁波人会造船,历古至今没人否认这个事实。近代宁波商人产业发展,船与航海业是继钱庄业后又一大内容。从以慈溪商人费纶鋕为首的北帮,向西方购买中国历史上第一艘机动船"宝顺轮",到虞洽卿"小火轮"开拓宁波至上海客运、董浩云组织船队开辟美洲航线,一直至有世界四大"船王"之称的包玉刚家族。可想近代宁波商人对海洋与船队情有独钟的兴趣与开发。当今世界近代船王有四,宁波董浩云与包玉刚占其二,不能不说宁波商帮对海运业有特殊的贡献。宁波商人发展的产业,其三为纺织业,史载为宁波近代工业之首,不但据长江而扼川汉,而且越洋跨海传播东南亚诸地。如大名鼎鼎的吴锦堂,被誉为日本的"纺织业之父"。其四为印刷娱乐业,中国近代电影之父邵氏兄弟公司,自 20 世纪 30 年代后,就在香港和东南亚有特殊影响。

宁波商人的这些产业为何能兴起发达?不能不说与地域文化成因的关系。除钱庄业、航海业与城市海洋文化精神有潜在联系外,纺织同样是吴越文化的精粹。史载吴越之地黄道婆创"布机",江南民间农家小屋,十之八九设机杼,"男耕女织"为越地风景。海上丝路何以定名?是因为"湖丝杭绸",均由宁波港口运销世界各地。至于文化娱乐业,作为地域文化精神的外在体现,在历史上越文化与中原文化交融中,独占江南烟雨文韵和"靡靡之音"一席之地。自书圣王羲之、虞世南始,至近代西泠印社。自中国戏剧四大声腔,浙江余姚腔、海盐腔占其二。到享誉国内外的女子越剧,发源地即为浙东嵊县。史载宋廷南迁,印刷业和"瓦舍"(戏园子)遍布江南。"暖风熏得游人醉,西湖歌舞何时休?"自"歌女资其葬"、"街头巷陌皆咏三变词"的柳永,至当代文豪鲁迅、茅盾、郁达夫。越地多少文人骚客,形成 20 世纪 30 年代上海滩文化产业的繁荣,当为顺理成章。

宁波商人的机敏,植根于这块土地的越祖根文化精神。正是这种信守和兼容,致使他们不断地向外拓展渗透,乃至像水一样,浸漫到各个地域、各个行业。可以说以妈祖文化为内涵的东方原始海洋文明,是近代宁波商帮重兴的文化底蕴,孕育与铸就近代宁波商帮的发展。

二、"和义经商"兼收并蓄的包容精神

晚清期间的宁波商帮,能迅速超越诸商帮崛起,另一个鲜明特点是"和义经商"。所谓和义,是和对方利益共享,共同发展。这就需要有一种包容精神。如果我们回忆宁波城市的历史,就会发现发源于越文化,与中原文化共融的东方原始海洋文化中,有史以来就有一种兼收并蓄的包容精神。在河姆渡文化遗址中,我们就可以看到原始先民,一次又一次地兼容和吸收外来文化,包括对外传播"石锛"文化。秦汉时期,中原黄土文明由于统治者的提倡和推广,越民在军事失利的前提下向南迁移,在背井离乡的同时,以巨大的历史耐力,逐步接纳吸收中原文化,包括文字、政治体制和生活习俗,较为融洽地与中原先进文化共处。稍后中国历史上三次人口大迁移,越人又一次接受北方氏族乃至融洽为一体。至明、清两朝,由于西方列强的兴起,在军事扩张和经济侵略的同时,对中华民族实行文化渗透,最先能够接纳共融的,也就是越地沿海浙、闽、粤三省。

宁波人兼收并蓄的包容精神,明显的例证,是对含妈祖信俗在内的外来文化的接纳共融,并像大海吸收河流一般变成海水。这种融洽表现在历史上,是对异国宗教文化接纳。史载秦代道教方士徐福带三千童男女东渡日本,七次下海最后在古句章港成功。稍后六朝时期,起源于印度的佛教北徒,宁波为重要中转和传播之地。东吴赤乌二年(239)东吴太子太傅、都乡侯阚泽,舍献句章住宅建"普济寺"弘扬佛法。浙东所建阿育王寺,在南宋宁宗时就定为天下禅宗五山之一。天童寺在明太祖朱元璋时,排名为天下禅宗五山之第二。雪窦寺也早在宋代宁宗时,就被列为天下禅宗五山十刹之一。在"五口通商"前后,西方传教士在中国传教,密布于市郊的天主教堂星罗棋布。这种宗教文化与地域文化的兼容,促使近代宁波商帮在经济领域中的和义天下的包容精神,使之能以博大的胸怀"忍受"别人的"污垢",为达商利而一如既往地开拓。

(一)"以天为大"的包容胸怀

近代"宁波帮"商人做生意,遵循地域文化精神优秀精华:"我为人人,人人为我",有"负天下重任"的责任感。在他们的意念中,所谓"生意",就

是人在世间生存责任的意愿。我要活着,但不能让别人为我去死。"生意是人做的,天下有做不完的生意。我做生意是为别人方便,要让别人能赚钱,我的生意才能做大。"因此他们经商,不仅是为自己"找活路",更主要的是为别人"找活路",只要别人活好,自己才能活得更好。拿现在的话说,也就是有钱大家挣。例如一票十元钱的生意,别人赚九元,我赚一元。这种事儿晋商与徽商不干,因为不公平,侵犯了道德的底线,凭什么对等出力,你多得我少得?但"宁波帮"商人能做。因为我做生意就为你赚钱,你赚了钱我还可以与你做下笔生意。如果你做一笔赚了九元,我做十笔就是十元,一百笔为一百元,我只要把生意做好做大,我才是为天下人赚钱的大商,而你只做一笔或几笔的图眼前利益的小商。在宁波商人眼里,天下有走不完的路和赚不完的钱,路子走对才能有钱,有钱才算得上是个商人。这种包容别人、和义天下的胸怀,在改革开放后新一代宁波商人中更加明显。所谓"走遍千山万水,说尽千言万语,心怀千家万户",就是这个道理。

(二)"以水长流"的经营理念

近代宁波商帮遵循地域文化精神的第二个特点,具有超前经营的意识,为让别人与我一样获利,必须有"行业领头羊"的领袖风度。"五口通商"后西方列强用军事敲开我国的国门,接着就有无数"淘金者"以商人名义来东方淘金。在这场经济侵略以掠夺中,诸商纷纷"倒闭"偃旗息鼓,而宁波商帮却能笑傲群雄独树一帜。究其原因,也是文化理念上的区别。当时在上海滩的"十里洋场"中,宁波商人以三种面貌与洋商周旋:第一种面貌是买办,他们的经商理念是"洪水来了,挡不住就疏"。所谓"疏",就是顺应规律,帮你倒腾。你不熟悉这儿的地理环境,好,我帮你熟悉。你不熟悉这儿的政风民俗,也好,我帮你熟悉。你不熟悉这儿的市民文化,更好,我帮你熟悉。对不起,这种"熟悉"你得付出代价。这样熟悉来熟悉去,贪图眼前利益又看不起华人的洋商们,最后都乖乖地成了"买办"们手中的"猎物"。"猪养肥是用来宰的",买办们等待的结果是"取而代之",因为你赚了九,我只取其一呀。我可以做大,而你只能滚蛋。第二种面貌是用国内产品,占领境外市场的国际"行商",他们的理念是:"你洋毛子可以敲开国门,赚我大清朝的银子,我大清朝顺民怎么不能出洋赚你洋毛子的银子?""行商如水,我挡不住你。因为你的工业时代开发早,货比我先进。但人总不能仅生活在'先进'里,需要脚踏实地活着,你也挡不住我。"由买办学到洋商经营理念的行商,有很多走出国门做生意的,如吴锦堂、虞洽卿和后来以香港为跳板的包玉刚、邵逸夫,成为近代中国第一批的国际商团的代表人物而领袖商界。第三种面貌是实业家,运用洋商提供的设备,办起自己的企业,运用对国内市场的熟悉,与洋商进行市场竞争。如近代发生在上海滩租界的"四明公所事件",聚集在那儿的十万宁波人竟用"断水断电"罢市的手段,胁迫诸洋商和领事馆停止掠夺与侵吞华商占有的资源。

(三)"以无为规"的营销法则

近代宁波商帮纵横天下百余年,除上述两个特点外,还有一个特点是谁也悟不透的营销法则。由优秀地域文化精华孕育宁波商人,仿佛天生就是做生意的料子,他们的才华集中体现在"灵活多变"的营销策略与活动中。在宁波有句老话传世,叫做"吃亏就是便宜",意思是不吃亏,就做不成大生意。在近代宁波商人的营销法则中,一是商品营销只有价格差比,地域没有界限。因为商品与人不一样,人往高处走,商品却往低处走。哪儿缺货,商人就要把货铺开到哪儿。二是用人没界限。诸商帮的用人概念往往子承父业,以血缘关系决定人的使用。而宁波商帮却不一样,认为量才录用,是商者最高境界。他们在商务活动中,往往选择"智者"任总经理,自己则掌握"董事会"支配资产,率先从旧式商帮中转制出来,达到"能者多劳和能者多得"的私有股份制,市场经济的模式而走向市场商品的营销模式。近代的"宁波帮"商人,出身均为贫苦。如现新加坡三江会馆的董事局主席水铭璋先生,原先就是码头上的一位搬运工。又如近代上海滩上的叱咤风云的宁波商界巨子,大多出身是去"学生意"的"穷小子",又有几个是"豪门巨子"? 三是项目与行业没有界限。中国诸商的行商潜规则,往往局限于行业的贵贱,但在精明的宁波商人头脑中,"地不分贵贱,人不论贵贱,行同样没贵贱"。只要能成为生意,能为天下人谋利服务,就是生意。因此宁波商帮(含浙江商人),无论是高档的银行(钱庄),还是剃头、阉猪、饭馆的服务行业什么都做。试问今日中国,又有哪份职业没有宁波人出头露脸和活跃的身影?

三、"和气生财,吃亏就是便宜"的团结互帮精神

综观近代宁波商帮的胸怀、经营理念与营销手段,可以看出宁波人经商不为寸金寸利争执,他们遵循的是"和气生财"和"吃亏就是便宜"的和义

精神。商人之间相互团结一体,讲究的是"以和为贵,以义为先"。往往"生意不成朋友在","讲义气胜过做生意"。"朋友越多,生意就做得越大"。讲究乡邻团结互帮精神,靠的是齐心协力克服困难,"以小搏大,患难之处见真情"的地域文化精神。

近代宁波商帮是一个以血缘家族为核心、以地缘关系为纽带,范围广泛、组织松散的商人与企业家群体。在外经商谋生的宁波商人重乡谊、讲团结,互相支持,风雨同舟,表现出强烈的团结互帮精神,成为抵御风险危难的精神支柱。在当时宁波商人的发祥地上海,同乡间的团结是很出名的。19 世纪末在上海滩轰动一时的二次"四明公所事件",就充分表达了在上海的宁波同乡齐心协力,奋起反抗,最后迫使肇事的法国人屈服,承认四明公所的土地所有权。这次事件被史家称之为"中国近代史上对抗外国势力的第一次政治罢工",充分显示了宁波商人的团结对外侮的威力。这些人中,有不少后来成为"宁波帮"巨子的人物,其立业之初都曾得到同乡会的帮助。如叶澄衷、朱葆三、虞洽卿等人,早年都是由同乡人或亲戚从乡下带来上海"学生意"做学徒和创业的,从而在他们面前展开一个广阔的世界,成为他们日后发展的重要契机。如天津卫的宁波巨商王铭槐,因为与李鸿章"关系甚切",经营军火发迹。他对宁波同乡到天津谋职者,都极力推荐介绍至洋行当买办做生意。愿意独力经商者,他资助资金,帮助他们在业界发展。对天津"宁波帮"的形成,起了关键的作用。名赫一时的"企业大王"刘鸿生,大学二年级辍学后,能成为美商开平矿务局的跑街,也得力于同乡周仰山的鼎力相助推荐。

宁波商人团结和义精神的体现,另一个特色就是企业在创业过程中遇到困难,甚至陷入困境时,乡人都能联手相助,共涉险境。在清末时沙船航运业是"宁波帮"的传统行业,近代以来不少宁波商人转而投资轮船航运业,相继创办宁绍、三北、鸿安、永利、永安等轮船公司。开业伊始曾遭到外国轮船公司的排挤和打击,但在上海及沿海、内河各埠宁波商人的支持下,才顶住风险进一步发展,成为近代中国民族航运业的一支重要力量。如宁绍轮船公司成立后,曾经受到英商太古公司和法商东方公司的降价排挤,"宁波帮"商人组织同乡成立宁绍公司航业维持会,募集现金 10 万余元补贴公司损失,号召宁波同乡不乘外轮,改乘宁绍公司的客轮。约定凡有商货先交宁绍公司装运。如此通过两年的竞争,宁绍公司不仅坚持下来,而且还添置了一艘新轮船。同样"宁波帮"办钱业,也是同心一致对外。1908 年由宁波商人集资兴办的四明商业储蓄银行在上海开业后,曾受外国银行和同行的倾轧。一遇风潮,便拿四明银行发行的钞票来挤兑现洋。当时四明银行的实力并不雄厚,而在挤兑风潮中能多次化险为夷,其原因就在于宁波同乡的团结互助之力,由宁波商人开设的各大商店、钱庄、银号在挤兑风潮袭来时,家家代为收兑四明银行的钞票,使"风潮"得以平息。民国《上海县志》说:"辛亥光复,国内银行兑现、提存,几时一辙。而该行赖以平定者,甬商之力。"所以有人说,近代宁波商人"能如此活跃,他们的团结力亦是一大原因。表现他们团结力的,就是四明公所"。

其实宁波同乡会的章程中就明确规定:"本会以团结同乡,发挥自治精神为宗旨。"1945年的章程又提道:"集合同乡力量,推进社会建设,发挥自治精神并谋同乡之福利。"章程中的"团结同乡","集合同乡力量"。正是宁波商人团结互帮精神的体现。在工商活动中,精明强干的宁波商人充分利用各地的同乡组织,凭着团结互帮精神,建立了许多推销商品、获取原材料和经济往来的商业网。这对在一个风险大、交通不便和以一种特殊信用关系为基础的区域之间进行贸易来说是非常必需的。这种以宗族、同乡为纽带形成的同乡团结力量,对于宁波商人企业的发展有着重大的意义,大大增强了行业和企业的竞争力。

因此当"宁波帮"商人一旦确定奋斗目标,就会自强不息、团结一致地共同奋斗,不断拼搏与进取,敢于冒险。这是宁波商人优良的经商传统,也是具有东方原始海洋文明城市精神的具体体现。

第三节 崇信妈祖与"宁波帮"商人的大慈善境界

我们研究近代"宁波帮",除经营理念外,站在地域文化学的角度,还有一个群体信仰特质。即最能体现一个空间范围内特质的信俗文化和周围其他区域相比具有明显差异。两千年前司马迁写《史记》时,提到"百里不同风,千里不同俗"。简单地说,一种文化现象,如果它只是"风",往往走出一百里,就是另一种"风"了,但如果它已成为"俗",那么它就拥有更大的范围,才能体会到那里有不同的民俗。所谓"风",就是今天我们讲的流行,或者风尚,它的特点是不断更新多变的。"俗"是信仰和习惯。如果上升到这程度就比较稳定,可以称之为传统。历史上的近代宁波商人,作为群体分析,并无明确的信仰目标和价值指向,但他们的处世为人,却潜移默化地循奉妈祖信俗文化"扬善扼恶"的核心理念和价值观。他们奉行"获大实惠必要有大慈善"的信念,相信"善有善报,恶有恶报"的因果报应。

21世纪初我接待过新加坡三江会馆馆长水铭璋,这位祖籍鄞州的老先生是信奉妈祖的。他穿着肘间打有补丁的西服,脚踏旧布鞋,行程十万公里走遍中国穷山恶水,把自己在新加坡的资产投入内地。他投资奉行一个原则:越穷的地方越要投。问其原因,他说:祖宗相传经商是为扬善扼恶。妈祖保佑我做大生意,我赚了钱不做善事,就违反赚钱的初衷。在近代宁波商人中,持水先生这种善恶观者众多,认为"发了财不行善,无颜见地下的祖宗"。清末宁波商人吴锦堂,在日本做棉纱生意赚了钱,回家乡浚疏杜、白两湖并兴办学校,为子孙后代造福。正是这种渗透在血液中的地域妈祖信仰的"善恶观",致使宁波商人相别其他地域的商人,而成为中国近代商帮中的佼佼者。

一、"吃亏就是便宜"的经商宗旨,使宁波商人名扬天下

商人恪守信用,反对欺诈,是我国近代诸商帮的优良传统,也是老祖宗留给后代子孙的一条成功的经验。千百年来我们的商人靠着这条经验,创造华夏商务文化的灿烂与辉煌。与诸商帮相比较,近代"宁波帮"则做得更好。历史上宁波商帮向来重信誉,以诚信取胜。他们经商虽然也以营利为目的,却一反民间"无商不奸"的看法,在心中怀有"吃亏就是便宜"的"大慈善"。以道德信义为依据,恪守信用,较少有欺诈行为。如北京同仁堂300多年的"金字招牌"长盛不衰,精品名药蜚声海内外,其经营之道是以诚信取信,在制药中坚持"修合无人见,存心有天知"。慈溪人创办的冯存仁中药店的宗旨是"济世益民,货真价实"。进货药材讲究货真,做到进料药源路正,从不进假材。

宁波商人把诚信为本的经商宗旨,作为自己爱心和善良的根本诏示天下,用来取信于民和鞭策自己。在上海的永丰南货店秤准斗满,并张贴广告,声称:"秤满十六两,缺厘还原洋。"新华薄荷厂创办人曹辛耕,主张以诚信办企业,公开他的经营宗旨是:"对外做生意,恪守信用,不奸猾行商。"1935年,年仅28岁的王宽诚与人合资开设维大鼎记面粉号,开业那天,王宽诚就在《时事公报》上刊登文告:"顾客至上,信誉第一。'维大'最讲信用,劣质面粉不卖。"连登七天,当时有人不理解,要他别登了。王宽诚却

说："连登半个月,让全宁波人都知道'维大',我们的生意就好做了。"作为初涉商界的王宽诚,他做广告是为生意,但反映了他办企业要对得起顾客的信用和理念,懂得诚信为商人的立身之本。果然半个月后,"维大"店门口买面粉的顾客排起了长队,企业也由此得到迅速发展。短短几年,"维大"的 2 万元开办经费,到 1940 年已经达到 20 万元,成为上海面粉加工业的"老大"。

为弘扬地域信仰的根本,宁波商人在经商过程中,往往把"吃亏就是便宜"的理念,灌输给下一代的商人们,注重职业经理人的道德修养。他们在培养人才时,进行职业道德与业务培训,把诚信重义、扬善扼恶的经商理念,作为日常行为规范教育商人。他们把这过程叫做"学生意",宁波籍商人一代又一代人地外出"闯码头",都有过这种时达 3 年"学生意"的经历。如上海滩闻人虞洽卿、严信厚等,就是从"学生意"开始,才从上海滩上发达起来的。虞洽卿说过他最早在染料行学生意时,师傅传给他的至理名言就是:"你要做好生意,就先要有好的人品。商人要行善积德,才能成为大商人。"所以一代又一代的宁波商人走出去,都保持了良好的社会信誉。这种优秀地域文化的弘扬,表明宁波商帮的成熟和对当代城市文明的促进。

二、近代宁波商人对各地文化教育事业的促进

近代宁波商人提出"行商为国"和"商解民忧"的观点,把勤勉挣钱与行善化钱结合起来,钟情于地方文化教育公益事业的开办。这与妈祖信俗的"济世解困"的"善恶观"一脉相承。商人赚到钱后怎么办? 诸商的回答各不相同,如晋商为把生意继续做大,热衷于买"官",信奉以"政治"上占有"一席之地"来光宗耀祖。徽商似乎对改造祖宅和"立牌坊"更感兴趣。但"宁波帮"不一样,"以其善心,援助公益"。他们不屑用钱买"官"和"立牌坊"光宗耀祖,而把赚到的钱大量地投入文化教育事业中,创造出中国近代史上卓有成效的"以商兴学"的典范与公益活动。其核心实质是将国家富强和解除民忧,作为衡量商人行善积德的道德标准。

就现代经济学的角度,美国的舒尔茨·贝克尔提出了"人力资本理论"的观点。认为:当代经济发展中,人才资本的贡献,远大于物质资本。近代宁波商人并不了解舒尔茨·贝克尔。他们只是从信仰妈祖的老祖宗那儿得到"遗训","获大实惠(利益),必有大慈善",认为商人赚了钱,是需要回报社会的。钱从那儿来,就让它回那儿去。不回去留在身边,多了会助长

罪恶感。近代宁波商人对子女的财富积累,没有像诸商巨头那般看重。在常人的境界中,财富应该留下给有血缘关系的继承者。但宁波商人不这么看。他们认为钱留给子孙,他花不完或不懂得花钱,反会助长邪恶。在宁波地域文化传统中,有这样的说法:"铜钱银子如水流动,能赚就能花,不花出去就赚不进来。家富不能持续三代,子孙若有出息,不需花父母的钱。若没出息,父母留给他多少都会败光荡尽。"

在这种观念支配下的近代宁波商人,无疑是豪爽的。他们在对文化、教育公益事业的投资中,体现出商人对社会的爱心和地域原始信仰中仁慈之心。据有关资料考证:近代宁波商人对文化教育事业的偏爱,首先是人才的需要,认为人才是兴国行商的根本。如晚清与民国时期,擅长沙船、钱庄、房地产业经营的朱志尧则十分重视社会培育的人才。他以为中国民族工业的发展,机器是国家的"命脉",而振兴民族机器业,则需要人才与资本。"最大的问题是人才耳,资本耳。得此二者,何患不能成事耶?"①对宁波商人来说,还有非常重要的一点是,这些人大多出身贫寒。早年的失学之苦,使他们懂得办教育不仅为兴国之根本,而且还是"济民解困"和体现成功商人慈善之心的良策。如上海滩闻人叶澄衷之所以创办澄衷蒙学堂,就是痛感自己幼年失学的痛苦,感慨"中国之积弱由于积贫,积贫由于无知,无知由于不学",进而认识到:"兴天下之利,莫大于兴学。"近代宁波商人还从兴盛教育与振兴商务之间的关系,来认识发展教育的重要性,意识到兴盛教育与发展实业的重要关系。镇海商人方椒伯就是因为"商界人才之缺乏"才兴办教育。鄞县张其昀更是说:"无论兵战或商战,均需要高深之学问。"

正因为如此,近代宁波商人对办学兴教,投注了大量的热忱。叶澄衷、虞洽卿、秦润卿、吴锦堂、黄延芳、王伯元、刘鸿生,一直延及后来的包玉刚、邵逸夫和水铭璋等人,都致富不忘根本,投入巨资兴办学校或其他社会公益事业。据统计,近代宁波商人在上海兴办的学校就达几十所。在家乡宁波辖下各县,据清光绪三十四年的《浙江教育官报》统计,多达数百所。除上海、宁波两地外,宁波商人在旅居人数较多的城市,也纷纷兴办学校。如天津的南开大学、南开女中、南开小学、达仁女校、浙江学校、宁波小学等,武汉的宁波旅汉公学,重庆的四明旅渝同乡会补习学校,杭州的宁波旅杭

---

① 见朱志尧《求新制造机器厂》自序。

同乡会的中正小学,郑州宁波旅郑同乡会的旅郑公学等,均由宁波商人出资兴办。

三、行大慈善济世扶贫,兴办地方慈善事业

人类文明的发展离不开社会慈善公益事业,这是因为人们在社会进化中,无法避免和抗拒各种自然灾害和社会诟病而造成"贫困阶层"。对富人而言,社会慈善事业则是人类文明进步的阶梯和衡量文明人"善恶观"的试金石。妈祖信俗作为东方原始海洋文化的合理内涵和历代统治者提倡的民间信仰文化,其弘扬宗教信仰中心主旨是扬善抑恶。近代"宁波帮"在商业上成功获得"大实惠",促使他们弘扬社会公益事业的"大慈善"精神,使商帮自身得到更大的发展。

我国近代的各级慈善机构,是社会发展的产物,在人类文明的过渡中,发挥了很大的作用。"宁波帮"在商界有"善商"的美誉。从历史资料看,近代宁波商人于我国的慈善机构创建中,作出过很大的努力。他们参与了上海同仁辅元堂的建立,在中国红十字会创设、华洋义赈会、天津广仁堂、宁波云华堂等慈善机构的建立中均有积极的贡献。据同治《上海县志》卷二《善堂》载:同仁辅元堂是咸丰五年(1855)由同仁与辅元两堂合并,主要的经营项目为育婴、恤嫠、赡老、施药、施棺、消防与赈灾等。仅道光二十九年(1849),合并前的同仁堂就支出各项费用为 7516963 文钱。该堂有关资料显示:该堂由上海有权势的名门望族负责运营,内中不少即宁波商人。不仅捐资且担任过董事和捐司。同治元年(1862)该堂有 28 人为司总,除船商外,4 位钱业商人,清一色为宁波人。这个产生于清代我国早期的慈善机构,对中国慈善事业的推进作出过极大的贡献。

中国红十字会成立于 1904 年 3 月,主张救死扶伤,扶危济困,最早在西方兴起,1894 年在中日甲午战争后,才引起中国人的关注。在国内最早进行红十字会创建的是宁波鄞州梅墟人金雅妹(也作金韵妹),其父为耶稣教长老会牧师。同治八年(1869)随传教士麦嘉绵赴日本留学,光绪七年(1881)至美国,考入纽约女子医科大学学习医学。1885 年以全班第一名的优异成绩毕业,任职纽约当医生。1888 年后回国,在中日甲午海战后在天津创办红十字会。该会成立后,由上海绅士汪炳等人在 1899 年春创设"中国施医局"。接着宁波旅沪巨商严信厚,伙同陆树藩、庞元济、施则敬等人在上海创办"中国救济善会",赴津沽救助难民。1904 年日俄战争爆发,难

民撤离东北,时任上海记名海关道的宁波商人沈敦和(鄞州人)和周金箴、李云书及施则敬等 20 余人在上海英租界六马路仁济善堂集会,发起成立"东三省红十字普济善会",由发起人"垫银十万两,以应急需"。"延请中西大善董,就近开办,在沪设立总局,专为筹款之所"。并在北京、天津设分局,与英、法、德、美四国及工部局商榷,成立中国红十字会,议定 45 名董事会名单,其中华董 10 人,宁波商人沈敦和与朱葆三人内。2 名办事华董为沈敦和与施则敬。由此拉开中国红十字会的救赈大幕。

　　宁波商人在 20 世纪初的各地大规模赈灾活动中,均充当组织者和救赈者的角色。如 1920 年在上海正式成立的华洋义赈会,在救济湖北湖南河南水灾和陕西、河南、河北、山东、山西大面积旱灾过程中,宁波商人沈敦和、朱葆三任湖北义赈会会长和副会长。次年,朱葆三任河南义赈会名誉会长。后中外合作的上海华洋义赈会成立,朱葆三任干事长,陕西义赈会成立,他任董事。两次捐款合计 40.6 万元,以傅筱庵为首的宁波商人合计捐赠 16 万元,占总数的 39.4%。在 1913 年河北河南山东发生的旱灾中,宁波商人史晋生组织华北义赈会担任副会长,募集 50 万元资金救济留落汉口的灾民。

　　宁波本地慈善事业也相当发达,成为推动地方社会发展与进步的重要动力。宁波素有"义乡"之称,"甬俗好义,振古称之,地方救济之事仰市井而成"。进入近代以来,由于以商人为代表的地方社会的大力支持和参与,宁波慈善事业不仅兴旺一时,而且成为地方社会的主要活动领域,受到全社会的关注和重视。首先各类慈善机构与团体不仅数量众多,而且十分活跃。特别在民国时期,宁波不仅有应急性或曰临时性的慈善机构,更有大量常态性的慈善团体与组织存在。据不完全统计,民国初年,宁波的慈善团体达到 437 个,居全国领先地位。正如时人所言:"吾甬为通商巨埠,善堂林立,如养老、育婴、医病、恤废等诸义举,无不应有尽有。"这些以孤儿院、慈善医院、水龙会为代表的慈善机构大批产生,并发展成为当时慈善事业的主体力量。进入清末民初以来,以虞洽卿、吴锦堂、秦润卿为代表的旅外宁波商人全面参与家乡慈善事业。宁波各地也活跃着一批慈善家群体。如曾任宁波总商会会长的费绍冠、陈兰荪,和丰纱厂董事总经理顾元琛,镇海商会首任会长朱彬绳,钱业巨子严英、俞佐庭等。在改革开放后,宁波的企业家和各界人士,在市委、市政府的号召下,更是踊跃促成各项慈善事业,由市慈善总会筹集的款项,向来占全省之先。

　　"宁波帮"为何急公好义,济世救困?除有一颗颗善良的爱心外,其深层次的原因是这个城市的居民,深受以妈祖信俗为内涵的东方原始海洋文化的影响,认为商人"做生意,首先是做人品"。近代宁波商人们认识到"盖财之为道,一方务在鸠聚,一方务在散发,此即所谓'春风风人,夏雨雨人'。若垄断求之,局促守之,以积一人之蓄,亦何足称哉"。这是一种优秀的地域文明精神的传承,将激励我们继续发扬光大。

附　录

历代妈祖敕封表

朝代	帝号	年代	封　号	褒封事由	备　注
宋代	微宗 （赵佶）	宣和五年 （1123）	顺济夫人赐"顺济"庙额	路允迪出使高丽，途中显圣	见《宋史·徽宗本纪》，《宋会要辑稿·礼》二十，第795页，引《永乐大典》一千二百三十三卷《神女祠》
	高宗 （赵构）	绍兴二十六年 （1156）	灵惠夫人	郊典	见《宋会要辑稿·礼》二十，第795页
		绍兴三十年 （1160）	灵惠照应夫人	迷雾歼海寇	见《宋会要辑稿·礼》二十，第795页
	孝宗 （赵昚）	乾道三年 （1167）	灵惠昭应崇福夫人	圣泉救疫	见《宋会要辑稿·礼》二十，第795页
		淳熙十一年 （1184）	灵惠昭应崇福善利夫人	助捕温台寇	见《咸淳临安志》卷七十三《顺济圣妃庙》引丁伯桂之《庙记》
	光宗 （赵惇）	绍熙元年 （1190）	灵惠妃	救旱灾	见楼钥《攻媿集》卷三十四《兴化军莆田县顺济庙灵惠昭应崇福善利夫人封灵惠妃》
	宁宗 （赵扩）	庆元四年 （1198）	灵惠助顺妃	救潦灾、平大奚民暴	见《咸淳临安志》卷七十三《顺济圣妃庙》引丁伯桂之《庙记》
		嘉定元年 （1208）	灵惠助顺显卫妃	淮甸抗金	见《敕封天后志》、《咸淳临安志》卷七十三《顺济圣妃庙》引丁伯桂之《庙记》
		嘉定十年 （1217）	灵惠助顺显卫英烈妃	救旱、平海寇	见至正《四明续志》、《咸淳临安志》卷七十三《顺济圣妃庙》引丁伯桂之《庙记》

续　表

朝代	帝号	年代	封　号	褒封事由	备　注
宋代	理宗（赵昀）	嘉熙三年（1239）	灵惠助顺嘉应英烈妃	钱塘遏潮助堤	见至正《四明续志》卷九录鄞县元程端学撰《灵慈庙记》、《积斋集》卷四作：《灵济庙事迹记》
		宝祐二年（1254）	灵惠助顺嘉应英烈协正妃	救旱、赈兴泉饥	见至正《四明续志》卷九引程端学《灵济庙事迹记》
		宝祐三年（1255）	灵惠助顺嘉应慈济妃	未载具体事由	见至正《四明续志》卷九引程端学《灵济庙事迹记》
		宝祐四年（1256）	灵惠显济嘉应协正善庆妃	钱塘堤成	见至正《四明续志》卷九引程端学《灵济庙事迹记》
		景定三年（1262）	灵惠显济嘉应善庆妃	胶舟捕海寇	见至正《四明续志》卷九引程端学《灵济庙事迹记》
元代	世祖（忽必烈）	至元十五年八月壬子朔，辛未二十日（1278）	护国明著灵惠协正善庆显济天妃	庇护漕运	见《元史》卷十、《世祖本纪》七、《续文献通考》、《灵济庙事迹记》、宋渤《庙记》
		至元十八年（1281）	护国明著天妃	庇护漕运	《积斋集》卷四《灵济庙事迹记》
		至元二十五年六月癸酉（1288）	广祐明著天妃	庇护漕运	《元史》卷十五《世祖本纪》第十五
	成宗（铁穆耳）	大德三年二月壬申二十日（1299）	护国庇民明著天妃	庇护漕运	见《元史》卷二十《成宗本纪》、《四明续志》、程端学《灵济庙事迹记》
	仁宗（爱育黎拔力八达）	延祐元年（1314）	护国庇民广济明著天妃	庇护漕运	见至正《四明续志》卷九引程端学《灵济庙事迹记》
	文宗（图贴睦尔）	天历二年己亥十六日（1329）	护国庇民广济福惠明著天妃赐庙额曰灵慈	庇护漕运	见《续文献通考》、洪希文《圣墩宫天妃诞辰笺》、至正《四明续志》卷九引程端学《灵济庙事迹记》、《元史》卷三十三《文宗本纪》

续 表

朝代	帝号	年代	封 号	褒封事由	备 注
元代	顺帝（妥懽贴睦尔）	至正十年二月丙戌（1350）	诏加封天妃父种德积庆侯，母育圣显庆夫人	庇护漕运	《元史》卷四十二《顺帝本纪》
		至正十四年十月甲辰十六日（1354）	辅国护圣庇民广济福惠明著天妃	庇护漕运	《元史》卷四十三《顺帝本纪》
明代	太祖（朱元璋）	洪武五年（1372）	昭孝纯正孚济感应圣妃	助海运	见《七修类稿》、《天妃显圣录》兼参成祖诏等
	明成祖（朱棣）	永乐七年（1409）	护国庇民妙灵昭应弘仁普济天妃	庇护郑和下西洋	见《明实录·成祖实录》卷六十一，《明史》卷五十《礼志》
清代	圣祖（玄烨）	康熙十九年（1680）	护国庇民妙灵昭应弘仁普济天妃	庇万正色克厦门	见《中山传信》、汪楫《使琉球杂录》、《天妃显圣录》
		康熙二十三年（1684）	护国庇民昭灵显应仁慈天后（晋封天后）	助施琅平台	见雍正《天后显圣录》、《敕封天后志》、禅济布等《奏折》
	高宗（弘历）	乾隆二年（1737）	护国庇民妙灵昭应弘仁普济福祐群生天后	庇督饷台湾	见林清标《敕封天后志》、《清宫档案》、周煌《使录》、《钦定大清会典则例》卷八十四《礼部·群祀》
		乾隆二十二年（1757）	护国庇民妙灵昭应弘仁普济福祐群生诚感咸孚天后	庇海宝等使琉球	见林清标《敕封天后志》、《清宫档案》、周煌《使录》、《钦定大清会典则例》卷八十四《礼部·群祀》、《琉球国志略》
		乾隆五十三年（1788）	护国庇民妙灵昭应弘仁普济福祐群生显神赞顺天后	平台湾林爽文暴动	见林清标《敕封天后志》、《清宫档案》、《钦定大清会典则例》卷八十四《礼部·群祀》
	仁宗（颙琰）	嘉庆五年正月二十九日（1800）	护国庇民妙灵昭应弘仁普济福祐群生诚感咸孚显神赞顺垂慈笃祐天后	赵文楷使琉球	见林清标《敕封天后志》、《钦定大清会典则例》卷八十四《礼部·群祀》、《清宫档案》

朝代	帝号	年代	封　号	褒封事由	备　注
清代	宣宗 （旻宁）	道光六年 （1826）	护国庇民妙灵昭应弘仁普济福祐群生诚感咸孚显神赞顺垂慈笃祐安澜利运天后	江苏巡抚奏漕运安抵	见《圣迹图志》、《清宫档案》
		道光十九年 （1839）	护国庇民妙灵昭应弘仁普济福祐群生诚感咸孚显神赞顺垂慈笃祐安澜利运泽覃海宇天后（晋封天上圣母）	林鸿年使琉球还	见《圣迹图志》、《清宫档案》
	宣宗 （道光）	道光二十八年 （1848）	护国庇民妙灵昭应弘仁普济福祐群生诚感咸孚显神赞顺垂慈笃祐安澜利运泽覃海宇恬波宣惠天后	江苏巡抚奏庇漕运	《清宫档案》
	文宗 （奕詝）	咸丰二年 （1852）	护国庇民妙灵昭应弘仁普济福祐群生诚感咸孚显神赞顺垂慈笃祐安澜利运泽覃海宇恬波宣惠导流衍庆天后	江苏巡抚奏庇漕运	《清宫档案》
		咸丰三年 （1853）	护国庇民妙灵昭应弘仁普济福祐群生诚感咸孚显神赞顺垂慈笃祐安澜利运泽覃海宇恬波宣惠导流衍庆靖洋锡祉天后	福建巡抚奏庇海运	《清宫档案》
		咸丰五年 （1855）	护国庇民妙灵昭应弘仁普济福祐群生诚感咸孚显神赞顺垂慈笃祐安澜利运泽覃海宇恬波宣惠导流衍庆靖洋锡祉恩周德溥天后	热河都统奏庇击退盗艇漕运总督奏庇漕运	《清宫档案》
		咸丰五年 （1855）	护国庇民妙灵昭应弘仁普济福佑群生诚感咸孚显神赞顺垂慈笃祐安澜利运泽覃海宇恬波宣惠导流衍庆靖洋锡祉恩周德溥卫漕保泰	漕运总督奏批漕运	《清宫档案》

续　表

朝代	帝号	年代	封　号	褒封事由	备　注
清代	文宗（奕亡）	咸丰七年（1857）	护国庇民妙灵昭应弘仁普济福佑群生诚感咸孚显神赞顺垂慈笃祐安澜利运泽覃海宇恬波宣惠导流衍庆靖洋锡祉恩周德溥卫漕保泰振武绥疆天后	不详	光绪续修《大清会典》
	穆宗（载淳）	同治十一年（1872）	护国庇民妙灵昭应弘仁普济福佑群生诚感咸孚显神赞顺垂慈笃祐安澜利运泽覃海宇恬波宣惠导流衍庆靖洋锡祉恩周德溥卫漕保泰振武绥疆嘉祐天后	以护漕有功	光绪《会典》及《上海县续志》
	德宗（载湉）	光绪元年（1875）	护国庇民妙灵昭应弘仁普济福佑群生诚感咸孚显神赞顺垂慈笃祐安澜利运泽覃海宇恬波宣惠导流衍庆靖洋锡祉恩周德溥卫漕保泰振武绥疆嘉祐敷仁天后	以台湾防务神灵显应	《清德宗实录》

浙东妈祖庙与天后宫分布一览表

序号	名称	年代	地　址	备　注
宁波				
	天妃宫	南宋绍熙二年（1191）	城东二里东渡门外	雍正《宁波府志》卷十
	天后宫	清道光三十年（1850）	现江东北路 156 号	
镇海				
	天后宫	元至正十六年建（嘉靖志）清雍正十二年重建于南薰门外基地	城外招宝山下	民国《镇海县志》卷十三；雍正《宁波府志》卷十
	天妃宫		城外陈山	
			城外石湫	
			城外解浦	
	天后宫	清道光二十四年重修	灵绪乡西门外	
		清光绪三十二年重建	崇邱乡港口笠山下	
			泰邱乡新矸头	
	娘娘宫	清道光	泰邱乡小山	
	天后宫		海晏乡下岸福建厂跟	
			郭口乡北门村	
			郭口乡中泽村	
慈溪				
	天妃宫	清	天妃宫路 8—22 号	
	圣母祠（胜山娘娘庙）		慈溪市胜山	
	天后宫	清乾隆	县治南二里	光绪《慈溪县志》卷十四
			县西北六十里	光绪《慈溪县志》卷十五

续　表

序号	名称	年代	地　　址	备　　注
	天后宫	乾隆年间	县治南二里	光绪《慈溪县志》
			县西北六十里，洋浦东	
		清	观海卫镇天妃宫村中部	
余姚				
	天后宫	同治十年建复	旧址为忠襄祠，后移建于大黄山南	乾隆《绍兴府志》卷三十六；光绪《余姚府志》卷十一
	酱园街天妃宫大殿	清	酱园街社区酱园街 307 西侧	
	天妃宫	明洪武年间	临山	
奉化				
	天后宫	不详	松岙	
宁海				
	天后宫	清康熙	定海南门外	
	娘娘宫	清代	宫塘周村	
		清代	前岙村	
	天后宫	清代	长街大湖村	
		清代	上港村	
	娘娘宫	清代	平岩头村	
		清代	长街伍山外塘村	
	娘娘庙	清代	月兰村	
	平安庙	清代	横洞村	
		清代	力洋镇石碾村	
		清代	龙浦村	
	娘娘宫	明末清初	田湾岛（已毁）	
		清代	胡陈港口钓鱼礁	
		清代	大麦塘亭头	
象山				
	娘娘庙	近现代	涂茨镇长沙村东北	
	天后宫娘娘庙	近现代	涂茨镇毛湾村东段	该庙从毛湾村东南端毛头嘴迁于上马石 59 号

序号	名称	年代	地　址	备　注
	天后宫	近现代	涂茨镇干门港码头西侧	该庙始建于 1826 年,历经几次重修
	娘娘宫庙	清道光 (1821—1850)	涂茨镇屿岙村干门江附近	解放后土改时曾毁,于 1986 年重建
	天后宫 (娘娘庙)	光绪三十三年	晓塘乡渔丰路 29 号	保存较好
	娘娘庙	近现代	石浦镇渔山村南端山脚	现为重建
	天妃宫遗址	清	石浦镇天妃宫 19 号西侧	福建渔民投资所建,规模与城隍庙相同,1958 年拆
	东门天后宫	清	石浦镇天妃宫西路 11 号东侧	文保单位
	慧云庵	民国	石浦镇庙前弄 1—2 号	正殿保持原貌,余改建
	妈祖堂	清	石浦镇天宫弄 2 号	20 世纪 90 年代重建
	天母娘娘庙	清	石浦镇蒲湾 58 号	五开间,歇山顶
	娘娘庙	清	石浦镇湖礁湾村中部	保存一般,保存原貌
	天母娘娘庙	清	石浦镇苟头村口	保存一间,五架,格局完整
	尊王宫	明	石浦镇吉城路 47-4	现存正殿与南首楼房,民国建筑
	保生庙	清	石浦镇东关路 72 号	保存完好
	沙塘湾王爷庙	清	石浦镇村西北部	沙塘湾王爷庙老庙三开间,占地约 70 平方米。供奉的王爷与妈祖、如意娘娘、广泽尊王、保生大帝为兄弟姐妹
	娘娘庙	清代	石浦镇北渔山岛大岙	1956 年废,1989—1990 年重建,占地面积 300 多平方米
	妈祖庙	宋代		占地约 2000 平方米
	天妃宫	不详	鹤浦镇和平湾村北	所建年代可能是民国,后重建,水泥结构一间,供奉天妃娘娘
	妈祖庙	不详	鹤浦镇峙湾村	保存较差
	天母娘娘庙	清晚期	鹤浦镇犁头塅 49 号	保存较好

续 表

序号	名称	年代	地 址	备 注
	天妃宫	清	鹤浦镇金七门村	重建
	娘娘庙	近现代	鹤浦镇大岙村中	三开间,七架梁
	兴隆庙	清	东陈乡村东部	格局完整,局部梁架改动,面朝东南
	天后宫		人山县东北五十里	民国《象山县志》卷十五;雍正《宁波府志》卷十
			长江县东北五十里	
			治口县东北五十里	
			毛口县北四十五里	
舟山				
	天妃圣母祠	明万历年间(1573—1620)	定海县治南	
	天后宫	清康熙年间	定海衢头震远城	光绪《定海厅志》卷二十七
		清光绪十年	定海毛峙村	
			定海钓山岛	
			岱山、衢山岛、水岙、冷水潭、狗头颈、渔羹碗、冷池、马足舆	
		清光绪二年	普陀塘头	
			普陀桃花岛米鱼洋畔	
	圣母院		普陀六横山大枝岙	
	天后宫(娘娘庙)		普陀蚂蚁岛仙人洞	
	娘娘庙		普陀叶子山	
	天后宫		普陀葫芦岛(分属东港街道)	
			普陀梁横岛(分属展茅街道)	
			普陀朱家尖后门山	
	小洋山天后宫	南宋绍兴六年(1131)	嵊泗县	
	圣姑庙		嵊泗大洋岛圣姑礁	

序号	名称	年代	地　址	备　注
			嵊泗山岛箱子岙沙滩陈钱山	
			嵊泗壁下岛	
			嵊泗黄龙乡峙岙村	
		清同治元年 （1862）	嵊泗金平岛金鸡岙	
			嵊泗大洋山、嵊泗泗礁山、嵊泗绿华岛、嵊泗枸杞岛	
	天后宫	清光绪	嵊泗浪岗山	
		清嘉庆	岱山岛北部新道头渡	
		乾隆年间	岱山岛北部栲门港	
			岱山燕窝山	
		清嘉庆	岱山岛南部冷坑岙	
		清嘉庆	岱山岛大高亭岙	
		清嘉庆	岱山岛竹屿港	
		清嘉庆	岱山岛东部泥屿岙	
	天后宫 （圣母庙）	清康熙	沈家门宫墩	
	天妃宫	元代	岱山岛司基虎山	
		嘉庆二十三年 （1818）	岱山蓬莱乡高亭坨山	
		清光绪	岱山秀山大蚶岙	
		清乾隆	岱山长深娘基宫	
		清乾隆	衢山渔耕碗	
		清乾隆	衢山龙潭岙	
	天后宫		沈家门舵奥	光绪《定海厅志》卷二十七；民国《定海县志》之营缮祠庙
		清康熙	舵奥南门外东山麓	光绪《定海厅志》卷二十七；民国《定海县志》之营缮祠庙
			桃花山老埠头	光绪《定海厅志》卷二十七；民国《定海县志》之营缮祠庙

续 表

序号	名称	年代	地 址	备 注
		光绪二年重建	大展庄塘头嘴	
			大展庄金钵盂山	
		康熙三十八年	舟山市小沙奥	
			岑碇陬老宕司前	
			岑碇陬马目山	光绪《定海厅志》卷二十七；民国《定海县志》之营缮祠庙
			舟山市盐仓陬文公庙东	
			金塘山沥港	
			六横山下庄龙头跳	
	天后宫		六横山东窟	
			六横山戏文山	
		清乾隆间重建	岱山虎山麓	
		清道光十七年	岱山泥峙朗吟支出麓	
			岱山外南峰山	
		清嘉庆	岱山新街头山巅（民国定海县志营缮祠庙中作"新道头山麓"）	
		清乾隆	岱山栲门	
			岱山燕窝山	
		清嘉庆	岱山冷坑奥	

续　表

序号	名称	年代	地　　址	备　注
			岱山蒲门江北	
			岱山蒲门江南	
		清乾隆	长涂东小隩	
		清咸丰	长涂娘宫基	未重建
			长涂老巷后（民国定海县志营缮祠庙中作"老港后"）	
	天后宫		长涂东剑	
			长涂倭井潭	
		清光绪		
			兰秀山大蚶奥	
			无于山大沙湾岭	
		清光绪二十九年	大榭山外湾张西奥前	自太平庵右迁建
绍兴				
			府城内临山卫	
			府城内观海卫	
	天后宫		府城内三江所	乾隆《绍兴府志》卷三十六
			府城内沥海所	
			府城内三山所	
			府城内龙山所	
			山阴县西北十五里一在府山后	
	天妃庙		山阴县长木桥西博陆候庙前殿	乾隆《绍兴府志》卷三十六；嘉庆《山阴县志》卷二十一
			山阴县大营	
			山阴县水沟营	
			山阴县光相桥西	
			山阴县三江所	
	天后宫	清雍正三年	上虞县七都沥海所城北门	乾隆《绍兴府志》卷三十六；光绪《上虞县志》卷三十四

续　表

序号	名称	年代	地　址	备　注
	天后宫	清乾隆	嵊县东门内	乾隆《绍兴府志》卷三十六；民国《嵊县志》卷七
台州				
	天后宫	明正统二年闽人陈姓始居于此，其后始建小庙，万历中重建大庙	太平石塘桂奥	民国《台州府志》卷五十四；光绪《太平县志》卷二；嘉庆《太平县志》卷六
		宋延祐中迁神像于城南垣外水仙楼，后毁，元至正十三年建复	临海靖越门外	民国《临海县志搞》卷十一；民国《台州府志》卷五十四
温州				
	天后宫	明景泰	乐清蒲岐南门城口	光绪《乐清县志》卷三；乾隆《温州府志》卷九
	天妃行祠	洪武二十一年	瑞安西南隅山下，原在南门外濒江	乾隆《瑞安县志》卷五
	天后宫	元至正间建	平阳县岭门	民国《平阳县志》卷四十五；乾隆《温州府志》卷九
丽水				
	天妃宫	嘉靖四十年建乾隆间特建于县东	遂昌县溪南寿光宫右	康熙《遂昌县志》卷四；光绪《遂昌县志》卷四；光绪《处州府志》卷八

参考文献

[1] (汉)司马迁.史记.北京:中华书局,1959.

[2] (汉)班固.汉书·地理志.北京:中华书局,标点铅印本,1962.

[3] (唐)令狐德棻.周书.北京:中华书局,1971.

[4] 张觉.吴越春秋校注.长沙:岳麓书社,2006.

[5] (战国)吕不韦.吕氏春秋.北京:中华书局,2007.

[6] (晋)郭璞注.山海经校注.上海:上海古籍出版社,1980.

[7] (元)脱脱,阿鲁图.宋史·地理志.北京:中华书局点校本,1976.

[8] (宋)徐兢.宣和奉使高丽图经.上海:上海古籍出版社影印本,1987.

[9] (宋)潜说友撰.咸淳临安志.清道光仿宋刻本.

[10] 叶德辉据明刻绘图本翻刻.三教源流搜神大全.巴蜀书社,1992.

[11] (南宋)廖鹏飞.圣墩祖庙重建顺济庙记.

[12] (元)王元恭.至正四明续志.上海:上海古籍出版社,2002.

[13] 潜说友.咸淳临安志(卷七十三).丁伯桂.顺济圣妃庙记.

[14] (宋)金履祥撰.资治通鉴前编.上海:上海古籍出版社,1987.

[15] (元)宋濂.元史.北京:中华书局,1986.

[16] (清)徐元文监修.明史.北京:中华书局,1974.

[17] (民国)赵尔巽主编.清史稿.北京:中华书局,1977.

[18] (清)林清标撰.天后圣母圣迹图志.南京:江苏广陵古籍出版社,2001.

[19] (明)黄仲昭.八闽通志.福州:福建人民出版社,1990.

[20] (民国)张传保,赵家荪修.鄞县通志·食货志.宁波:宁波出版社,2006.

[21] 张传保,赵家荪修,陈训亚,马瀛纂.鄞县通志·坛庙.宁波:宁波出版社,2006.

[22] 杨积芳等纂.余姚六仓志.杭州:杭州出版社,2004.

[23] 慈溪市地方志编纂委员会编.慈溪县志.杭州:浙江人民出版社,1992.

[24] 象山县志编委会.象山县志.杭州:浙江人民出版社,1988.

[25] 陈国强著.百越民族史.北京:中国社会科学出版社,1988.

[26] 中国海外交通史研究会编.宁波港海外交通史论文选集.1983.

[27] 林士民著.海上丝绸之路的著名海港——明州.北京:海洋出版社,1990.

[28] 蒋维锬著.妈祖文献资料.福州:福建人民出版社,1990.

[29] 陈衍德.闽南粤东妈祖信俗与经济文化的互动.中国社会经济史研究,1996(2).

[30] 乐承耀著.宁波古代史纲.宁波:宁波出版社,1995.

[31] 鲍杰主编.论近代宁波帮.宁波:宁波出版社,1996.

[32] 董楚平著.吴越文化新探.杭州:浙江人民出版社,1988.

[33] 徐晓望著.妈祖的子民.北京:学林出版社,1999.

[34] 陈忠来著.太阳神的故乡——河姆渡文化探秘.宁波:宁波出版社,2000.

[35] 宁波市政协文史资料委员会编.宁波文史资料.1991.

[36] 林士民,沈建国.万里丝路.宁波:宁波出版社,2002.

[37] 黄浙苏,等著.庆安会馆.北京:中国文联出版社,2002.

[38] 象山渔文化研究会编.象山妈祖文化述略.2004.

[39] 宁波文化研究会,宁波市历史学会编.第二届浙东文化论坛论文集.2008.

[40] 罗春荣著.妈祖文化研究.天津:天津古籍出版社,2006.

[41] 蒋维锬,等编.妈祖文献史料汇编(第一辑).北京:中国档案出版社,2007.

[42] 妈祖文献史料汇编(第二辑).北京:中国档案出版社,2009.

[43] 黄浙苏主编.海峡两岸妈祖文化学术研讨会论文集.北京:中国文史出版社,2010.

[44] 乐承耀著.近代宁波商人与社会经济.北京:人民出版社,2007.

[45] 蒋维锬著.妈祖研究文集.福州:海风出版社,2006.

后记:研究妈祖信俗是我一生的幸福与骄傲

　　前后花了一年半时间,总算完成这本书的初稿。连自己看了都觉得惊异,怎么一下子竟有那么多的话要说。妈祖信俗作为一种民间宗教现象,成为地域文化的信仰特色,在她的产生与发展过程中,蕴含与孕育许多新的文化与民间习俗,包括新兴的城市文化的形成,来推动社会的进步与发展。她深深地植根于地域文化信仰的土壤中,反过来为这块土地的开拓与发展服务。我深爱着生我养我的这片土地,感到自己有幸与妈祖文化结缘。过去的12年是我人生最好的岁月,我把这个时期献给了我所钟爱的事业,现在回过头来,我还是感到:研究妈祖信俗是我一生的幸福与骄傲。因为我觉得一个人把有限的时间,献给自己专注的事业,是一件非常有意义的事。

　　本书在写作过程中,参考了大量的本地与外地专家的文献。感谢全国政协原副主席、中华妈祖文化交流协会会长张克辉先生,宁波市文广局陈佳强局长和宁波市文保所的历任领导,对我这项工作自始至终大力支持。也感谢国内"海上丝绸之路"地方史和妈祖信俗的研究专家罗春荣(天津)、徐晓望(福建)、林士民(宁波)、张如要(宁波)、金涛(舟山)、俞信芳(宁波)先生、徐建成先生,等等,交流提供给我各种文献与资料。感谢孟建耀先生、张坚军先生与董贻安先生,以文化人的眼光审视宁波城市地域文化精神,在我这部书稿成稿过程中,予以具体的帮助与指导。同时还要感谢丁洁雯、娄婷为我查阅许多资料,使我这部书稿能比较顺利地面世。

　　由于妈祖是一位由地域文化塑立出现的神灵,她的精神深埋在历史的土壤中,其传播发展过程又长达 10 个世纪,许多资料都由民间口耳相传而缺乏文字记载。我深感整理与研究的艰难。2010 年宁波市社科联向我预约这部书稿,说定隔年交稿,终于耗费时间匆促成稿。因本人水平有限,手头文献资料不足,此书许多地方尚属粗疏。书中观点与引用文献,都来不及仔细校核,谬误与不当之处颇多,还望各级领导和同行批评指教。

黄浙苏

2011 年 4 月 18 日

图书在版编目(CIP)数据

信守与包容:浙东妈祖信俗研究 / 黄浙苏著.
—杭州：浙江大学出版社,2011.7
ISBN 978-7-308-08999-9

Ⅰ.①信… Ⅱ.①黄… Ⅲ.①神—信仰—研究—浙江
省 Ⅳ.①B933

中国版本图书馆 CIP 数据核字(2011)第 169205 号

信守与包容——浙东妈祖信俗研究

黄浙苏　著

责任编辑　吴伟伟 weiweiwu@zju.edu.cn.
封面设计　十木米
出版发行　浙江大学出版社
　　　　　（杭州市天目山路 148 号　邮政编码 310007）
　　　　　（网址:http://www.zjupress.com）
排　　版　浙江时代出版服务有限公司
印　　刷　杭州日报报业集团盛元印务有限公司
开　　本　710mm×1000mm　1/16
印　　张　13.25
字　　数　224 千
版 印 次　2011 年 7 月第 1 版　2011 年 7 月第 1 次印刷
书　　号　ISBN 978-7-308-08999-9
定　　价　38.00 元